阿多诺选集

道德哲学的问题

［德］阿多诺◎著
Theodor W. Adorno
谢地坤　王彤◎译　谢地坤◎校

PROBLEME
DER
MORALPHILOSOPHIE

上海人民出版社

新版译者前言

　　《道德哲学的问题》是德国哲学家阿多诺在 1963 年夏季作的系列讲演，在当时就获得了巨大反响。德国苏尔坎普出版社在 1996 年根据阿多诺当时留下的不完整的讲稿和录音，整理、出版了这部著作。2007年，我们翻译了这部著作，由人民出版社出版。2008 年 10 月，经《新京报》统计，这部译著获得当年最佳畅销书之一。

　　这完全出乎我们的预料！一部哲学著作，尤其是阿多诺的著作向来以晦涩难懂而出名，这本书竟然是畅销书，确实让人有些疑惑。

　　但仔细想来，凡事有因必有果。是的，阿多诺的著作确实艰深晦涩，读懂它们需要功夫。但这部书是根据阿多诺的讲稿和录音整理出版的，带有鲜明的讲课色彩。据阿多诺的学生所说，阿多诺哲学著作艰深难懂，但阿多诺的授课却与之相反，通畅清晰，让听者容易听懂明白。这部著作因此在文风上不同于阿多诺其他著作是显而易见的。

　　然而，更为难得的是，平实的文风丝毫不损害这部著作的理论深刻性，相反，它却使之更容易为读者所接受。我们知道，哲学著作做到通畅明白是很难得的，它既要求作者有深厚的理论功底，更要求作者有能力做到深入浅出，使哲学的大道理成为一般民众能懂易会、铭记在心的真理。阿多诺的这部著作不愧是大师之作，语言平实，但思想却极其丰富深刻。这部著作集中讨论了自康德以降，直到 20 世纪 60 年代西方各种道德哲学观点，同时也阐述了他自己的道德哲学思想。在阿多诺看来，任何一种道德哲学都有其历史局限性和相对性，但任何理由的相对性都不应抹杀道德理念的绝对性;道德哲学必须把人类追求的永恒性与时代性、全球伦理的普遍性与各民族发展的特殊性结合起来;伦理道德在强调实践优先性的时候不应伤害理论指导的本真性,因为脱离理论思考的实践往往带有盲目性;人类道德水平的提高不是独立的事情,它必须与人类的政治、经济、文化、军事、科学技术同步而行;……在今天看来,阿多诺的这些思想对学界、对我们建立更加美好的世界仍然具有重要的理论意义和现实价值。

由此看来,这部译著受到我国读者的欢迎是有原因的。让作为译者的我们感到更高兴的是,上海人民出版社在中译本出版 12 年后愿意再版发行本书,我们也借此机会对译文作了少许修改。尤其是本书的责编毛衍沁仔细审读了全书,提出了一些宝贵意见和建议,我们据此作了改进。对于毛衍沁编辑认真负责的精神,我们表示诚挚的感谢。

最后,我们希望本书的再版能够对我国学界在道德哲学研究和精神文明建设方面发挥绵薄的作用!

谢地坤

2019 年 8 月

译者前言

一

在阿多诺的全部论著中,关于道德哲学或伦理学的论述并不多,目前业已出版的主要就是《最低限度的道德》(*Minima Moralia*)和《道德哲学的问题》(*Probleme der Moralphilosophie*)这两本书。这样,从表面上看来,阿多诺似乎并不特别重视道德哲学或伦理学问题。

不过,如果我们仔细考察阿多诺的思想历程,就会发现实际情况并不是这样。还在 20 世纪 30 年代,年轻的阿多诺就被霍克海默批判理论的重要论著《唯物主义与道德》所打动。[①] 在"二战"期间,阿多诺作为一个犹太后裔的德国人,亲身经历了法西斯的歧视和迫害,感受颇多,"二战"后返回德国,立即撰写了《最低限度的道德》,此书在 1951 年出版。在这部书里,阿多诺不仅控诉纳粹的倒行逆施,而且反思和批判了当时世风日下的欧洲道德状况,文风多有格言警句,颇有哲学散文的韵味,在当时确有振聋发聩的作用。

此后,阿多诺结合自身的体会,对整个西方哲学传统中的道德哲学予以理论反思。在 1956 年至 1957 年开设伦理学课程,他在对苏格拉底、柏拉图、康德、黑格尔、尼采等人所代表的西方道德哲学进行讨论的同时,也对当下的道德状况予以批评。这种情况正如哈贝马斯现在所回忆的那样,经历过纳粹时代的人们深切感受到当时的道德腐败,人们只能"自我同情、自我排解和丧失感觉",正是阿多诺"以其特有的知识的迫切性和深刻的分析,通过坚持不懈的批判才挽救了这个伟大传统的本质"②。令人遗憾的是,阿多诺这次讲课并没有留下完整的录音和记录,使我们不可能了解他当时在这方面的思考。

进入20世纪60年代,作为法兰克福学派的主要代表,阿多诺在欧洲思想界已经享有很高声望。他在坚持社会批判的同时,不可能不对作为社会实践的道德伦理状况予以分析,不可能不对反映这一领域的理论思维——道德哲学中的一些疑难问题重新加以审视。尤其是他面对的情形与战争期间和战后刚刚结束时的情形又不相同。这时的西方社会一方面是经济得到迅速的恢复和发展,人们的物质需求在很大程度上得到满足,但另一方面则是工业社会的弊病和各种社会矛盾的充分显现,人们在精神方面的孤独、虚无、忧伤等病态状况更加严重,反映在哲学界和思想界的就是存在主义哲学的呼声汹涌而来。把自己视为"最后哲学的代言人"的阿多诺决不能像以前那样仅仅勾勒出道德哲学的历史发展,或者满足于用格言形式撰写的《最低限度的道德》,而是应当提出既具时代特点、又有深度的道德或伦理思想。于是,阿多诺通过对康德的道德哲学的分析和评判,反思康德之后的各种道德哲学和伦理学的主张,重新思考和阐述了道德哲学的历史意义、现实价值、所遇到的难题以及与之相关的一些基本哲学问题。1963年5月至7月,阿多诺公开讲授这方面的思考结果,题目就是《道德哲学的问题》,讲课的风格朴实直白、深入浅出、通畅易懂,其中有些部分的语言不乏幽默诙谐。但是,讲课所涉及的内容却并不轻松,这就如他自己所说,他"抛出的不是面包,而是石块"③。这部讲课稿实际上是为其代表作《否定的辩证法》做材料和思想上的准备。我们由此可以这样说,假如说阿多诺的其他著作晦涩深奥,那么,这部著作的通晓明白就让我们看到了阿多诺的另一面。正如阿多诺自己所说,一部通晓明白的书并不等于浅显,而是应当包含深刻的道理。本书就是如此,如果我们仔细阅读"注释"中的大量引言,就会很容易发现,这部书所讲的道德哲学原理其实是很深刻的,尽管作者在这里力求达到深入浅出,但读者真正要弄懂其中道理,也是要花一番功夫的。

阿多诺在世时,这部讲课稿并没有公开发表。阿多诺去世以后,由"阿多诺档案馆"根据他的手稿和录音进行修订、整理和编辑,收在《阿多诺遗著集》中,编为该集的第四辑第十卷,于1996年出版。现在我们翻译所依据的版本,是1997年出版的该书第二版,由法兰克福著名的苏尔坎普(Suhrkamp)出版社出版。

二

《道德哲学的问题》全书都是围绕着对康德道德哲学的评说而展开的,并且由此扩散到全部近现代西方道德哲学。阿多诺在这里首先分析了道德哲学与伦理学这两个概念的区别,他认为,虽然道德和伦理都出自同一个词源"ethos",但现在人们过于强调伦理学概念所包含的个体意义,奢谈所谓"良心中的良知",而忽视了道德和伦理中理应具有的社会关系和社会秩序的内涵,他明确无误地说:"伦理学概念实际上是把理应揭示任何一种道德或伦理问题的深刻思考的主题范围予以缩小而加以简单化了。"④他因此反对用伦理学概念代替道德哲学的概念,而主张坚持使用康德意义上的"道德哲学"的概念。同时阿多诺不仅认为道德哲学是实践哲学的问题,而且还认为道德哲学从更深层次上也是理论哲学的问题,因为理论与实践在根本上都来自生活,因而是具有同一性的。正是在这个意义上阿多诺把道德哲学视为哲学的根本问题;他非常明确地说:"'我们应当做什么'是道德哲学的真正本质的问题;我甚至还可以补充说,这是一般哲学的最重要问题。"⑤关于这一点,阿多诺通过对康德的道德哲学的评说去加以论证。他认为,现在很多人像通常所做的那样,只是单纯地从实践理性去考察康德的道德哲学,这是对康德的道德哲学的一种肤浅的认识。如果我们仔细分析《纯粹理性批判》中有关二律背反的学说,就可以清楚地看到,康德的道德哲学就建立在他的意志自由学说的基础之上,而"自律"与"他律"的矛盾不过是理论理性中的自由与因果性、自由与必然性这个二律背反在实践理性中的反映。康德的"灵魂不朽"和"上帝存在"的公设不仅是对建立在"意志自由"这个公设之上的道德学说的补充，而且还是康德的道德哲学与宗教哲学的结合点。阿多诺在对康德把自由概念引入到哲学中大加赞赏的同时，也看到康德道德哲学的"空洞"和"软弱"，因为康德所鼓吹的"至善"是一种不顾客观条件的主观设定，在现实中不具有实际意义，显得空泛而软弱。

尽管阿多诺十分敬仰黑格尔，并且继承和发展了黑格尔的辩证法，但他并不欣赏黑格尔的伦理学思想。阿多诺承认，黑格尔对康德道德哲学的批判确实有道理，他把具体的伦理内容赋予道德哲学，从而在表面上取得进步。但是，黑格尔始终有这样一个观点，即在一个民族的整体性基础上，可以实现实在性与观念性、自然世界与道德世界的统一，以此推演下去，道德和法则就可以表现为客观精神中的主体性因素和客体性因素。这样，黑格尔在这方面就混淆了道德理念的普遍性与道德实在性的区别，混淆了一般的道德诫命与具体的现实要求之间的区别，并且使其道德理论与一个民族活动之间存在着一种密不可分的联系，而在方法上则会由此发展出一种统一理性主义和经验主义的做法。黑格尔的错误就在于，他"实际上承认客体有理性，从而让自己的理论陷入矛盾之中"⑥。虽然黑格尔也主张意志自由，但由于他以为道德的最后阶段表现为民族的意志和国家的自组织形式，所以，黑格尔为国家权威进行辩护则是不可否认的事实，他的这种思想不仅不具有康德道德哲学的纯洁性和批判性，而且由于注重个人的利益得失和现实的社会关系，很容易屈从于外在的权威和压力。所以，在这个意义上讲，黑格尔的"具体"是对康德的"抽象"的倒退。

阿多诺充分肯定尼采对基督教和市民阶层的虚伪道德的揭露和鞭笞，他说："尼采的无与伦比的意义——在我看来，这个意义远远超过一切可能的阴暗和反动势力曾经对他的某些定理的利用——在于，他恰恰在好的事物中对坏的东西进行揭露，因此，他对坏的东西的表现所进行的批判在社会积极性上相当具体。"⑦阿多诺在这里看到尼采的批判所具有的历史辩证法的意义，看到尼采的批判对西方哲学转型所作的贡献。然而，阿多诺也毫不掩饰尼采批判的不足。首先，尼采把业已成为客观精神和文化意识的道德观念武断地判定给宗教,而宗教在文艺复兴以后已经或正在丧失原先的权威。其次,"尼采停留在对市民阶层的道德的抽象的否定上,或者说,他停留在抽象的否定业已变成意识形态、变成遮掩坏的行为的面具的道德上,他本人没有从他所面对的个人道德问题的解决当中过渡到表述正确生活的理念上,由于他只是草率地处理这一问题,并且又从自己这里赋予正确生活一种肯定的道德,而这种肯定的道德无非是他自己曾经谴责的那种道德的纯粹否定的影像"⑧。再次,尼采过分关注个人的道德修养,忽视了人在本质上是社会动物,从而看不到道德哲学的社会意义。这样,尼采的批判表面上看起来犀利尖锐,但由于他是从个人主观愿望来建立新的道德规范,而这种愿望包含着任意性和随意性,所以,尼采的批判最终只能是在装腔作势的语言里隐藏着实际上的软弱无力。

通过分析西方道德哲学的演变,阿多诺对 20 世纪的各种理论思潮在道德领域的观点提出了他自己的看法。在阿多诺的眼中,"相对只是对绝对的补充",无论相对主义伦理学用什么样的借口都不能掩盖它的危害性,这就是它无视人的理性判断是非的标准,模糊了"善"与"恶"的界限,在本质上是对人类不负责任的思想,这样的观点理应遭到摈弃。"人们如果确实致力于建设一个真正有活力的、正当的生存(Existenz),那就与相对性毫不相关。"⑨关于当时如日中天的存在主义,阿多诺肯定了存在哲学对人类生存状态的关切,并且明确地指出,从否定意义而言,"存在主义在本质上被理解为一个伦理道德的运动"⑩。但是,对存在主义的缺憾阿多诺也洞若观火,他认为,存在主义在道德领域的主要失误在于,它出于对统治世界的反抗,对自发性(Spotanitaet)和没有被理解的主体加以绝对化,而在此同时客体性却又回到这个尚未被反思的自发性之中,并且被客体所替代。换句话说,在道德哲学领域,存在主义模糊了主体与客体的界限,道德的理念与现成的世界结构被混淆在一起。

既然阿多诺对历史的和当时的道德理论都有自己的看法,那他是否建构了自己的道德哲学呢?答案是否定的。虽然阿多诺直到去世前还在想撰写"道德哲学的书",但他并不认为自己就可以设计一种正确生活的准则,更不可能为每一个人提供具体的道德规范,这正像他反复说的那样,他不可能给出所谓正确生活指南的东西。更可贵的是,阿多诺还指出,道德哲学是与人们生活实践密不可分的学问,不考虑我们生活世界的政治制度、经济发展、文化建设和其他诸方面情况而孤立地空谈道德伦理,无论在理论上还是在实践中都是行不通的。如此看来,阿多诺岂不是陷入他自己所批评的道德相对主义的窠臼中了吗?答案仍然是否定的!作为社会批判理论的哲学家,阿多诺强调,我们虽然不能指出什么是正确的生活,但我们却能够认识什么是错误的生活;我们不能肯定什么是绝对的善,但我们却可以否定不道德的恶。这里所进行的批判和否定都是为了建构,进而达到肯定,也就是说,通过对不正确的生活的认识,对不道德的恶的否定,我们可以认识什么是善,可以逐步去建设正确的生活。这就是否定辩证法在道德领域的意义,也是阿多诺在根本上不同于道德相对主义和虚无主义的地方。

恰恰是基于这样的思考,阿多诺明确提出,人类文明社会几千年积淀下来的,并得到人类各民族共同认可的"谦虚""诚信""责任"等美德就是人类社会必须坚持的最起码的道德底线,它的基本精神就是:我们应当不断地进行自省和自我反思,不盲目认为自己有理,他人无理,同时还要把这种反思的权利也给予他人。这种精神还可以用"良心"这个术语加以表达,但这个"良心"是指我们在这里"只有这种选择,而无其他选择"的客观决断,而不是那种不受客观因素限制的主观意愿。正是在这个意义上,阿多诺说:"人们必须有良心,但却不能退回到良心中。"⑪这种自我性抗拒在任何时代和任何地方都是不可或缺的,不然,个体的无限膨胀必定会给他人和社会带来损害,这恰恰是道德哲学的要义。

阿多诺主张的这种"道德的底线"是人类社会经过几千年的实践所形成的金科玉律,也是人类作为一个族类在道德领域所必然拥有的普遍性。虽然它不像历史上某些道德论那样至善,它所规定的界限很宽,水准甚低,但这个要求却是人类必须遵守、须臾不能离开的道德伦理的根基,它体现了维系人类存在所必需的最基本的规则和秩序。唯有如此,它不仅呈现了人类历史发展的面貌,而且存在于人的现实生活中,并因此而具有更大的包容性、自由性和创造性,更具有普遍、永恒的活力。

三

在阿多诺提出"最低限度的道德"之后的 40 年,我们这个星球上出现了建立普遍性伦理(universal ethic)的呼声,其主要代表作是 1993 年 8 月至 9 月在美国召开的世界宗教议会大会上通过的《全球伦理——世界宗教议会宣言》(以下简称"《全球伦理宣言》")。这种普遍性伦理是指不同的宗教和世界观及非信教者能够达成一致的、对于人类共同生活必不可少的最低限度的道德价值、理想与目标,它体现为两个原则:一、每个人都应得到人道的对待;二、己所不欲,勿施于人。由这两个原则产生出四种行为准则:非暴力与尊重生命,团结的文化和公正的经济秩序,宽容的文化和诚信的生活,平等的权利和男女之间伙伴关系的文化。这些原则和准则又进一步被具体化为四条古老戒令"不杀人、不偷盗、不撒谎、不奸淫"。正如这个宣言的作者之一孔汉思所说,这个宣言不是"发明",而是一种"发现"。⑫

仔细分析《全球伦理宣言》和国内学界对这个话题的讨论,我们可以发现,这里主要涉及以下几个问题:一、普遍性的伦理原则与全球不同国家和地区的各个民族的具体道德规范的关系,在这个层面上还关涉整个社会的道德价值取向与个人的道德修养和教化的关系,从根本上说,这是普遍性与特殊性的关系问题;二、伦理原则的永恒价值与道德取向的时间有效性的关系,这是超越时间的无限性与历史有限性的关系问题;三、道德伦理领域的独特性与政治、经济、宗教等其他社会领域的关系,这是部分与整体的关系问题。如果我们把这些问题与阿多诺的《道德哲学的问题》进行比较,我们就会发现,阿多诺几十年前有关道德哲学的著述对我们今天争论的这些问题几乎都加以讨论过,尽管他的阐述方式或隐或显,以及他的道德哲学是建立在不同于今天的理论基础和目标设定上。所以,我们现在结合阿多诺的道德哲学理论来解说和评判普世伦理学,或许更有一些启迪意义。

首先,我们在这里会遇到这个问题,在理论和实践上是否确实可以确立一个得到全世界各个国家和地区共同认可的、放之四海而皆准的伦理原则。在回答这个问题之前,我们提出的一个理论前提是:哲学(包括道德哲学或伦理学)作为一种理论形态是对人类自身存在、存在的方式和生存环境的理论自觉,并进而上升为理论把握,这种本质已经决定,哲学既不能局限于对某个民族或国家的特殊性和时代性的把握,也不能囿于对亘古不变的全球普遍性和永恒性的认识,而应当是特殊性与普遍性的统一,时代性与永恒性的统一。

从这个前提出发,我们就可以认为,不能以纯粹对立的观点,而要用辩证的、历史的观点来看待普遍性的伦理原则,也就是说,我们由此可以合乎理性地承认,在道德伦理范畴中既存在特殊性和时代性的东西,同时也存在普遍性和永恒性的东西。前者是指各个民族和国家在具体历史时期的道德理论和具体伦理实践,它们在某些方面不同于其他民族和国家的道德理论和伦理实践;后者是指各个民族和国家经过长时间的实践而认识的道德底线,它们是为了维系人类作为一个族类存在下去而必须遵守的责任和义务,而不是某一个或少数几个民族和国家的专利。更进一步讲,道德伦理在本质上就属于实践范畴,从其历史形成和现实状况来讲,前者是后者形成的基础,后者则常常包含在前者之中。由此来看,《全球伦理宣言》所弘扬与强调的"四不戒令"确实是全世界各个民族都必须遵守的"金律"。我们不可能想象,一个常态下的社会允许这个戒令所禁止的行为发生,全世界绝大多数人会希望生活在一个失去了最基本伦理价值尺度的野蛮无序社会中!因此,依据一个普遍的伦理原则来维护最基本的社会秩序,在任何时代都是有意义的。这就是全球伦理的普遍性和永恒性,也正是在这点上它与阿多诺所提出的"最低限度的道德"要求是一致的。但是,反过来说,我们不能以这种底线的道德要求去否定各个民族和国家的具体道德规范,因为这样的要求只是维系人类自身存在的基本需要,而不同地区和不同发展阶段的民族由于自身的历史和现实状况也会形成具有本地区和本民族特点的道德伦理规范,这些具体的道德规范并不与普遍性伦理相抵触。随着科学技术的进步和经济全球化的进程,多元对话必定会有助于消除各民族和国家在道德伦理领域的差异,只是这个过程不是一蹴而就的,而是渐进的。

其次,《全球伦理宣言》所概括的"人道主义"和"己所不欲,勿施于人"这两个"金规则"不仅引起极大争议,而且与阿多诺所主张的道德底线的要求是不同的。对阿多诺来说,把道德的底线上升为主观、抽象的原则是不可取的,因为这样的原则既不切实际,又会模糊或混淆事物的本质,他正是在这个意义上说:"我在这里不喜欢用人性这个词,因为它属于这样一些表达,它们一旦说出,就会限定和歪曲所涉及的最重要的事情。"[13] 如果我们在这里回顾一下中外思想史中有关这方面的经验和教训,就会承认阿多诺的正确。不论是中国古代思想家把道德伦理归因于"天""道""义""理",还是西方思想家把"上帝""人性""同情"视为道德伦理的基础,他们都是把主观、抽象的理想性当作道德伦理的原则,而忽视了人类生存和发展的生活实践才是道德判断的最终根据。

再次,在讨论个人的道德教养与社会的伦理规范的关系方面,我们在承认个体良知的时候绝对不能夸大它的重要性,因为人的存在在根本上说是社会的存在,鲁滨孙式的英雄只会发生在荒无人烟的孤岛上,在那里根本就不存在道德或不道德的问题。还是阿多诺思想深刻,他是一语中的,"恰恰是伦理的行为,或者说,道德的行为或不道德的行为始终是一种社会现象,这就意味着,在讨论伦理的和道德的行为时排除人们相互之间的关系是绝对没有意义的做法,因为纯粹为自己而存在的个人是一种完全空洞的抽象,它这里已经隐含这个事实:对整体利益、局部利益和个人利益进行区分的社会问题,同时也是伦理的问题,人们根本不可能把它们完全分开,而且这方面的发生过程的问题也并非如同人们想象的那么重要"[14]。由此来看,现在出于某种目的去夸大、宣传和灌输独行侠式的英雄,实在是与伦理学的本质相违背的。从人作为社会存在者而言,伦理学的立足点就是讨论人与人的社会关系及与之相关的社会规范和社会秩序;也正是在这点上我们可以说,伦理学的思考是每一个人不可避免的社会境遇,也是每一个人自主选择的安身立命的方法。

最后,我们对道德伦理与其他社会领域的关系问题加以简单的讨论。毋庸置疑,道德伦理与政治、经济、文化等其他社会领域是密切联系在一起的,这是绝大多数学者都认可的。我们现在争论的焦点是道德与宗教的关系问题。按照孔汉思所说,全球伦理"应当具有宗教的基础,即使说话的对象是所有的人,包括那些不信教的人,也应当表明,在宗教看来,伦理具有一种宗教的基础。在具有宗教动机的人们看来,一种伦理必然关联于一种对于终极的最高实在的信念(相当合理的信念),不论这个终极实在会被赋予什么名称,也不论在不同的宗教中对这个实在的性质会有什么争论"[15]。对于这种观点我们实在不能苟同。文艺复兴运动以后的几百年来,人类通过对中世纪宗教神学的批判,解除或部分解除了宗教神秘主义的束缚,"道德与宗教之间的联系已经被割断","宗教这种压制、限制的权力已经成为沉默不语、毫无根据的东西,但却过渡为全部社会生活中的现实的精神形式"[16]。我们不能因为现在还有些国家仍然实行"政教合一"的体制,在全球还有很多人信奉某种宗教,就去否定道德在今天已经成为客观化的精神和文明意识这个普遍事实。更何况任何一种宗教说到底关涉的都是信仰绝对真理的问题,而不存在伦理学所讨论的"应当"与否的问题,硬要把伦理学问题与宗教问题混淆在一起,在过去或许还可以说得过去(尽管当时的许多思想家已经对此提出批判),在 21 世纪的今天无论如何是行不通的。阿多诺在这方面的论断完全是值得我们思考和接受的。

通过应用阿多诺道德哲学的思想去分析当代普遍性伦理学,我们得出的结论是:历史辩证法是评判道德观念和道德哲学不可缺少的思想方法,如果这样,我们就不会用普遍性伦理去否定不同民族和国家的具体道德规范,也不会用具体的道德规范去反对我们人类文明赖以存在的"道德底线",更不会把道德伦理问题与宗教混为一谈,而是会把道德伦理范畴的普遍性与特殊性结合起来、永恒性与时代性结合起来。这或许就是阿多诺留给我们的一份弥足珍贵的遗产！

<h1 style="text-align:center">四</h1>

上述讨论是译者本人阅读《道德哲学的问题》的点滴体会，它也从一个方面说明了我们选择翻译这本书的理由。我们相信，翻译和出版这部书不仅对正确理解阿多诺的道德哲学、伦理学和他的其他哲学思想具有重要意义，而且对我们进一步认识法兰克福学派和西方马克思主义也有启迪作用，甚至对认识整个近现代西方道德哲学的演变及与之相关的西方哲学思想在近二百年来的发展都有一定借鉴作用。

本书第一讲至第十二讲由谢地坤翻译，第十三讲至第十七讲以及原书出版说明由王彤翻译、谢地坤校对，书中的译者前言和译者注释也由谢地坤撰写。我国著名哲学家叶秀山先生对我们翻译阿多诺著作给予了极大的鼓励，并在翻译本书的希腊文、拉丁文方面给予了一定帮助。对此，我们表示衷心的感谢。

最后还想说明的是，本书（包括后来翻译的阿多诺另外两本书）在2000年译完后，由于各种各样的原因，在出版方面遇到了很大阻碍，一直无法出版。幸亏人民出版社的领导，特别是该社的陈亚明女士的大力支持，我们才最终获得该书的汉语版权。对于人民出版社无私支持学术研究的精神和所付出的巨大辛劳，我们表示衷心的感谢。此外，德国苏尔坎普（Suhrkamp）出版社的哈特（Hardt）女士，我的中学同窗好友、现在旅居德国的蔡鸿君先生和德国图书信息中心的王竟女士在此方面对我们也伸出了援助之手，我们对此也表示诚挚的谢意。

限于译者的学识和水平，本书翻译的不当或错误在所难免，敬请读者批评指正。

谢地坤
2006 年 5 月

注释

① 参见《霍克海默全集》第三卷,法兰克福,1988年,第Ⅲ页以下(Max Horkheimer, Gesammelte Schriften, Bd.3; Frankfurt, 1988)。

② 哈贝马斯:《50年代的哲学家阿多诺》,载德国《时代报》2003年9月4日 (Die Zeit, 4.Sept. 2003 Nr.37)。

③ 阿多诺:《道德哲学的问题》,德国苏尔坎普出版社1997年版,第10页(T.W. Adorno, *Probleme der Moralphilosophie*, Suhrkamp Verlag, 1997, S.10)。

④ 同上书,第26页。

⑤ 同上书,第11—12页。

⑥ 同上书,第246页。

⑦ 同上书,第255页。

⑧ 同上书,第256页。

⑨ 同上书,第260页。

⑩ 同上书,第26页。

⑪ 同上书,第252页。

⑫ 参见孔汉思、库舍尔合编:《全球伦理——世界宗教议会宣言》,何光沪译,四川人民出版社1997年版。

⑬ 阿多诺:《道德哲学的问题》,德国苏尔坎普出版社1997年版,第250页。

⑭ 同上书,第34—35页。

⑮ 孔汉思、库舍尔合编:《全球伦理——世界宗教议会宣言》,何光沪译,四川人民出版社1997年版,第60—61页。

⑯ 阿多诺:《道德哲学的问题》,德国苏尔坎普出版社1997年版,第254页。

出版说明[*]

《道德哲学的问题》是阿多诺15部完整保留下来的讲课录音记录稿里的第3部。除了已经出版的《社会学导论》,磁带录音本身已经找不到了。出版随意保留下来的讲课稿面临着极大困难,而这些困难对于道德哲学的讲课来讲却不是不适宜的。一般的道德难题从根本上讲是一种口头表述的难题,是道德的真理要求未被发现的难题。另一方面,道德要求以思想的应急性、未完结性和开放性为前提。阿多诺在1956年至1957年的冬季学期第一次触及这一题目时,就阐述了从苏格拉底开始的这个事实的关联,"在整个西方哲学传统中,他被赋予了道德哲学、伦理学的真正创立者的角色。然而,他是西方哲学史中唯一一位没有写东西的人。毋庸置疑,这是与他的道德哲学观点或道德哲学的发现相联系的。他的哲学思考在很大程度上指向实践,指向人的行为。[……]这个基本思想是:生动的、说出来的言语在进行诘问,讲话就在于'讲话和回答',它涉及的是讲话所指向的特定的人,而书写的文字则对所有人都相同,没法对人进行区分,对所有问题都沉默不语,并且还无法改动"(1956年12月19日讲稿,存于阿多诺档案,第1344卷)。阿多诺视自己为"最后哲学"的代言人,他坚持不懈地探讨道德哲学的终结及其界限。直到去世时他还在计划撰写《道德哲学书》(参见《阿多诺全集》第七卷,第537页),然而,该书在主观和客观上都不可能

---

* 根据德国苏尔坎普出版社1996年出版的《道德哲学的问题》原书出版说明译成。

写出来。如同阿多诺把格言的形式当作《最低限度的道德》的延展，而且如同用"希腊人"（Graeculus）这个标题展现它那样，道德在有约束的学说意义上已经变成不可能的了，这点即使通过格言的形式也无法改变。这样，伦理学的提问本身在1963年的讲课中倒成了问题，伦理学这个概念遭到彻底的拒绝。阿多诺在1956年至1957年的早期讲课稿——它是以速记形式记录下来的，相对来讲更全面，理应在以后出版——更多的是重新构建了从苏格拉底、柏拉图、亚里士多德到康德、尼采的道德哲学思想的历史线条，这样，1963年的讲课主要讨论康德哲学，并且更多地讨论了道德的疑难问题。

从内容来看，这篇讲课稿是为《否定的辩证法》中的"论自由"一章作准备，与霍克海默1933年的批判理论的重要论著《唯物主义与道德》（参见《霍克海默全集》第三卷的《1931—1936年文集》，出版者为A.施密特，第111页及下页，法兰克福，1988年）有直接联系，并与同样由霍克海默撰写的《启蒙的辩证法》的第2篇附录及阿多诺并非偶然地献给霍克海默的《最低限度的道德》一书有直接的联系。正因为阿多诺讲课时的生动论述，任何思想都不可能只有一个结论，所有内容也并非都能"得到正确的解释"，并被一种解释的准则所接受，因此，阿多诺思想和著作的部分起源就可以得到认识，即他所提出的让文本本身讲话，并让文本与社会辩证法相对照的要求可以得到认识。这样，这个讲课认真对待了60年代初开始清楚显示出来的哲学必须走向实践的意识。为了使自己不陷入业已受到批评的存在主义的时髦造反，讲课介绍的是"石块而不是面包"。阿多诺在这里已经表明了他后来对学生运动所采取的立场，这种立场以后还写在他的《理论与实践》的旁注和《断念》中。这样一门辩证法，即对错误生活的必然的实际反抗和有关正确生活的单纯的理论知识，将永远是否定的。

内容本身的艰深与文本断定的困难是相一致的，它没有使编辑这部讲稿变得容易一些。在磁带录音的副本里有很多名字和引文显然是被错误地重述了，使人担心的是——其中一部分是显而易见的——一般的听力错误和对内容的错误理解导致副本让人不满意，好在这个副本没有拿来出版。假如副本一定要出版,阿多诺肯定会同意对副本进行修改。虽然我们作了很大努力,尽可能尊重传承下来的东西,但目前的这个版本肯定在某些地方对原稿的句子结构,尤其是标点符号的编排有影响。我们在编辑过程中努力保持讲课的口语风格,同时又使句子结构在读者眼中一目了然。仅在个别情况下在书中增加了新的或有所不同的文字。对内容上并非很确切的地方的修改,对听力和书写错误的改正不是很明确的地方,在注释和被替代的文字材料中标明出来。能明确看出的由口误造成的句法结构的前后不一致、没有下文的句首和不具备修辞学意义的重复都被删除。引文根据原文作了修正,其强调的地方用斜体字标出,阿多诺引用时偏离原文的地方在正文中用方括号标出,省略的部分用[……]表示。引号标出的是虚构的、间接的和部分内容在字面上没有出处的引文。出版者力求完整地给出引文。对单纯暗示的修改和阿多诺相同文字的验证,从内容上看,主要涉及以前讲课的关系,涉及康德及后来的《否定的辩证法》的撰写。

1995 年 4 月

目　　录

第一讲

（1963 年 5 月 7 日）

尊敬的女士们、先生们：

当我看到你们这么多人齐聚一堂来听这个讲课，而讲课的题目对青年人或许并不是最有吸引力的，我感觉自己有责任向你们作一个简短的说明，同时请你们谅解，并提醒你们诸位不要抱有过高的期望。如果你们是来听一个曾经撰写一本关于正确生活的（更确切地讲，是关于错误生活的）书的人在这里讲课①，那么，几乎可以完全认定，你们或者说你们中的许多人，都期望从这个讲座中获得有关正确生活的知识；也就是说，你们期望从中直接得到有利于自身存在（Existenz）的知识，而不论这种存在是私人存在还是公共存在——关于后者，我是指你们所践行的政治存在。我至少希望，在讲课自身的过程中就会提出有关道德生活的问题。②人们会以这样的形式提出这个问题：这样一种正确的生活在今天是否还是可能的，或者说，正确的生活是否必须如同我在那本书里所概括的那句话一样，那句话是说"在错误的生活中不存在正确的生活"③。我后来发现，这句话在尼采那里曾经是一度应用最多的表述。④不过，我在这个讲课中并不可能直接给予你们类似正确生活指南的东西；而你们也不可以期望得到有助于解决你们自身直接问题的立竿见影式的帮助，无论这些问题是私人的，还是政治的，而且政治问题是与道德范围紧密结合在一起的。道德哲学是一个理论学科，它作为

1

一个学科就始终是与道德生活的直接性有区别的。对此，康德是用这样一种形式来说明的：一个人想成为一个诚实的人、善良的人，或者想成为一个正直的人，他不一定非学道德哲学不可。⑤我还可以引证我所想起的这方面晚些时期的论述。舍勒（Max Scheler）在他撰写的与康德针锋相对的伦理学著作《伦理学的形式主义与质料的价值伦理学》中，对作为直接的——或者如他所说的——生动的、蕴含在格言、警句、俗语中的世界观的伦理学和与此根本没有关系的道德哲学进行了区分。⑥我在这里所论述的问题，恰恰是属于你们的哲学教育的范围，它们完全是作为一门理论学科的道德哲学的问题。可以向你们这样说，与其说我要把石块砸向你们的脑袋，还不如说，从一开始我就想让你们期待得到面包；假如没有得到所期待的面包，那么，或许是扔出去的石块没有击中你们，或许是我真正希望，这些石块并非坚硬得让人可怕。因为你们将得到的这些原理无论如何都不是严厉无情的。

如果我说这些石块既没有击中你们，而且还可能不是那么非常的坚硬，那么，我在这里是把这些石块设想为某些特定的东西，它们可能在一定意义上会恢复你们自身的活生生的兴趣。因为我非常清楚地知道，这样的道德理论的讲课不可能直接帮助你们去如何存在；我同时还非常清楚地知道，你们有理由对获得正确生活的知识发生兴趣——只是我认为自己决无权力向你们阐述这方面的直接知识而已。正是由于我知道你们中的许多人非常信任我，所以，我想最后一次这样来滥用你们的信任：这就是让我自己也处于一个智者（Gurus）所捏造的情景之中，尽管这种情景只是通过讲演形式才可以产生。我想让你们避免这种情景，当然，我首先想让自己避免这种不诚实的态度。尽管如此，如果我说涉及你们和你们的兴趣的关系，正如我所希望的那样，应当是不可或缺的，那么，我立即就与自己不能给予你们的因素联系在一起。由于你们的兴趣是想从道德哲学讲课中获得关于自己存在的知识，而且这种兴趣是如此正当，所以，正因为如此，有人或许会用错误的结论去指导实践的危险在今天也同样是很大的。道德哲学——为了立即进入正题——确实是与实践有着某种本质的关系。在哲学建设中，人们把道德哲学也称为实践哲学,而康德贡献给道德哲学的主要著作就叫《实践理性批判》。我顺便(en passant)说一下,我们不要把实践这个概念与业已变质的这个概念混为一谈;今天人们说一个人实际,这句话的意思是说,这个人知道如何灵活地去做事,如何灵活地对待生活。在哲学术语的意义上,πoâξιs 和 πoάττειν 这两个词完全可以追溯到希腊文"行动"的意义上;而在康德的《纯粹理性批判》的第二部分"先验的方法论"中,实践哲学的主题则是以著名的,而且你们大家一定熟悉的"我们应当做什么"[⑦]这个问题的形态出现的。在康德看来——上帝知道,在人们对这类问题进行表象方面,康德不是这方面最坏的证人——"我们应当做什么"是道德哲学的真正本质的问题;我甚至还可以补充说,这是一般哲学的最重要问题,因为在康德那里,实践理性显然优先于理论理性。[⑧]与康德相比,费希特根本不是一个创新者,这正如他自己所认为的那样。[⑨]今天,这个问题显然发生了改变。我总是重复这个经验:如果我们进行理论分析——理论分析在本质上恰恰就是以批判的方式进行的分析——有人就会以一种不耐烦的声音高声问我们:"好吗,我们究竟应当做什么呢?"他们还会更高声地说:"所有这些理论都太啰嗦了,全部理论究竟应当给予我们什么呢? 我们不知道,我们实际上应当做什么。我们应当直截了当地做些事!"由于纳粹时期发生的令人恐怖的事情,而且还由于今天的政治实践进行的直接干预所造成的四分五裂的情况,迫使人们不得不面对这样的问题:"如果到处都是围墙,而我们试图建立有关全体人民的正确机制的任何尝试都受到阻碍,那么,我们究竟应当做什么呢?"鉴于这些情况,我根本不会不认识这种行为的动机。但是,情况是另外一回事:如果实践越不确定,那么,我们在事实上就越不知道我们应当做什么,我们获得正确生活的保证也就越少。所以,虽然正确生活理应得到保证,而最后我们在正确生活方面采取的行动只会是鲁莽草率的。这种情况很可能与某种憎恨思想的情绪有关,与某种贬低理论的态度有关,而这种态度发展到最后只能是贬低知识。比如,郭罗门(Golo Mann)在一系列文章中——其中一篇是直接反对我的——对理论家和知识分子进行了指责,他写到,有人在理论上提出了"什么是浅薄知识"的问题（他指的是浅薄知识的理论）⑩，可以这样说，这些人在这方面将会是"一事无成"的。⑪这种"一事无成"的指责，这种要求立即进行实践活动的匆匆忙忙，它在封锁理论的同时，从目的论上来讲，它从自身方面也给自己规定了，它已经在自身中与错误的，也就是与压制别人的、盲目的，甚至暴力的实践发生了关系。

女士们，先生们：

我请求你们要有一定的耐心去对待理论与实践的关系。在目前这种形势下——我对这种形势不抱有任何幻想，我也不想让你们抱有任何幻想——关键的问题或许就在于，人们是否确实可能再进行一次正确的实践活动；人们在这方面并不应当要求任何思想出示"现在可以做什么"的通行证，而是要义无反顾、竭尽全力地让自己沉浸在思想和思想的结论之中，并且去看一看从中会产生什么结果。由此来看，要求你们抱有耐心，或许是完全有理由的。我甚至可以说，这种义无反顾的行为，这种反抗的力量，它们就蕴含在这种思想自身之中，而思想从其应用意义上而言，不会让自己立即受到不断产生的目的所驱使。如果你们允许我把这种悖论说下去，那么，我可以说，这种理论上的义无反顾本身已经包含着一种实践的因素，我甚至还敢如此极端地说，实践在今天已经在很大程度上悄无声息地进入理论之中，也就是说，实践本身已经属于对正确行为的可能性重新进行周密思考的范围。思想并非像我现在在第一次演讲中向你们阐述的这样似是而非，让人捉摸不透，因为思维本身最终也是一种行为形式。思维在本原上不外乎是这样一种形式，我们在这种形式中把握客观世界，并且与客观世界打交道——分析心理学把自我和思维的这种功能称作实在性检验；而思维在一定情况下不只是被追溯到思维状况，而且还被追溯到其他的时代和其他的情况，这也是完全有可能的。我认为，无论怎样，提出这个问题本身就是一件好事。马克思理论所包含的著名的理论与实践的同一性，以后主要是由列宁在理论上对此予以了发展，并且在此期间演变成为"辩证唯物主义"中的一种盲目的教条形式，这种教条的存在，就是为了从根本上祛除理论的思考,这种情况绝非偶然的。人们可以直接观察,这种事务主义是如何变为非理性主义的;然后再研究一下,它又是如何变成一种压制的和压迫的实践。如果人们在这个地方设置一定方式的障碍,并且不那么相信这个著名的理论与实践的同一性,仿佛觉得这个同一性既是确实可靠的,但同时又觉得它在任何时候都是既成事实,那么,仅仅这一点就已经成为足够的理由,否则,人们就会处在这样一种人的境况之中——按照美国人的方式,这种人叫 a joiner(爱参加各种组织的人)⑫,这种人始终必须参与某些事情,必须有事可做,并且可以为这些事情去搏斗;这种人总是满怀做些事情的激情,就好像受到某个欲望的驱使,而一般的人对他们抱有幻想,觉得以此就可以改变这些事情。于是,这种人就被推到一种仇视精神的状况之中,而这种仇视又必定会去反对正确的理论与实践的同一性。

女士们,先生们:

这里至关重要的问题在于,你们首先应当确信,费希特的著名命题"道德是自明的"⑬并非如他自己所阐述的那样,会轻而易举地产生效用,尽管这个命题肯定具有真理的因素——历史哲学的因素必定会在这里发生作用。这就是说,人们通过自己全部有待实现的和具体的理想,感觉自己就是这个世界中一个正在上升的阶级的代表,处在 18 世纪与 19 世纪之交的伟大的资产阶级思想家们恰逢这种情况,这时候产生的道德的自信完全不同于另外一种情形。在另外一种情形中,任何一次重要的实践都已经穷尽思想,它在自身中业已包含不幸和充满灾难的趋向:人们在这时实质上必定是在进行反对自己的思维活动,也就是说,是在反对自己的直接和实在的利益。这里的关键在于,我将向你们阐述的是我们对道德问题进行反思,而不是我向你们指出某些规范、价值或一些吓人的、有着各种名称的术语。我们或许可以这样说,道德哲学的对象在今天实际上是人们不应当那么简单、幼稚地接受别人提供的答案,或者接受从所谓感觉上出现的答案,比如,规范的行为举止的问题,行为举止方面的一般与特殊的关系的问题,善良的直接实现的

5

可能性的问题等，这是因为所谓感觉经常是一个坏的舵手，人们要在可能的范围中把所有这些问题提升到意识之中。道德哲学在这个意义上就意味着，人们应当毫无畏惧、不屈不挠地真正意识到道德范畴的疑难和关于正确生活的那个更高层面上的实践的问题，而不是去轻信作为实践活动的全部领域的生活已经不需要理论思维之类的话语。因为如果人们这样做，通常只会产生这样的结果：人们所认为的比理论更高级、更纯粹的实践就会被某些独裁的权力——无论它们产生于某些特定民族的传统，还是来自受到规定的世界观——当作完善的东西而接受下来，但不会出现康德所认为的可以产生正确行为的东西，即自由的因素却不会发生，诸如正确生活这类事情根本就不可能为人们所思考。对这个命题的论述，正如我已经向你们指出的那样，是对残缺不全的道德哲学传统的讨论，这与现在似乎已经进步的心理认识——我想说的是心理分析——的水准相一致，而这种心理认识的本质在于"心理认识所存在的地方"，也就是说，在潜意识、昏暗蒙昧统治的地方，"就应当存在自我"，即应当存在意识。只有当意识畅通无阻的时候，也就是当你们自己有意愿的时候，只有当理论贯通无碍的时候，一般的正确实践活动才是可能的。⑭

女士们，先生们：

我想就在此时此地向你们指出，或者更好地说，我想说出在你们那里此时此刻或多或少表现出的某种活动情绪：事情并非简单到了如此地步，好像仅仅需要正确的理论，人们就完全能够开展正确的实践活动。你们中的一些人非常友好，他们认真听了我的讲话，这些人已经注意到，我并没有使用这样的表述，我只是说，在目前阶段需要一个更高层面、更特殊的理论因素。但是，另外一个方面，如果你们从我这里听到的不是陈词滥调的话，我相信，有人就会立即像我一开始强调理论因素那样尖锐地说，理论与实践不会单纯地融为一体，它们不会立即成为相同一致的东西，在它们之间基本上是一种紧张的关系。理论如果不与任何可能的实践发生关系——尽管这种关系是如此生疏、如此间接、如此隐蔽,但它必须存在——理论不是成为空洞无物、沾沾自喜、无关紧要的游戏,就是变得更加低劣,成为单纯教化(blosse Bildung)的一种因素,这就是说,理论就会因此变成一种僵死的知识材料,对我们活生生的精神和活生生的人都将一无是处,这点也同样适用于艺术。与此相反的是实践,对此我已经作出过暗示,它从其名称上就比理论占有优势,它现在简单地让自己独立、驱赶自己的思想,从而把自己降低为一种忙忙碌碌的行为。这样的实践寓于现成事实之内,它会导致这样一些现象,比如,那些喜欢参与组织活动的人以为,人们可以进行各种各样的组织活动,举办许多事实上的集会,这样的行为就是在做本质的事情。这些人没有反思,人们所进行的这些组织活动是否确实具有在事实上干预现实的可能性。⑮为此,我曾经涉猎了道德哲学的基本命题,这就是有关仅仅涉及纯粹意志的规范的问题——这是康德曾经做过的教诲;同时也是应当对道德的东西进行反思、考虑道德实现的客观可能性的问题——这是黑格尔反对康德的代表性意见。这个基本命题在这里也是这样一个问题,人们可以从专业术语上把它称为观念伦理学(Gesinnungsethik)和责任伦理学(Verantwortungsethik)相互对立的问题,而我以为,我们将在给定的时间里对这个问题作些说明。⑯

但是,无论怎么说,由于理论和实践最终都来源于生活这个同一性,这两个分离的部分不可能总是互不相干,所以,实践终归需要一个因素——我想立即对这个因素加以确定,因为我认为,这个对道德进行规定的因素是根本性的,但这个因素并不属于理论,而我们又很难称呼它,我们或许最好用自发性(Spontanitaet)这个表述来称呼这个因素,因为这个表示直接行动反应的表述可以指出特定的情景。有人或许会说,在不存在这个因素的地方,就是理论最终没有意愿的地方,正确的实践活动因此也是不可能的。道德理论的课题在本质上还包括对这个理论本身范围的界定,换句话说,它还应当指出隶属于道德范畴的内容,还应当包括思想没有穷尽的地方,而我们现在既不允许对这些东西重新加以绝对化,又不允许把它们当作似乎是绝对化的东西来对待,而是让这些东西重新与理论观察发生联系,假如我们不想让这些东西失去控制的话。

女士们，先生们：

我只能极其困难地去论述这里涉及的这个因素，出现这种情况并不是偶然的，因为它确实是关于道德的因素，而我想从理论上把握道德中的这个因素，并且要在理论上去表述它，但它却又的确是非理论的，这样，这种情况从一开始就有一定的荒谬性。但是，我相信，当我在前面曾经向你们讲解抗拒(Widerstand)这个概念时，这方面的一个关键词就已经确定下来，我从抗拒这个词上确切地看到，今天人们更可以在理论中寻找抗拒。这是因为人们现在在应当做什么的事情上是一致的，但是，一旦有人不愿意做任何事情，并且首先与主流的实践活动保持比较远的距离，反而是愿意思考这方面的本质东西，这样的情况才是令人深思的。我认为，在抗拒的因素中，在不参与主流的非本质活动的因素中，始终存在着对强者的抗拒，而这种行为从其自身而言，每时每刻都确实包含着丧失希望的因素。你们可能从抗拒这个概念中认识到我最初所持有的观点，即我是在说，道德范畴在事实上是不会与理论范畴在一起的，而这个观点本身就是对实践范畴所进行的一种哲学的基本规定。

我或许可以用经验向你们阐明这个观点，这就是我自己结束流亡生活、刚刚回到德国最初几个月所经历的非常简单的经验——这件事已经过去近 14 年了。我在那时有机会结识了 7 月 20 日运动中的一群非权威人士中的一员，我与他交谈，并且问他：“您已经非常清楚地知道，你们想用密谋策划的方法来获得成功的机会是微乎其微的，而且您也肯定知道，您一旦被捕，等待您的是比死亡还要恐怖的事情，而且是无法想象的恐怖。既然这样，您为什么还可能去做这件事呢？”这个人回答我说——你们大家将会知道这个人的名字，但我现在不想说出他的名字⑰——“当时的情况是如此让人不堪忍受，以至于人们不可能再继续跟随下去。我完全不在乎以后会发生什么；至于采用什么样的计策，对我也是完全无所谓的。”他在回答我的问题时没有任何激情，我想说,他的回答没有任何理论色彩,但简单利落,从容不迫,他因此还想向我解释,是什么东西驱使他参加了这个看起来荒谬的 7 月 20 日运动。我相信,正是抗拒这个因素——也就是说,可能存在着某种不可忍受的情况,使得人们必须尝试去改变这种情况,而不管对某一个人或对其他人会产生什么样的后果,即使是在理论上能够预见结果的情况下也是如此——是确定非理性因素的一个点,人们在这里可以寻觅非理性,或者你们会让我说,人们在这里可以寻找道德行为中的非理性的因素。然而,你们在此同时也看到,非理性仅仅是一个因素,因为这个军官在参与这件事的时候,他在理论上非常确切地知道,第三帝国是那么恶劣,那么恐怖,从批判和理论的立场上完全可以看穿第三帝国的谎言和罪行,而他本人也可能与之有关,他因此不得不采取行动。假如他不具有这些观点,假如他不能认识当时德国比比皆是的卑劣行径和伤天害理的事情,那么,他就绝对不会有那样的反抗。但是,我还需要补充另外一种因素,这种因素就同它表现的那样,是完全消极淡漠的。这位军官这样说:"我是不同意这种情况继续下去的。但是我完全不在乎我或者其他人会遇到什么事情。"这样的事情也许给出了你们共同成长的表象,而人们可以用道德哲学去称呼的东西,则是这个表象的具体化。通过我现在所说的这个因素,一个不适宜、不完全相称的因素出现在道德哲学的概念里面,而此中原因恰恰是道德哲学作为理论忽略了这方面的因素。那么,人们应当怎样去讲述这样的事情呢? 伤害者的羞耻就在于,人们现在还在对如 7 月 20 日团体这类事情进行深刻的思考,比如,现在有人非常惬意地站在讲台上,而你们有秩序地、比较舒服地坐着,上帝知道,这就是今天的道德辩证法的舞台。与现在真正能称作与实践相对立的东西——实践就是这样的事情,它使人疼痛,并且能使人非常疼痛——大概是一种犬儒主义的因素,而人们却又很难摆脱这种玩世不恭的行为。我从一开始就讲述了道德哲学的概念,从这个作为一门理论学科的道德哲学概念上或许可以听出某种犬儒主义的东西,因为道德哲学几乎是强制地不去理睬我业已试图向你们讲述的那个因素——这是在理论上不可能穷尽的因素。有人或许会讲,道德哲学的沉思是对道德问题的思考，它既是道德上的思考，也是行动上的思考，就此而言，它始终比思想要广泛，这样，它在一定程度上就与它所思考的对象发生矛盾。确实存在这样的情形，我相信，我们今天仍然生活在这样的情形之中，真正来讲，在这样的情形中，被思考的对象只可能去做，因此，这个矛盾是非常明显的。但是，从另外一方面来讲，这样的情形确实存在，我们又不能对这个矛盾忽略不理。如果我对你们说，人们要让自己意识到这些事情——道德哲学在当今的课题，就是要比其他人更早地创造意识，那么，我对这些事情就持有这种看法：当发生矛盾的时候，也就是当矛盾包含在事情之中，而我们却又不能通过理论控制和概念构成来消除这些矛盾的时候，我们在这时已经意识到，在这件事情中包含着矛盾，我们就要学会把握重视矛盾的力量，而不是用多多少少的"强制拆迁"的办法把这些矛盾从这个世界中铲除出去。

我现在向你们所说的这种不恰当的情况，尤其是包含在道德和道德哲学的表述之中，正如你们大家所知道的那样，这种表述受到尼采非常激烈的抨击。按照尼采的讲述，在道德这个词汇中所表现的不恰当可以追溯到很久以前。我非常惊讶的是，我恰恰就在前几天从荷尔德林（Hölderlin）那里发现了这种表述，但却是贬低的表述⑱，那场论战可以追溯到所谓德国古典唯心主义的时代。"Moral"（道德）这个词来自拉丁文"mores"，我希望你们大家都知道这个词，"mores"就是"Sitte"（伦理，道德）的意思。因此，人们就把道德哲学翻译为"Sittenlehre"（伦理学说），或者是"Lehre von der Sittlichkeit"（关于伦理的学问）。如果人们不是从一开始就想完全抽去伦理这个概念的内容，而不至于使自己对这个概念根本做不出任何表象，那么，人们就必定会在这方面思考共同体内部中现成的各种伦理习俗，这些伦理习俗在各个特定民族内部占据统治地位。这里的首要原因在于，伦理的实体性，即一种正确生活的可能性，从共同体赖以存在的诸形式而言，是先前作出的规定，而现在则是已经存在的，它们业已是过期作废的东西，但却没有新的实体性，所以，人们在今天绝对不能依赖这样的东西。如果人们现在还这样做，似乎要与这样的伦理习俗保持大体一致，那么，一般来讲，这些人还在保持生活领域中的落后的偏见,而这种偏见就好像是陈旧秩序剩下来的东西一样。在你们心中必定会孕育对这类道德的辞藻和道德的东西的反抗,恰恰就是在这里得到了确立。这方面的基础就在于,我们大家都感到,在正在生效的表象和始终生效的关系方面存在着的狭隘和局限已经被强化到如此地步,仿佛它们就是某种意义上的正确生活。

女士们,先生们:

由于这个原因,有人早已应用 Ethik(伦理学)这个概念,并以之来代替道德的概念。我曾经说过,真正来讲,伦理学的概念是道德中的单纯的良知,或者是某一种方式的道德;它为那种特定的唯道德论而感到羞愧,因而表现为似乎是一种道德,但同时却又不是道德的道德。[19] 如果允许我说老实话,我觉得,在这样的伦理学中包含了非正直性,它比我们关于道德这个词中已有的明显非一致性更恶劣、更让人担忧,因为道德至少还允许人们趋向于受到约束的严厉观念——正因为如此,人们继续推进和思考了康德或费希特有关道德概念的思想内容,而伦理学的概念很可能面临流入各种观点之中的危险,这首先是因为它从其本质而言涉及所谓人格性的概念。Ethos 在希腊文中是 ἦθos,伦理学这个概念就来源于这个词。这是一个非常难译的术语,人们通常而且是正确地把它复述为这样一种本质特性:一个人生来什么样,就是什么样。关于本质特性的这种比较新的概念非常接近于 ἦθos 这个概念;而且希腊有一个成语是 ἦθos ἀνθοώπ δαῖμων[20],这句话的意思是说,Ethos 就是魔力,或许还可以说,Ethos 是人的命运,这句成语就指明了这个线索。换句话说,把道德的问题与伦理学问题混为一谈,从一开始就像耍把戏那样,是要把诸个个人的关系变为普遍的关系,因此,这种做法删去了道德哲学中的最关键问题。此外,这里还存在这个问题:如果人们只是服从自己的 Ethos,即只按照自己的个性去生活,如果人们就像一句说得很好听的话那样去实现自我,或者听从诸如此类的套话,那么,真正的生活就可能趋向于这样的结局:只有纯粹的幻想和纯粹的意识形态。除此以外,一种意识形态与另外一种意识形态结合在一起,文化与文化相适应的行为,在后者这里,在根本上就是去完成个人的自我欣赏和自我尊重,而这样的文化本身则与道德哲学处在相对立的争论之中,而且还是一种真正的批判性的东西。由于所有这些原因,我认为,尽管坚持道德的概念非常不好,但这总比从一开始就谋求抹去和消解这些难题要好一些,因为后者是用伦理学这个伤感的文化概念去代替疑难。

我相信,我肯定会在下一次比较详细地论述今天最后提到的想法,以便你们大家知道我本人对此所持有的看法。

注释 *

① 这是指作者本人所写的《最低限度的道德》一书中所表达的观点,详情请参见《阿多诺全集》第四卷,第 13 页。

② 原来讲课中说的是"可能的生活问题",编者修订为"道德生活的问题"。

③ 参见《阿多诺全集》第四卷,第 43 页。

④ 从所讲的句式和内容来看,我们无法确认尼采原话的出处。阿多诺本人在 1963 年 7 月 13 日所作的讲课中再次提到这句话。据估计,阿多诺在这里是想到尼采在《人啊,人》中第一章第 33—34 页中的一句话。参见《尼采全集》(批判研究版)第二卷,第 52—54 页,慕尼黑,1988 年。

⑤ 参见康德的《道德形而上学的基础》中有关这方面的论述,《康德文集》第七卷,第 31 页[本书所引的康德语录均出自魏施德尔(Wilhelm Weischedel)主编、1968 年在法兰克福出版的十二卷本的《康德文集》,页码与首次出版的六卷本的《康德文集》相同,如果原编者把第一版和第二版以西文 A 和 B 标出,我们也按原文标出——译者注]。

⑥ 舍勒在《伦理学中的形式主义与质料的价值伦理学》一书中详细地讨论了这个问题,参见《舍勒全集》第四卷,第 321 页,第 4 版,伯尔尼,1954 年。

⑦ 参见《康德文集》第四卷,第 677 页,B833/A805。在康德那里所提出的问题都是以单数形式出现的,不是"我们应当做什么",而是"我应当做什么"。

⑧ 关于理论理性与实践理性的关系,阿多诺在 1963 年 5 月 14 日所作的讲课中予以了详细的论述。

⑨ 阿多诺本人对费希特在道德哲学方面所作的贡献的评判是不同的。他在 1956—1957 年度所作的关于"道德哲学的问题"讲课中,就是以费希特的思想为出发点去消除康德的理论理性与实践理性的矛盾,并且使实践理性获得优先性。他在那时说,直到今天人们才认识到,康德思想的延续正是通

* 本书每一讲后所附的注释均根据原书德文版编者注释翻译而成。

过费希特才得到真理的本质因素（参见阿多诺在 1956 年 11 月 20 日的讲课
和 1963 年 7 月 4 日的讲课）。

⑩ 郭罗门是指阿多诺在 1959 年 5 月举办的德国社会学学会柏林会议上对浅
薄的知识所作的批评，这个报告后来刊载在《阿多诺全集》第八卷，第 93—
121 页。

⑪ 阿多诺在这里提到的是郭罗门在《可疑的认识》[载柯尔哈默（Kohl-
hammer）出版社发行的《知识与生活》，斯图加特，1960 年第 15 期第 169—
201 页]一文中对自己的批评，阿多诺后来在不同场合都对此予以了反驳。

⑫ 阿多诺在手稿中对这个概念写了这句话：实践越不确定，这方面的行动就越
激烈。这就会反复出现这样的抱怨，"我们究竟应当做什么呢"。

⑬ 费希特的原话无法考证，可能是指费希特在写给维舍尔（Fiedrich Theodor
Vischer）的合约中的一句话，"道德始终是自明的"。该合约刊登在 1879 年
出版的斯图加特的旅行告示中。

⑭ 阿多诺在这里暗示弗洛伊德的一个公式，"自我应当成为本我曾经是的东
西"。参见弗洛伊德的《心理分析导论的新讲演集》第一卷，第 516 页，法兰
克福，1982 年。

⑮ 阿多诺后来对大学生运动的批评就受到他在这里表述的这种思想的影响。
参见《理论与实践》和《断念》两文的旁批，载《阿多诺全集》第十卷，第 759—
782、794—799 页。

⑯ 1963 年 7 月 18 日的第十五讲和 7 月 23 日的第十六讲讨论了这个问题。

⑰ 阿多诺在 1956—1957 年冬季学期作同名讲课时提到这个名字，在 1963 年 5
月 7 日的讲课手稿中也记下这个名字，这个人就是律师和联邦宪法法院的
法官冯·施拉普伦多夫（Farbian von Schlabrendorff，1907—1980）。他在
二战期间曾任德军的下级参谋军官，由于参加反纳粹的 7 月 20 日运动，于
1944 年 8 月被捕，1945 年 3 月获释。

⑱ 阿多诺这里很可能是指 1961 年在斯图加特出版的荷尔德林《文集》第四卷
第一部分中由施瓦普（Gustav Schwab）提供的荷尔德林的格言警句中的一
句话，这句话这样说："由于人在世界中具有一种更高级的道德价值，所以，
人通过道德性的申明而得到承认，并且在许多方面是可以被看到的。"参见
该书第 293 页。

⑲ 阿多诺在以前关于"道德哲学的问题"的讲课中说，他更愿意用 Ethik 这个
词，这个词听起来不那么道学气，似乎有一种比较高尚的人道主义的意义，
它不是把人的行动推给偶然性，而是许诺一些人的行为可以以之为规范的
普遍性范围的东西。Ethik 是单纯的良知，是关于自己的良知。在尝试讨
论良知的时候可以不引起强制。

⑳ 参见赫拉克利特的《残篇》，第 119 页。

第二讲

(1963 年 5 月 9 日)

女士们、先生们：

我在上一讲里向你们许诺，我将向你们比较详细地讨论在最后几分钟匆匆忙忙提到的道德和伦理学的概念，如果这样，我们或许能够比较方便地了解我们大家的打算，因为最初我们在这个领域很少能形成一致的看法，而我们的观察却又应当注意这个领域。你们会回想起来，道德这个概念还是一个疑难，主要是因为它来自 mores，也就是说，它公设了一个国家中公共伦理与个人的道德是一致的，即正确的品行及行为方式与个人的正确生活行为是一致的。我已经向你们说过，正是这种一致性，或者是黑格尔所说的那种"伦理的实体性"，即善的标准直接、确切、现成地存在于一个存在着的共同体的生活之中，但是，这种一致性今天却不再可能被接受。其主要原因在于，共同体与个人相比总是占有优势，而我们经过了无数过程，就是在任何时候都被迫去适应共同体，以至于在我们自己的个人使命与那种用关联的客观性强制我们的东西之间根本就不再可能产生像以往那样的一致性。但是，当我反复思考我在上一讲中批评道德概念时所说的话，我发现，事实上根本不会出现由于道德方面的不愉快而引起的问题，所以，上次所说的这番话由于这个原因是不完全的。在这个方面根本就不涉及伦理与个人品德之间的关联在词汇、语言史或语言学方面所确认的内容，而是如同齐美尔(Simmel)所说,它关系到道德这个词的特性(Cachet)。诸如道德这样的哲学概念——如果你们使其客体化,这或许是一件好事——并不会立即融入其纯粹的意义之中,而是具有在此以外的、从它那里散发出来的特殊作用和层面,而这时人们并不能确定它在这个方面的意义。道德行为的概念恰恰由于道学家的特定表象而成为问题,他们的表象有着传统的狭隘,并且还受到许许多多简单规定的表象的束缚。假如你们简单想一下,在没有经过反思的、一般的语言应用中,道德的和不道德的概念是与性爱生活的表象联系在一起的,但由于心理分析,特别是心理学的原因,这些表象从其本身来讲早已是过时的观念,那么,你们从中就会获得道德概念局限性存在于某个地方的提示,这种情况就像格渥尔格·毕希纳在《沃伊采克》这部戏剧中一个意义深刻、充满幽默的地方所表现的那样。沃伊采克是个规规矩矩的老实人,但他却有一个私生子,所以,他的上尉在指责他的时候始终是在“他是一个不道德的人”和“他是一个好人”这两种论断中犹豫不决。每当这个上尉应当解释沃伊采克不道德的原因时,他都不得不陷入“因为这人没有德行,所以他是不道德的”这样一种同义反复的表达中,这个上尉所拥有的关于善的全部伦理观念都是完全分裂的。他在说“沃伊采克是个好人”的同时,又说“沃伊采克是不道德的”,他根本没有看见自己对沃伊采克所作的评价中包含着矛盾。[①]尼采所反对的,正是人们所说的这种道德,它的全部矛盾都与这样的观念相一致。如果我在这里采用尼采的表述,那么,很可能出现这种情况:道德的概念会因此大丢面子,因为它有意或无意地在自身中具有“禁欲主义的理想”,人们根本不可能为这样的理想在意识中找到法律根据,找到具有很大理性程度的法律根据,躲在这些理想背后的只可能是所有或多或少的、见不得人的利益。[②]这样的表述或许更真实地反映出我们反对把这个词用于伦理关系方面的想法。我上次正是在讲到伦理关系时结束演讲的,今天我想对此再作些补充。

　　人们反对把德行与一种受到限制的、狭隘的,因此也是多此一举的禁欲主义的理想等同起来的做法,从这种矛盾中就产生了用伦理学概念代替道德概念的尝试。我已经向你们指出，在伦理学概念中包含这样的内容，即人们应当按照所谓自己的本性去生活，就此而言，伦理学概念似乎反对由外在规定的、强制性的东西，比如，像一本药典所许可之类的东西等。我也同样向你们指出过，尽管存在伦理学这个词所预言的解毒药（Gegengift），但这样的尝试仍然有一些问题。为了让大家回想起最简单的问题，这里首先提及在伦理学概念中业已包含、而在存在主义概念中完全揭露无遗的东西——存在主义在本质上被理解为一个伦理道德的运动，尽管这是就否定意义而言的。这就是说，关于正确生活、正确行为的观念实际上被还原到了这个程度：人们的行动要与人们的真实情况相符合。人们应当按照自己的本性、自己的本质去生活，这就是单纯的如此存在（So-Sein），这样，人就是他自己的如此存在，而不是被"造就"为其他东西，以便去符合某个应当如何行动的规范。③ 很显然，这方面的根源可以追溯到康德那里，人格性的概念在他那里第一次作为至关重要的伦理范畴而出现——这个概念对康德还有其他意义，我们将在以后详细地讨论它。我想在这里立即说明的是，人格性在康德那里所具有的意义就与"什么是个人"这句话所包含的抽象的、普遍的概念同一性完全一样；人们或许还可以说，根据康德的学说，对正在行动着的个人的诸规定，涉及的并不是作为单纯经验的、单纯此在的（daseiendes）、自然的存在者，而是应当超出这个范围。换句话说，人格性与个人的超越经验的东西相关，同时还与每个个人的一般性相关，用康德的话来说，人格性理应与每一个具有理性天赋的存在者相联系。④ 从这个论断中首先产生了饶有兴趣、值得关注的发展过程，人格性的概念在这当中演变成坚实的、与自身相统一的、服从自身的人的概念，人格性以后几乎就与伦理概念相差无几，它代替了规范，占据了规范的位置。但是，这方面的深刻问题在于，这是一个从一开始就涉及紧张和矛盾的领域，就是说，这个领域关系到个人的利益和幸福要求应当与某些客观的、对同类具有约束的规范相一致的问题，但这种紧张关系现在却像变魔术一般被从这个领域中删除出去，好像看起来人们在一定程度上只需要自身，只需要与自身相一致，人们就可以用这种方式过上正确的生活。我曾经向你们指出过,这种同一性,即个人与个人自己相统一的简单同一性是不完全的,所以,这里增加了文化的概念,这个概念是作为与一个完全类似方式相联系而预先规定的东西,而不是作为批判的评价。这样,从伦理学的观念意义上讲——我现在有意地采用现成的套话方式来表达,因为人们在这里事实上已经陷入了陈词滥调的范围之中——人就是这样的存在者,他由于与自身相统一,所以也与自身所特有的本质相一致,并且去实现某种文化的价值。这样的伦理学概念实际上是把理应揭示任何一种道德或伦理问题的深刻思考的主题范围予以缩小而加以简单化了,也就是说,把这样的疑问简单化了。文化和已经成为所谓文化的东西是否确实允许正确生活,或者说,文化是否就是这样一些越来越阻碍正确生活的机制的总和。正是因为这样的伦理学概念,最初由 J.卢梭提出,以后费希特又予以特别强调而辩护的全部难题⑤,就这样简单地被删去了,然后又像变魔术似的成为如此和谐一致的表象。

如果我应当对已经向你们讲述过的这种伦理学概念再作少许必要的哲学解释,那么,我必须说——我在上次已经应用过这样的表述,伦理学这个词就是良心中的简单良知(das schlechte Gewissen des Gewissens)。*如果我还应当对这句话加以解释,那么,这句话的意思就如尼采解释的那样,道德的概念来自暗淡无光的神学观念。因此,有人曾经尝试按照暗淡无光的神学范畴来制造某些类似的东西,他们在这个方面甚至发展到了这种程度,即仍然在单纯的内在范畴中,即在自然范畴中,在我们存在的单纯的此在范畴中去理解伦理,而不是先验地,超越我们自己的自然质朴性和自然规定性去理解伦理。但是,如果普遍的人性具有意义,那么,人性的存在恰恰就在于人性是如此发展的,即人与其行为,与其直接的、质朴的规定性并不完全一致,这样,来自自然范畴、来自自然的如此存在和善良的直接、原始的同一性就不会有效用。你们根据

---

* 尼采曾对这个表述予以详细分析,他指出,"schlicht"与"schlecht"在过去是通用的,简单、质朴的东西在以前并不意味着道德高尚,而是与高尚相对立的。参见尼采:《论道德的谱系》,漓江出版社 2000 年版,第 13 页。——译者注

我所论述的内容去理解这个问题，或许会好一些，我之所以这样说，是因为我冒着你们觉得这样的讨论已经过时的危险，不过，我们在这里想要进行的观察方式更接近于道德概念，而不是伦理学概念。我不想以某种方式去证明或重新制造传统的道德，我相信，我通过自己的听众已经在一定程度上消除了自己具有这方面意思的嫌疑。但是，正如康德哲学首先并且极其精确地表述的那样，一般与特殊的、经验存在和善的紧张关系，也就是我们在把我们自己当作人的规定中不能与我们直接的如此存在(So-Sein)相互融合的因素，简单地说，这是一切涉及正确生活和正确行为范围的现实问题和疑难，在道德的概念中被描述得如此坦诚、如此尖锐、如此纯洁——假如允许我这样说的话，而伦理学概念在这方面是无法与之相比的。由于我关心的是在这里向你们真正展开道德哲学问题，即向你们展开真正的难题——在哲学中不讨论难题是没有意义的——又由于讨论的是难题，是真正的矛盾，所以，我相信，把我们论述的事情归置于道德的命题之下要好于把它归置于和谐一致的伦理学概念之下。此外，这里还有另外一种情况：对于人们可以称之为有关正确生活的问题而言，道德概念具有宏大和绝对不可蔑视的传统，而决不附带那些狭隘肤浅和小市民的遗风，比如，像人们常说的法国道德学家们的风格，这些人可以追溯到蒙田(Montaigne)这样一些作家那里，但他们最著名的代表人物却是拉罗什福科(La Rochefoncould)公爵。现在，人们谈到他时肯定会说，他是那种批判地分析了"mores"、批判地分析了人的行为方式和道德习俗意义上的道德学家，而决不是那种声名狼藉的道德传教士意义上的道学家，再套用一次尼采的话说，他不是"赛京根的道德吹鼓手"那样的道学家。⑥关于我们在这里最初会遇到的专门术语，今天就讲这些。

　　我已经向你们说过，为了认真地理解道德问题，理解作为法则与自由的关系的道德问题，并且确实把这个关系当作问题，这一切仅仅取决于不是用某种方式平息这个问题，而是要让自己意识到这些矛盾，正是它们结束了幽雅和安宁。我现在相信，我正是在这个方面与历史上的道德问题的提法相一致。有人或许会说，如果在一个共同体的生活中不存在那种规定行为举止的确定无疑、不言而喻的道德规范,那么,总是会产生一般的道德问题。我想提醒你们,我们已经给自己设定,要对理论事物加以深思。由此而言,作为理论学科的道德,其产生恰恰是在这样的时刻——我因此又回到伦理的概念那里,这个时刻就是当伦理、习俗在一个民族生活内部发生作用并且已经习以为常,然而却又不再发生直接作用的时候。黑格尔的名言"密涅瓦的猫头鹰在黄昏时才起飞"⑦用在任何地方都不如用在深思道德问题这里这么贴切;而曾经是第一哲学的柏拉图哲学——人们可以这么说他的哲学,它使我们所说意义上的道德问题真正凌驾于全部哲学兴趣之上——从其历史时机而言,恰恰是伴随雅典城邦(Athenisches Polis)的毁灭而消亡的。除此以外,我还认为,如果人们说柏拉图的哲学具有复旧的本质,也就是说,他的哲学在一定程度上表现了这样的企图,即试图通过反思再一次为生活中的行为举止制造像从阿提卡共同体中流传下来的那种道德秩序和理念——假如人们想这样说的话,那么,人们在这方面就是特别冤枉了柏拉图。但是,那样的秩序是根本不存在的,他的哲学对这种秩序的缺少予以了批评;请你们稍加思考一下,柏拉图的一生都是在与诡辩论者的论战中度过的。⑧正如我在上一讲中所说的那样,在 M. 舍勒的《伦理学中的形式主义与质料的价值伦理学》一书中出现了作为实体的、现实的准则和规定的,并且是尚未反思的伦理学与作为哲学学科的伦理学的区别。他说得非常明确,毫不含糊,"在第一种意义的伦理学经常成为道德习俗的恒定的伴随现象时"——第一种意义的伦理学就是那种作为规定的实体的伦理学,至于这种情况到底如何,我立即就会作一些论述——"第二种意义的伦理学则是很少出现的现象"。我现在并不想用"很少"这样的字眼,但是,我却更愿意进行这样的表达:这是在历史进程中出现的比较晚的一种现象。舍勒接着说:"伦理学的起源在任何地方都是与现存的道德习俗联系在一起的",他提醒人们注意,这个思想在斯泰因塔尔(Steinthal)那里已经得到详细的论证。⑨我相信,人们想在这个地方作些补充和更正,这是因为事情并非就如此简单,好像古老的、善良的东西已经消失,实体性的东西不再会成为现实,因此,召回

19

这些东西已经是哲学的课题。我认为，舍勒的理论在这里如同在其他方面一样，是简单的修复性学说，但是，在自我反思上却不充分。人们一定会在这里补充说，当一个民族对生活的反思已经是自由的和独立的时候，而这个民族的伦理习俗却又以曾经被纳粹称作民族东西的形态来保存自己，尽管这个时候个人的觉悟和对道德习俗概念的批判工作已经不再是统一的，但还存在着"延续下来"的"伦理习俗"，所以，这个民族的伦理习俗不再是古老的、善良的和真实的东西的简单残余，而是它自身已经接受某些有毒的和恶的东西。如果舍勒在我反复斟酌、思考的地方应用一种我所觉得的缺少同情的表述，说什么"伦理观念的瓦解"，而哲学仿佛可以从命题方面恢复伦理观念——这样的说辞经常是没完没了的，你们在考察伦理学时可以常常发现这样的说辞——那么，他在这个方面却避而不谈，以集体观念的形态而持续存在的伦理或者道德的方式是最会"瓦解的"，假如允许我用黑格尔的哲学并且是非常简练的方式来说的话，这就是：世界精神将不与这样的伦理观念同在。如果人的觉悟水平和社会生产力的水平脱离这些集体的观念，这些观念就会接受一些暴力和强制的东西；然后，这种强制的东西就会被包含在伦理习俗中，正是伦理习俗中的暴力和恶使得伦理习俗本身与德行相矛盾，而不是像颓废派理论家们所抱怨的那样，这是简单的道德沦丧——这种情况迫使哲学对这些问题作出思考，我们在这里开始的就是这样的思考。

美国有一位重要的社会学家，叫萨姆纳（Sumner），他在德国并不有名，生活在 19 世纪末，与维伯伦（Veblen）基本上是同时代人，他在其著作《社会习俗》中第一次指出了这种强制的本质。[10] 恰恰是社会学家没有忽略这种强制的本质，而不是伦理学家。杜克海姆（Durkheim）同时研究道德现象和社会现象，他说，应当经常在"疼痛"的地方，也就是在某些集体的规范与个人的利益发生冲突的地方去认识社会，而社会正是存在在这里，而不是在任何其他地方。[11] 这就是说，如果今天在乡村还存在像赶山羊这样的私刑 * 或者类似的乡规民俗，而一些外来者

---

* "赶山羊"是德国南部一些地区的民间私刑，人们给罪犯披上山羊皮，然后加以毒打和驱赶。——译者注

或其他人不愿意服从这种集体的习俗,那么,这些人就会遭到讽刺、攻击或骚扰,这样的事情就属于强制的性质。此外,这样的乡规民俗还会导致采取这样一些措施,比如,有人在某些被占领的国家剪去那些尚与占领军——他们一般属于某一个民族——保持关系的姑娘们的头发,然后又用"种族耻辱"的名义去迫害人民,直到发生一切越轨放荡的行为。人们完全可以说,法西斯所犯下的令人发指的罪行不外乎是这种习俗的扩大,其原因就在于这些习俗离开了理性,接受了反理性的东西和暴力。正是这样一些事情迫使人们对此作出理论思考。

你们可以在这个或许是一个极其明显、毫无掩饰的例子中去认识——我想说的是——那种必须算作真正的道德哲学核心问题的事情:特殊的事物、特殊的利益、个人的行为方式和特殊的人与普遍性的相互对立的关系。请你们让我继续说下去,免得你们对我产生误解。在一般与特殊的对立方面,假如人们从一开始就把人的行为方式中的恶推给普遍,而把善归功于个人,那么,这样的想法就太简单、太幼稚了。在社会的对立中似乎总是出现这种现象,压迫和打击就是普遍的法则,而善良、人道的东西则表现在个人的要求和规范中。不过,我们有时也会看到不同的情况,在普遍的另一方面也总是保存着建立一个确实没有强制和暴力的正当社会的要求;而且我们还会看到社会的另一个侧面,即在特殊中,在个人的要求和个人的自我规定中也存在着企图实现同样的暴力和镇压的行为动机,虽然个人在其与社会的关系中总是遇到暴力和镇压。然而,无论怎么讲,整体利益和特殊利益在人的行为中可能表现为紧密相连的问题,它就是伦理学的基本问题,它甚至还给康德伦理学的基本问题披上了伪装,尽管康德本人没有用这样的词语来表述,但我却用它们向你们作了如是的表达。人的行为中的整体利益和特殊利益的问题就是康德伦理学的基本问题,因为如果在康德那里道德问题始终是围绕经验的、自然的个人与理智的人的关系的问题,而后者唯独只受自己的理性的规定,理性在本质上又是通过自由来表现其特征的,那么,一般与特殊的关系在这里就已经是问题的核心了。如果我有时交替使用伦理学和道德这两个表述的话,我必须请你们原谅,因为我觉得,若是长时间只用道德这个词,我感到自己的神经受不了,但我相信,在我已经向你们讲过它们之间的区分以后,我在这里的表述在一定程度上是不会被误解的。正是伦理的行为,或者说,道德的行为或不道德的行为始终是一种社会现象,这就意味着,在讨论伦理的和道德的行为时排除人们相互之间的关系是绝对没有意义的做法,因为纯粹为自己而存在的个人是一种完全空洞的抽象,所以,这里已经隐含着这个事实:对整体利益、局部利益和诸个人利益进行区分的社会问题,同时也是伦理的问题,人们根本不可能把它们完全分开,而且这方面的发生过程的问题也并非如同人们想象的那么重要。特殊在一般中最先表现为非反思性的,从伦理学的观察来看,它却表现为偶然的、占有一定份额的和心理上的东西;由于特殊固执于人的特殊化,而这是人的自然本性,所以,特殊就具有融化和瓦解规范特性的倾向。与特殊相反,就一般与特殊不可能完全一致而言,一般趋向于在自身中不接受特殊的一种抽象;因此之故,一般在这里没有公正地对待特殊,而是表现为一种强权的和外在的东西,它对人本身而言,根本不具有实体性。那么,这两种可能性的关系到底如何呢? 一方面,只是简单地在心理上已经个性化的人具有偶然性,而这种偶然性受到他自己心理生活的严格限制,以至于人根本不可能获得自由和类似的东西;而在另外一方面,与活生生的人相对立的抽象规范已经客体化,并且在细节上具有一定的性状,以至于人们不再可能生动地把握这种规范。因此,如何对这种情况进行深刻的思考,从上述两个方面提出可能的解决方法,就是伦理学或者作为理论学科的道德概念所需要探讨的问题范围。

女士们,先生们:

对于我们所要讨论的课题的一般导论部分,我只想说这么多。现在,我可以给你们列出像一张表一样的东西,或者让你们对全部内容有一个概括的了解;然后按照良好的科学习惯进行分级分类,并且以一个普遍的概念为出发点,向你们系统地展开各个范畴。不过,这样做并非就是我的打算。我为什么不想这样做的理由,就是这样做有可能超出我在这个讲课中可能和愿意向你们讲述内容的范围；而且这样做在实际上还会使讲课成为认识批判的和形而上学的讲课——上帝知道，如果我能向你们这样讲，这对我是有极大吸引力的——但是，我们却会因此不能讲述业已承诺的道德哲学的问题。假如我的这番表述可能是平庸的话，那么，我也必须请你们原谅，我在给自己找这样一个工作假设的借口，即我更愿意讨论切中要害的事情，我可以通过这些事情向你们讲述构成道德领域的问题和必然矛盾，而不愿意给出一个关于道德哲学问题的所谓概况。或许你们中间有些人按照自己的直接理智作出同样的反映，甚至还有人认为，有关这个领域、有关道德定律的逻辑等级的概况在现在的形势下多少有一点令人发笑。但是，我并不愿意在我们所做的事情上让自己简单地听命于偶然，我的倾向并不是简单的如同康德所说的那样，只是"自由想象地"举出一系列问题，而是确实存在着你们大家都感觉到的一定的组织需要。我知道，这样的说法在现在很罕见，但按照一定程度上的组织学的方式来讲，青年人在今天比我更加强烈地感觉到这种需要，而我则属于另一代人，这代人是在最强烈的反对一般哲学体系之概念的矛盾中成长起来的，我们的全部思想形式都打上了这种矛盾的烙印。在我们这一代人这里，任何一种秩序和安全(Sekurität)的意识都成了问题，因此，当我们不得不排斥过多的秩序和过多的安全的时候，而你们——如果我没有弄错的话——一般都有较强的组织需要，这或许也是一种单纯的安全的需要，我不是确切地知道这种情况，但我觉察到了这点。我始终相信，你们至少不会对这种需要不理不睬，所以，我应当向你们表示敬意。但是，由于我自己不可能、也不愿意在这里作一个系统的伦理学报告——我或许可以，但我不愿意这样做——所以，最好的办法就是我们采取这样的行动：我们在一定程度上以一位思想家提出的问题作为指导，这位思想家极其鲜明地强调，道德是与生活中的其他领域处于尖锐对立的一个范围，这位思想家还极其鲜明地提出我已经向你们说过的二律背反、各种矛盾等。这就是说，我愿意在相当大的程度上以康德为指导，以康德哲学的一些规定为指导，我将与你们一道讨论这些规定。如果我们要讨论康德哲学中

23

许多道德哲学的范畴,那么,我将在讲课的第二部分,即接近结束的部分,向你们讲述一系列表面上看起来是直接的问题,比如,现在对规范本质提出的疑问,正确生活在当今的可能性等,或者是讲述有关所谓相对主义和虚无主义的疑问。如果我们就像一开始规定的那样,将对康德的范畴加以讨论的话,那么,我们将对康德的范畴作出批判的反思,至少是应当对它们予以少许的探讨。

假如你们会尽可能地读完康德的两本主要道德哲学的著作,这在这种联系中是件好事。我不知道,是否可以对你们大家提出这个要求。要求大家去读《纯粹理性批判》是不合适的,这里所说的是这样两本书:《道德形而上学的基础》和《实践理性批判》。尽管有人钻研了这两本书,但能说出它们之间的区别却是不容易的事。康德本人也这样说,好像是《道德形而上学的基础》通往批判哲学的观点,而《实践理性批判》则是在它以后到达了反思批判哲学的观点,它们仿佛是系统的表述。⑫但是,我们将会发现,这两本著作是互相交叉的。当然,这里也有在哲学中经常出现的所谓简单读本的情况,这就是说,简单的读本看起来只是简单地涉及外表,因为它们忽略真正的问题,所以,它们在许多地方是毫无益处的。我非常迫切地向你们大家建议——我在这里首先想起某些考试惯例,考生们在这方面认为,《道德形而上学的基础》是通往康德道德哲学的捷径——应当尽可能地避免局限在《道德形而上学的基础》那里,而是尽量地去读《实践理性批判》;我还要向你们建议,如果你们只能阅读这两本著作中的一本,那么,你们最好去读《实践理性批判》,这是一本无与伦比的深刻和丰富的著作。除此以外,你们还可以找到许多我所撰写的关于《道德形而上学的基础》的文章。

这样,我们想最先稍加讨论的,是康德关于道德的规定,即这样一句话"我应当做什么",以及与之相连的、产生在《纯粹理性批判》中"先验方法论"一章中的各个问题。在我们进入所谓实践哲学本身问题之前,我们将对此作些思考。

谢谢诸位!

注释

① 阿多诺对此的评论已经离开了原文,但并没有改变这个上尉在谈论道德本质时的反复唠叨的特点,参见毕希纳的《沃伊采克》,第 4 页,斯图加特,1993 年。

② 尼采在《论道德的谱系》第三部分批评了禁欲主义的理想,参见《尼采全集》(批判研究版)第五卷,第 339 页,慕尼黑,1988 年。

③ 在《真正的隐语》一文中,阿多诺反对把"人格性"与"存在"相等同的思想当作海德格尔哲学的核心,参见《阿多诺全集》第五卷,第 339 页。

④ 康德在《单纯理性界限内的宗教》中把"人格性"定义为"是对人进行规定的因素","是一个理性和有责任能力的存在物的因素",参见《康德文集》,第 673 页。

⑤ 参见费希特的《学者的使命》第五讲,《费希特全集》第六卷和《大众哲学文集》第一卷《论政治和道德》,第 335—346 页,莱比锡。

⑥ 尼采在《偶像的黄昏》中把席勒称作"不可能的"和"不符合时代的"人之一,参见《尼采全集》第六卷,第 117 页。

⑦ 《黑格尔全集》[新编本,默棱豪尔和马尔库斯(Eva Moldenhauer 和 Karl Markus)编辑],第 28 页,法兰克福,1969 年。

⑧ 阿多诺在 1956—1957 年冬季学期的讲课中,从 1956 年的 12 月 11 日至 1957 年 1 月 10 日详细讨论了苏格拉底和柏拉图的道德哲学。阿多诺接受了黑格尔和尼采的观点,他也认为,诡辩论以后的希腊哲学创造了一种原则上的实践方向和对主体的反思。

⑨ 舍勒:《伦理学中的形式主义与质料的价值伦理学》,第 321 页。

⑩ 参见 W.G.萨姆纳(William Graham Sumner):《社会习俗》,波士顿,1906 年。此外,参见阿多诺的《社会学导论》,第 65 页。

⑪ 参见 E.杜克海姆:《道德理论论文集》,载《社会学与哲学》,第 245—279 页,法兰克福,1967 年。

⑫ 参见《康德文集》第七卷,第 80 页。

第三讲

(1963 年 5 月 14 日)

女士们，先生们：

我在上一讲向你们说，我们想通过把我们在这里进行的观察与讨论康德的道德哲学结合起来的方式，使我们的观察切中要害，言简意赅。我将履行这个许诺。不过，我想在这种关联中首先简单地谈谈方法，这不是说一般的方法，而是指更多地服务于人（ad homincs）的方法，我所说的人（homines），就是指你们和我这样的人，也就是说，这里会遇到一定的困难，并会在我所阐述的事情中显示出来。这个困难尤其表现在这里：正如有人说的那样，在听我的讲课时无法做笔记，而做笔记在听其他课程时是司空见惯的事，因此，人们感到没有办法把在这里所获得的东西带回家——我已经听到并且注意到关于这件事的各种说法，最近在一本小说里甚至是不加任何掩饰地谈论这件事。①我至少想用一点点时间对此加以说明。一方面，我非常理解你们需要掌握某些固定不变的东西，尤其是你们在大学期间尚未对单纯的学习与学习哲学——对康德来说，学习哲学不外乎就是对探讨哲学问题的学习②——之间的区别进行深入思考的时候。但是，另外一方面，你们也应当知道，我们在这里确实遇到一些严肃和重要的问题，你们可以相信我，我在这里所应用的方法并非随心所欲和偶然的，而是直接与本质的东西相关，而所讲述的内容则是我在哲学上想为之辩护的东西，如果我不是按照"一""二""三"那种按部就班的办法来讲课,也不是向你们对这些事情或那些事情作出定义的话。你们中的一些人已经熟悉我的思想,但却不熟悉从这个讲课中所获得的东西,这些人将会很快明白,为什么这个讲课只能是这样的情况,而不能是其他某种情况。不过,我想指出这方面的两件事,或者更好地说,是指出一系列事情。我认为,当我们注意到某事在一个领域——我想说的是,这个领域在私下议论和迷惑不解之间被不明不白地中断③——继续下去的时候,我们就说出这些事情,这样做是对的。我这里是指下面这些情况。首先,哲学就存在于对知识的反思之中,而不在于对直接的知识材料继续转达;其次,谁确实认真地从事哲学事业——我假定你们大家都是这样的——谁就应当真正地沉浸在反思并且是自由的反思之中,而不是陷入那种过去的反思之中,而且还不应当以某种类似于其他学科情况为借口,期待着从哲学中获得某些固定的材料。这点特别适用于当今的哲学状况,因为所谓的体系概念在现代已经成为非常深刻的问题。我在这里不可能向你们展开体系问题,其原因很简单,这就是我们在这个讲课中通常不可能再做其他事情,但我认为,你们大家已经以某种方式知道这个问题。此外,尼采曾经用"体系的诡诈"或"通向体系诡诈"的形式对这个问题予以了猛烈的抨击。④但是,如果在一些奇特的思想以特别的方式批判地对待体系概念的情况下,有人把一种形式搬到这些思想里面,而这种形式不外乎就是对一种并不存在的、不是现成的体系的模仿,那么,这样的做法无论如何都是不合适的。即使这样,我仍然把它视为哲学表达的课题,它作为表达,就是在所推荐的如何表达的模式中,试图用尽量完美的形式表达出应当在这个形式中所说出的内容。此外,如同各门具体学科的情况一样,在哲学中是不能把形式与内容分开的,这也是哲学的课题,尽管我会说,一个日耳曼学研究者在其研究文本中写进了一些内容,他因此就像一个夸夸其谈并且满足于奢谈空话和套话的所谓哲学家一样,就会以此取消了自己的资格。我已经告诉你们,我鄙视那种按部就班的"一""二""三"讲课方式,那种方式会对一个体系的本质加以伪装,但却与事情本身没有关系,因此,我尝试跨越这些障

27

碍,与你们一道进行思想活动,以此代替那种讲课方式。我从中得到了这样的想法,这些思想活动就是真正的哲学精神的运动。

最后,我还要谈谈有关哲学讲课和一般讲课的形式。我个人的习惯是谨慎地采用各种形式,这当然也包括讲课形式;我还想说,讲课的产生年代远远早于印刷术发明的年代,这就像霍克海默曾经说得非常精确的那样,讲课在一定程度上是"一种古老的形式"⑤,这就意味着,讲课在一定程度上已经被人们可以阅读的东西所超过。但是,人们通常还是坚持讲课这种形式,人们也确实继续开设讲课,这样做只有一个意义,这就是讲课者在讲课中以某种方式说出的事情,是听众以相类似的方式在印刷品中,首先是在所谓权威的哲学读本中无法得到的。我鄙弃那种让读者反复咀嚼一本书中简单而明白的道理的做法,这样的做法与我的想法格格不入。因为如果这样的书只是论述有关原理的知识、有关哲学史上流传下来的观点,那么,只要你们读书,你们一般都能很好地把握这些知识,所以,这样的做法是荒唐愚拙的。此外,你们在读书时还可能按照自己的喜好选择一些疑难问题——哲学一般都不是简单易懂的——并且要在这些问题上钻研下去,而我通常必定只是提纲挈领地说明这些难点,这样的话,这些难点就会在你们那里一晃而过。这就是我为什么选择现在这种讲课形式的原因之一,尽管这种形式使你们中的一些人感到陌生。但是,正如各种形式使人感到惊异一样,这些困难常常是由于人们用一种错误的期待去从事所面对的现象而引起的。这就是说,你们或许期待我会作一个关于伦理学体系,或者关于哲学体系,或者类似的东西的报告,然后,你们或许就用这样的期待去判断正在发生的事情,并且为此而感到失望。这样的惊异完全类似于人们看待现代音乐的情况。许多人期望,在现代音乐中也会像在歌曲《小汉斯独行》中那样出现各种对称(Symmetrien),如果在现代音乐中没有对称,他们就说,"这样的东西根本不是音乐"⑥。我因此相信,如果允许我对我们的理解提出一个建议——我与你们一样地关心理解的问题——那么,这个建议或许就是:你们从一开始就不要抱有这样的期望来参加这个讲课,尤其是不要抱有像参加其他哲学活动那样的固定期望,而是要尝试让自己对事情本身和我所作的报告采取听之任之的态度,虽然我的报告可能是精彩的,也可能是糟糕的;然后,你们参与进来,并且自发地与大家一道思考问题,而不是在那里焦急地等待着"我究竟可以记录什么"的答案。如果你们这样做,你们就可以在这方面得到足够的材料,我相信,我在这点上可以向你们作出承诺,因为我根本无意轻视或贬低对材料的渴望(Stoffhunger)。更确切地说,在一切精神活动中,单纯的材料因素,即尚未被反思的东西,始终具有一定的维生素含量,我想说的大致意思是,思想正是由于这些材料才得以真正燃烧发光的。就此而言,对材料的需求肯定具有其明显的合理性。但是,我所需求的是这样一种调和,尤其是在人们可以把小事情与大事情进行比较(Si parva licet componere magnis)的时候。⑦康德本人也是有选择的,他在其讲课中从不直接阐述他自己的哲学,实际上,他是在与传统的学术观点,尤其是在与莱布尼茨—沃尔夫哲学的联系中去论述他自己的哲学,他对前人的批判确实是通过《纯粹理性批判》这部书而得到表现的。我在这里用相似的方式把康德哲学当作工具(Vihikel),一方面是从他的课题和他对问题的提出将你们领进道德哲学的课题,另一方面,通过与康德著作相联系的批判和其他的反思使你们超越这些课题。无论怎么讲,这就是这次讲课的第一部分的目的。在讲课的第二部分——我相信,我已经向你们说过——我想至少与你们一道共同探讨目前道德哲学中的一些特别迫切的和现实的问题。

如果我们转向康德的道德哲学,首先就会遇到让人相当惊讶的事情,那就是康德的道德哲学开始于理论哲学,也就是他的《纯粹理性批判》。这种情况与康德的思路有关,与这种理论体系有关——请你们让我说下去,这就是说,它与这样一种思路有关:从某些被认为牢不可破、不容更改的基础认识之中,从康德称之为先验哲学的基本观点中,多多少少可以推演出其他理应在哲学名称下活动的东西。因此,在一定意义上讲,道德哲学在康德那里是以认识为基础的。如果你们愿意,你们就会发现,康德学说在一定意义上与我先前的观察,至少与我向你们所做的暗示相矛盾,因为我已经向你们说过,实践的范围——确切地说, 29

是道德哲学所需完成的行动范围——由于其并不是简单地融合于理论反思之中,所以,它就具有其独特的差异。现在,第二个因素至少在康德那里得以间接的表达,但在像他这样一个严格坚持理性优先的思想家那里,这个命题却有令人吃惊的悖论形式:他一方面确实把第一性赋予与理论哲学相对的道德哲学,但是,作为理论学科的形而上学,按照传统的图式,其所谓最高问题涉及上帝、自由和不朽等问题,而它们只是作为实践的疑问才具有重要的意义;另一方面,有关这些问题的理论理性却有些让人趣味索然。⑧我认为,同一的因素——我立即就会向你们讲述这个因素——是理解全部康德道德哲学的关键,因为在康德的理论哲学与实践哲学之间的同一因素,就存在于理性这个概念自身之中。我相信,你们如果事先就搞清楚康德思想所呈现的关于理论和实践的构想,你们就会在这方面做得很好。正如传统逻辑所说的那样,理性是恰当、正确思维的能力,是正确地形成概念的能力,也是正确进行判断的能力和准确进行推演的能力,因此,对康德来说,理性对于理论和实践都是建构性的。对理性而言,这点是很清楚的,因为理性本身实际上就是作出理论决断的裁决机制(Instanz),而康德在理论方面毫不犹豫地从各个层面上作出许多设想,甚至相信理论具有思考自身和自己有效范围的能力,如果你们愿意,我还可以说,康德还思考了要对理论范围加以限制的问题。但是,在另一方面,理性始终是存在于康德哲学各个部分之中的理性,由于这些部分是不同的,所以,在不同部分中的理性也是不同的。在这里出现的理性,是理性的工具(Organon),它有时叫判断力,有时叫知性,简而言之,理性在这里是正确思维的工具;在康德这里,不论它叫什么名称,都是同一个东西。我们现在是在探讨实践理性的范围,理性的工具在这里具有其独特的优势,因为只要实践行动理应是道德反思的对象,这些行动就仅仅产生于理性,并且在理性的纯粹合乎法则性的基础之上建构自身,它独立于任何直观,独立于任何经验材料,独立于任何从外部去适应理性的东西。⑨在这个意义上讲,也就是在确切的意义上讲,道德行为是纯粹的。"纯粹的"表达在康德那里具有深刻的双重意义:道德行为纯粹地合乎理性,并且不应当受到任何感性材料的伤害。正是由于它实际上就等于纯粹的、合乎理性法则的行动,所以,它必然具有那种形式的、抽象的本质特性。这种情况就如同你们知道的那样,有人总是指责康德伦理学的这种特性。你们或许会因此而明白,为什么理性的优先性在康德那里如同在任何一位启蒙思想家那里一样,是以权威的方式居于统治地位,虽然这只是说,实践哲学的优先性居于统治地位。这就意味着,实践哲学是这样一种哲学,它纯粹地合乎理性,并且在其合乎法则的规定中绝对不会从与外部相适应的材料方面去考虑某个正在认识的、行动着的主体。道德的就是质料的(material),因此,自我的行动结果与康德的理性法则的纯粹性相等价,也是道德的。如果我向你们说,道德在康德那里一方面是以认识论并且是非常精确意义上的认识论为基础的——你们立即就会听到,这是指什么样的意义,但另一方面,道德又具有凌驾于理性认识兴趣之上的优先性,那么,我曾经向你们至少简略提到的康德哲学的全部二重性,在这里就完全表现出来了。关于全部康德哲学的本质特征,有人或许会这样说,在认识论的澄明动机与形而上学的拯救企图之间,康德哲学构成了一个峡口制高点,而形而上学的拯救则是指形而上学意义上的修复活动,对康德来说,这方面的意义在本质上集中于认识的理念之上,因而也是道德法则的最高普遍性。这种情况向你们大致表明了,这是在理论态度与实践态度之间的一种独特的摇摆。有人肯定会试图以某种方式解说这个问题,并且会这样说,虽然理论是基础,但道德毕竟是作为更高级的并且是人性的东西而在认识之上,他们或许还会说些与之相类似的话语。但是,我认为这样的做法更有效——我在这里可以稍微表明一下我的观点,如果人们在一个像康德体系这样庞大复杂的思想结构中说出这样一些断裂,并且把它们表现出来,然后又试图把必然性的理解与断裂的意义弥合起来,这个做法就如同人们企图在一个尽可能统一的表面关联的兴趣上以某种或多或少的优美形式澄清这种断裂和对抗一样;我相信,我在这里是完全站在康德的立场上的,因为康德的道德哲学的论证恰恰是以必然的、无法回避的矛盾意识——即所谓的二律背反——为出发根据的。

31

　　康德的道德哲学最普遍的问题，它同时也是你们在这方面必须记住的首要问题，就是自由的问题，即意志自由的问题，这点是必须开宗明义的。这样，如果你们从一开始就决不会用业已夸张的表象去看待康德和自由的概念，你们的态度就决不会陷入自然的因果关系之中。自由的问题是道德哲学的真正的根本问题，这点或者是明白无误的，或者是显而易见的，或者如同有些人企图对自由和因果关系加以规定，以及对它们之间的相互关系加以设想的那样，只有经过许多解释工作才是明确的。但是，如果我们首先要搞明白这里所涉及的最简单范畴的意义，就必须对此进行探讨。我想说的是，道德问题在康德那里就是自由，这点是明确无误的。这个道理很简单，因为我完全可以据此论述诸如道德行为、善良行为、正义行为及一切可以名曰的这类具体规定，所以，这点是明白无误的。我在这里是以一种特有的绅士的大度（kavaliershafte Largesse）应用"自我"这个表述，康德也是在同样的关联中去努力表现这种绅士的大度，而"自我"的表述最初在"自我"所指定的含义方面决不是如此有效，而只是简单地保持在前哲学的（vorphilosophisch）语言应用方面；比如，如果我能自由地行动，如果我不是像这本书这样——假如我一松手，这本书就会掉在讲台上，或者掉在某个地方，而且这本书已经很旧，非常容易松开——盲目地陷入因果关系之中，那么，这里的"自我"的表述才是"我"所指定的意义。因为如果我自身的行动只是局限于因果关系的意义之中，那这样的自我就只是一个可以对行动作出决定的人，而这样的人根本不属于这里所讨论的对象。所有关于德行或道德的表象都涉及这样一个自我，这个自我的行为是可以理喻的。我认为，我在这里只是提醒你们关注甚至是在刑法实践中所贯彻执行的东西，比如，一个人患有精神病，他因此会造成某种危害，其原因很简单，只是因为他服从于盲目的、脱离理性的机械过程，自由的理念决不会对此加以讨论。有人在这时就会说，这个病人不可能对其行为承担责任，因为他不能负责，所以，他在一定程度上就处在善与恶这个巨大问题的此岸。由此来看，自由的问题在康德那里就集中在二律背反的学说里面，这里可以向你们明确地说，它集中在第三个二律背反里面。我想补充的是,这个问题也出现在第四个二律背反之中,但是,如果人们仔细观察,就能发现,第四个二律背反是与第三个二律背反结合在一起的,它们在本质上是根本没有区别的,因此,我们把对自由和因果性的二律背反的考察限制在第三个二律背反的论述中,还是合适的。

在我向你们讲述了康德哲学的二重性以后,你们或许不会像一开始阅读这部分论述时那样狭隘地去理解康德的二律背反学说,而是从一个比较宽广的联系中去理解它。我们现在就应当对这个学说加以简短的阐述。二律背反学说的本质就在于,这种矛盾是在我已经说过的那种理性批判的澄明意图与形而上学的拯救意图之间得到了表达。康德并没有说出这些意图,但它们却深深地浸透在他的哲学里面,按照康德的观点,这两种意图在理性中是同等重要的,因为它们在理性中使自己发生同等效用,因此,这两种意图之间的矛盾情结导致了不可消除的矛盾。你们可以在《康德评论》(*Kant-Kommentar*)中找到我以前的老师科尼利厄斯(Cornelius)对全部二律背反学说所作的非常精彩的概括,这个概括不仅十分优美,而且言简意赅,我可以在这里念一些相关句子给你们听,它们将会清楚明白地表明这个概念所涉及的内容。现在,这部分是关于《纯粹理性批判》的文字,具体地讲,是关于"先验辩证论"中的第二部分第二章的"纯粹理性的二律背反"的文字。我抄录的是科尼利厄斯的句子,它们是这样说的:"当人们在可以经历世界的某个部分的时候,这些部分却表现出受到许许多多从我们自身方面并不可能贯穿到底的条件之限制,人们的思维就陷入一个无法解决的矛盾之中,而这许多条件则被预设为自在和自为的东西而存在。"我们在这里必须加上这样一句话,这些条件首先不是由我们的意识制造的。"由于我们把我们课题中的一系列无限的原因预设为自在自为的东西"——这些问题就不可避免地出现在一般世界观的前提中,而一般世界观在康德那里叫"先验实在论","所以,这样的世界观就不可能找到摆脱自身已经与它们纠缠在一起的那些矛盾的出路"⑩。你们现在完全可以让自己认清,如果你们进行前哲学的思考,也就是说,如果你们不是从你们那里把这种因果性当作我们理性的一种功能,而是把原因直接当作物自体之中客观存在的倾向,那么,你们就会从某种状态的原因到达此种状态的原因,而这种状态在这里又被视为原因,你们就会因此陷入无限循环之中;而这种无限的复归行为则会导向康德在二律背反学说中所探讨的各个矛盾。康德在《纯粹理性批判》中把关于这些矛盾的学说称作"先验的悖论",理性在其幼稚的实际应用方面,也就是在实证地设定无限方面,使自己陷入到这种悖论的学说中,而无限本身则仅仅是由意识创造的。我现在继续把这段话念给你们听,"反题使自己忙碌,反题并不是从一方面的观点,而是仅仅根据理性认识的相互争论及其原因去观察普遍的理性认识"。这段话就在第二章"纯粹理性的二律背反"里面,与下面这段话有关,"先验的反题是对纯粹理性的二律背反的一种考察,"——这是指必然的矛盾——"是对理性的原因和结果的一种考察。如果我们不是单纯地为了应用知性的原理而把我们的理性用于经验对象上,而是敢于扩展那些知性原理,使其超越经验对象的界限,那么,这就会产生服从理智的定理"。我们暂且这样称呼这些定理——"这些定理既不希望在经验中得到证明,也不担心会遭到反驳,它们中的任何一条定理本身都不会自在地、没有矛盾地存在,而会在理性的本质中遇到其必然性的条件,即与之对立的原理从其那一方来讲,都不幸地有其论题的有效和必然的根据"[11]。

女士们,先生们:

我想在这里着重讨论矛盾必然性的动因(Motive),因为理性就是在这些矛盾中发展的。康德本人在这点上也不十分明确。在康德的《纯粹理性批判》中存在非常强烈的动因,但它们与矛盾必然性的思想根本不相融合,而理性则与这些矛盾缠绕在一起。因为如果确实存在一个十分严格意义上的必然性,那么,正如康德本人曾经尝试解决二律背反那样——我已经向你们指出他的这个基本思想——企图解决二律背反是根本不可能的。这里的原因主要来自这两个观点:矛盾确实发挥清除障碍的作用;辩证法,即关于必然矛盾的学说或关于一般原理的矛盾的学说,在康德那里是一个贬义词,是一个骂人的字眼。对康德来说,辩证法始终并且必然是虚假的东西,康德在其他地方还把辩证法称为"假象的逻辑"⑫,并且自告奋勇地去清除这样的二律背反。当然,全部的观察在实际上只有通过人们本身陷入矛盾的必然性才能获得其深度。这就是说,只有把矛盾理解为一种必然性,人们才能理解道德哲学的基本问题,也就是说,只有这样,才能理解自由或非自由的问题,即把矛盾理解为实际问题,理解为产生于事情本身的问题,而不是把它们理解为那种可以轻而易举就得以消除的一种转瞬即逝的错觉。顺便提一下,这种矛盾必然性的动因在康德那里虽然在一个方面来源于理性和理性的本质,但他在处理这些矛盾时却并没有严格地贯彻到底。上帝知道,这样的一个动因并不是微不足道的,一般哲学的辩证法概念就肇始于这种动因。这就意味着,只有当理性必然地陷入矛盾之中,并且在解决矛盾的过程中向前开拓的时候,而不是如同清除那些简单的思维谬误一样去永远清除这些矛盾,作为思维工具的某种辩证法的思想和某种关于客观真理的思想才能得到足够的激励。正因为如此,我才对这个因素予以了极大的注意。此外,还有另一个非常吸引人的课题——据我所知,这个课题尚未真正开始做:这个课题就是展开康德的辩证法的两面性,其一方面是必然,另一方面则是简单的错误。⑬我在这里只是向你们提出这个问题,而我们在这个讲课进程中自然不可能展开这个课题。

康德本人把在这种辩证法中,即在反题中所应用的方法称之为"怀疑的方法"(die skeptische Methode),尽管这种怀疑的方法是与怀疑论完全对立的。康德对此是这样论证的,即怀疑的方法是对简单的、独断的设定的怀疑,是对简单的、独断论的、没有反思的应用概念的怀疑,但却是以确定性(Gewissheit)为目的的。一个与之有关并且十分有趣的句子是这样说的,"怀疑的方法是以确定性为目的的,因为在那种两方都被视为真诚的,并且用知性进行的争论中,它试图发现误解的关键,以便像明智的立法者那样,摆脱法官在诉讼中的窘境,从自身法律的缺陷和不确定性中吸取教训"⑭。你们在这种道德哲学的开始之处就可以认识到,全部康德哲学的视角是客观的,而把先验表象视为主体论的观点则是短视的,因为恰恰与此相反的是,康德哲学表现出这样一种企图:通过归结为主体(reductio ad subjectum)的方法拯救最高的法则和表述的有效性。这点首先是与康德道德哲学的目的完全的并且绝对的相一致,这种道德哲学的目标,就是在把纯粹主体的原则归结到理性本身的同时去拯救道德法则的绝对的和牢不可破的客观性,以至于人们可以在这个意义上说,道德的最高原则,即无上命令(das kategorische Imperativ),在根本上不外乎就是主体理性自身,不外乎就是一个绝对的、客观的有效者。与之相反的极端对立的观点,就是否认这种客观有效者的怀疑论的考察。你们或许已经从怀疑的方法——康德在这方面赞同这种方法——与作为哲学怀疑的怀疑论的区别中感受到康德的道德观,后者不像诡辩论和怀疑论那样通过与主体和人发生关系去否认道德法则的普遍必然性和约束性,而是与之相反,其宗旨就是恢复道德法则的普遍必然性和约束性。因此,这方面的课题就在于去揭示在错误地应用理性中的误解原因。如果人们这样去发现这个原因,那么,这个方法就是人们确定了正题和反题的否定性,发现了你们大家共同遇到的、也是康德所说的误解,而这个方法确实会让人们想起某一种辩证哲学的过程。这样,更高级的真理——在这种情况下,它是在理性自身中的那种矛盾的原因——就应当直截了当地显现出来。通过同样的方法,用理性来消除这个原因的可能性也会直截了当地显现出来。你们或许已经看到,恰如我向你们所说的那样,虽然康德在《纯粹理性批判》中说到辩证法时并不愉悦,但他实际上却是按照这里所说的"怀疑的方法"应用辩证法,这要比他最初对辩证法的预先假设的观点肯定得多。我们将在下一讲中从这个假设进展到第三个二律背反。

　　谢谢你们大家!

注释

① P.吕特(Paul Lüth,1921—1986)医生在其所写的名为《亚历山大的夜晚》（杜塞尔多夫-科隆,第215—218页,1963年）的小说中描写了参加1962—

1963 年冬季学期的哲学讲课的情景。他在 1963 年 5 月 13 日写信给阿多诺说,这部小说就是要反映当今大学生的思想和感情。阿多诺在同年 5 月 20 日给他回信,谈了自己的想法。

② 参见康德的《设置 1765—1766 年冬季学期讲课的情况通报》,载《康德文集》第二卷,第 908 页,B865/A837。

③ 阿多诺在这里再次提到吕特医生在其小说中所描写的大学生对哲学课的私下议论和对辩证法这个概念的不明不白的解释提出不同意见。参见施韦本豪(H.Schweppenhäuser)主编的《回忆阿多诺文集》,第 116—123 页,法兰克福,1971 年。

④ 尼采的原话无法考证,阿多诺在这里很可能想到了《偶像的黄昏》中的这句话:"我怀疑所有的体系制造者,并且对他们避而远之。向往体系的意志就是一种真诚性的缺失。"《尼采全集》第六卷,第 63 页。

⑤ 参见霍克海默:《高校课程的问题》,载《霍克海默文集》第八卷,第 393 页,法兰克福,1985 年。

⑥ 参见阿多诺:《忠诚的乐队助理指挥——音乐实践教程》,载《阿多诺全集》第十五卷,第 192 及后页。

⑦ 参见维吉尔(Vergil):《咏农业诗》第四章,第 176 页。

⑧ 参见康德《纯粹理性批判》中"先验理性的法则"第一节,载《康德文集》第四卷,第 671—676 页,B825—832/A797—804。

⑨ 参见康德《纯粹理性批判》中"先验理性的法则"第一节和阿多诺在 1959 年 5 月 14 日所作的关于康德《纯粹理性批判》的演讲,载《阿多诺遗著集》第四辑,第四卷,第 27—29 页。

⑩ 科尼利厄斯(H.Cornelius):《康德〈纯粹理性批判〉之评论》,第 125 页,艾尔朗根,1926 年。

⑪ 《康德文集》第四卷,第 410 页,B448/A421。

⑫ 《康德文集》第三卷,第 104 页。康德还在《纯粹理性批判》的"先验辩证论的导言"部分中说,"先验的辩证法"是"一种自然的和不可避免的幻象",见《康德文集》第三卷,第 311 页,B354/A298。此外,还可参见阿多诺在 1963 年 5 月 28 日的演讲和第 73 条注释。

⑬ 阿多诺评价康德关于辩证法的构想有时是不同的,他在 1957 年 2 月 12 日所作的讲课中把二律背反称为辩证逻辑的模式。参见《阿多诺全集》第六卷,第 211 及后页。

⑭ 《康德文集》第四卷,第 412 页,B451/A424。

第四讲

（1963 年 5 月 16 日）

女士们，先生们：

我想今天就转向对康德的第三个二律背反学说的讨论。由于我们现在还是在讲课的前期阶段，即处在类似于打基础的时候，而我向你们所讲解的内容却又是不那么简单的文本，所以，我不得不请你们集中注意力，这也是康德文本向我们提出的要求。现在，请你们允许我讲述康德在全部二律背反学说中密切注意的方法。正如过去修辞法所说，这种方法是反面证明法（argumentatio e contrario）。这就是说，这种方法采用这个过程：无论是正题还是反题，它们既互相矛盾，同时却又是自明的或者非自明的，它们通过反题所导致的荒谬而得到证明。换句话说，两者都是否定的，它们都以对立面为出发点，通过与之相矛盾的（kontradiktorisch）、对立的命题而得到证明。① 这个过程在康德那里首先是以语言的意义突兀在你们面前，而它通常在严肃哲学中是所谓的形式活动（formale Veranstaltung），在内容方面则可以说明其动因，即按照康德在论述反题的一个地方所表示的看法，对正题和反题进行肯定的证明是不可能的，因为它们恰恰是作为对无限事情的各种表述，或者是作为对一个无穷序列的——这不是指数学意义上的，而是指数学之前的人类意义上的——表述去面对无限，所以，它们不可能作出肯定的表述。但是，在康德看来，恰恰因为如此，或许可以从反面指出对立命题将会导致无稽之谈,并且这里还包含这样的暗示:以此种方式而间接产生的命题也一定会有效。②我顺便说一下,通过证明对立命题的不充足理由而得出所说的命题对任何被开发的东西都具有有效性的结论,这种说法在逻辑上是绝对不可能直接产生的。我们将在以后讨论这个问题。

如果康德的二律背反学说讨论了因果性,而这种因果性概念的最初含义不外乎就是自然科学通常所采用的因果性——我相信,你们对此可能就作了这种最简单的设想,那么,我就应当向你们继续论述这个概念,而且我们还应当对此加以非常详细的探讨,首先是要至少弄懂它。我在这里想提醒你们,或者说,我想让你们注意这个概念,严格地讲,我不可能提醒你们,因为我们在这里还没有探讨这个概念。《纯粹理性批判》的特征之一,就是在于它认为,数学式的自然科学从其自身方面来说,并不是被推演出来的,在某种意义上讲,是被假定为有效的,因而人们追问的是其有效性的条件,这样,自然科学的因果性概念从一开始就是权威的。以此来看,这样的因果性概念根本就不像自由概念那样本质,而自由概念在这方面是与因果性概念相对立的,如果允许我的讲话不那么学究气,我想说,自由概念在事实上完全是一个在自身中包含着许多纠缠不清的东西的结(Rattenkoenig)。我现在请你们再坚持一会儿,我们很快就会轻松一些,但是,你们首先应当以相对简单和确凿的方式知道我们所说的内容;你们很快就会遇到一些非常困难的区别。自由概念在这方面首先只被规定为否定的,也就是说,在一系列相互紧随的状态中,自由被规定为这样一种不依赖于这个系列的规则的独立性,康德一般都是这样看待自由的。尽管你们将会看到,通向那种肯定的自由概念的过渡,很早就产生在自发性这个特定概念之中——这个概念很快就会在康德这里出现,但是,一个否定的自由概念,也就是人们后来在德国唯心论中所说的那种"原始的绝对创造"意义上的自由,在最初的讨论中并不是这样的。由于这样的自由概念根本不能应用于自发性概念之中,而康德从一开始就把这个概念当作从主体中进行创造表象的概念来应用③,所以,如果允许我说的话,这个概念在所说的地方带来了特殊的困难。现在,我们可以暂且不讨论这个问题。在我们转向讨论二律背反之前,我想在这里至少提醒你们注意一件事情,以便你们看到一些疑难;因为我已经作出许诺,向你们讲述道德哲学的问题,但这并不只是意味着,我在这里只是讲述康德的基本思路,并且尽我的所能加以解释而已,而是要去说明——我想以自己的讲话习惯向你们指出,经过论证以后,这些问题可能是清楚明白的,可能仍然是不清楚明白的,它们或许充当了艰苦探索的、经常是十分困难和相互抵牾的动因。我把这种动因视为哲学理解的主要任务,而且任何这样的讲课都必须为这样的哲学理解而努力,这样,你们就会注意像力的平行四边形那种表面上具有逻辑说服力、其本身相互统一的原理,而它与我们曾经阐述过的学术观点的关系就相当于物理学中的平行四边形与其合量的关系。因此,我想在这里请你们注意:康德在二律背反学说中是从处于二律背反的一个方面的自由中引进了因果性概念的,而这个概念在根本上是与批判主义相矛盾的,是与理性批判的一般原则相矛盾的,由此来看,因果性就是这样一个范畴,它并不是与物自体相适宜的、与智力范围相适宜的一个物;在事实上,这个来自自由的因果性就是这样一个概念,它处在现象领域的彼岸,对现象性发生效用,因果性概念就是为现象性而设置的。理解这个问题,换句话说,理解这个特别令人惊讶的切分(Synkopierung)——我不得不使用这个字眼——是如何发生的,或者说,理解合法性动因与自由动因是如何交错在一起和发生的,认识康德在这方面究竟带来什么东西,不仅是弄懂康德伦理学的关键,而且还是弄懂全部康德哲学的结构的关键。我对此还想说,它甚至还是这样一个要点,由此出发,人们通常称为伦理问题的东西就可以显露出来。因为自由与必然的切合(Ineinander)和蕴藏在其中的矛盾的解决,不只是认识论问题,它还是任何一门哲学在论证所谓道德时候必定与之发生关系的最实在的问题。

在讲了这番话以后,下面的这个做法或许是最简单的,我先给你们朗读康德曾经阐述和证明过的正题和反题,然后对一些句子尽可能作些我所认为的必要的解释,以使你们知道这个思路。在这方面首先要排除评说的疑难,如果我得出的印象是,所讲的东西已经足够清楚了,那我们就深入到疑难问题之中,然后,我们就对康德的反思加以反思。所谓"第三个先验理念的矛盾"及自由与全然决定性的矛盾,它们只是理念而已,因为它们关于经验可能性的界限之命题已经进入无限之中,所以,根据理性批判的原理,它们就属于下面这样的理念,康德在"先验理念的矛盾"中是这样写的:"依据自然法则的因果性,并不是唯一的、推演一切世界现象的因果性。人们必然可以假定,还存在一个解释这些现象的自由因果性。"④我想提醒你们注意这里一个很小的地方,这就是在引入自由原则时悄悄地引入了"必然的"表达,而这个表达对康德而言,是从因果性范围借来的。这就表明,恰恰是康德的因果性概念允许有不同的解释空间,而且还超出了康德本人所特意涉及的自然科学的因果性范围。另一方面,这还表明,它还是无法消除这里所讨论的矛盾的征兆,康德不可能去证明这里理应表达或理应证明的东西,因为需要证明的东西——必然性原则本身,在一定意义上是预先设定的。这是在康德哲学中相当普遍的一种结构,我曾经建议你们去读《实践理性批判》,如果你们也去读《纯粹理性批判》,我会很高兴,因为这对你们理解这里所选的这些章节一定有所帮助。只有你们相信,在康德那里人们不能这么轻易地推演一切,你们才会公正地评价康德,并且把他与斯宾诺莎或费希特那样的思想家作个鲜明的比较。给定事物(das Gegebene)的概念在康德那里具有一种远远超出感性现状(die sinnliche Gegebenheit)的意义,对他来说,各种各样的事情都被假定为现成的,因而就不是被推演的、被证明的或被解说的,就此而言,对我们的认识论来说,现成事物应当涉及有关概念的有效性。如果你们愿意,你们就会发现,与康德以后的唯心论者,主要是费希特和黑格尔的精雕细琢、力求完美的方法相比,这种方法有一些原始和粗拙,但是,在这里却存在着某些与康德哲学的本质及其最内在的要求密切相关的东西:在康德这里,主体尚未成为那种自以为可以从自身中发展出一切存在的东西和一切精神的东西的原则。就康德哲学具有一种否定的内容而言,康德哲学的这种内容正好就是对主体的绝对要求的限定,而这个限定则表现在对这门哲学自身的推演要求的限定性之中,尽管这门哲学同时也是以一种推演体系出现的。我对此还想说的是,康德哲学的特质就在于:他令人称奇地接受了这些从其自身方面并不是纯粹推演的因素,也就是说,这些因素并不可能纯粹地从概念中或者从某些最高的公理设定中推演出来。这种令人称奇的方法并不只是像人们最初想象的那样局限在我们认识的材料上,而是扩展到意识本身的诸形式方面,这些形式由其推演性而必定被康德以某种特定的方式所接受,以至于他所说的必然性——按照康德的看法,必然性是一种无条件的事情本相——就相当于对某种现状的讨论。我现在不可能向你们具体地证明这个论断,这将把我们的话题引得太远。我只是请你们注意,在康德的《纯粹理性批判》的"纯粹知性概念的演绎"中有许多明确论证现状的表述,这些现状恰恰是那些并非确切的现成东西,它们理应是纯粹的功能,即原始创造的纯粹能动性的东西。

现在,我们来探讨反面证明(e contrario)这个命题。人们假设了对立面,也就是说,"人们假设,除去依据自然法则以外,不存在其他的因果性;这样,一切正在发生的事物都预先设定了某种先前的状态,而这些事物依据某种规定都会不可避免地追随这种先前的状态"⑤。

女士们,先生们:

你们已经在这个句子中清楚地看到康德关于因果性的著名定义,你们或许会把这个定义当作康德的自由学说的鲜明的对立面而记录下来。从这里所论述的意义上讲,因果性就是依据规定而形成的连绵不断的状态。你们将会看到,这种因果性首先具有一种特别宽泛的广度,它所具有的如此之大的广度允许对空间加以最大差异的解释,以至于人们甚至可以对它作这样的思考:对自然科学中,即量子力学中的因果性的最新批判,是否在这种最普遍的因果性概念中不再具有其空间——我把这个问题留给你们当中的自然科学家们:说明康德与现代自然科学之间的所谓矛盾,是否不能对康德的因果性表象进行一种物质的、内容的诠释,更不应当以此为基础。后者的这种看法只能适用于那些对因果性有特殊想法的人。康德接着写道:"先前状态本身必定是曾经发生过的事物(在时间上曾经发生过的事物,因为它在此前并不存在),因为假如先前状态在任何时候都是曾经存在的事物,那么,其结果也不是最先发生的东西,而始终是曾经存在的东西。"⑥康德的这段论证非常敏锐,人们甚至可以说它吹毛求疵,但它确实具有很强的说服力。现在的原因(kausal)必定产生于先前的状态,按照这个命题,如果存在一个 A 形式的状态,那 B 形式的状态就始终跟随在 A 形式状态之后。根据康德的观点,先前的状态从其自身方面来讲,就必定是一个曾经生成的、发生的事物。因为假如先前的状态不是这样,而是从一开始就已经是现成的,那么,现在的现象——从先前的状态对这种现象加以解释——也同样必定是原初的和全然的存在事物。换句话说,假如这样,就根本不需要从这种状态的原因去继续推演,这样的情况显然是不可设想的,因为它会使对现象的观察就在此时此地(hic et nunc)变得失效。此后,康德接着写道:"这样,某些事物之所以发生的原因之因果性,其本身就是所发生的事物,这个事物根据自然法则又会预先设定一种先前的状态及其因果性,后者又会以此类推一个更早的状态,于是就会有无限的追溯。"⑦这里的讨论是对事情本相的说明,你们大家熟悉的,是用原因链(Kausalkette)这个名称来称呼这个本相。"如果一切事物的发生仅仅依据自然法则,那么,在任何时候就只有从属的(sub-altern)起始,而绝无最初的起始,因而在依次相生的原因方面也完全没有一个系列的完成。"⑧"从属的"这个表述听起来有点像在做质的评价,如果人们可以扩展这个词,其含义无非就是"次级的"或"被推演的"。康德以此在说,如果只存在从属的和被推演的原因,那么,从这些原因自身和它们自己的意义来讲,就必然要追溯一个最初和原始的原因。康德接着对此进行论证,但这个论证或许并不具有充分的说服力,"但是,自然法则恰恰就存在这里:如果没有一个充分的先验规定的原因,就不会发生任何事情"⑨。这里或许就是论述的关键,这句话的意思是显而易见的:由于相对的原因从其自身方面还需要其他原因的解释,由于它本身还不是完善的,所以,它不是一个受到充分规定的原因;

43

只有它从自身方面能够做到这样的归纳，以至于它没有必要总是被追溯一个其他的原因，对它的条件的追问沉寂下来，它才可能是一个受到充分规定的原因。康德在此后以为，他在范畴学说中已经推演过这句话，"自然法则恰恰就存在这里，如果没有一个充分的先验规定的原因"⑩，这句话的意思是讲，如果不存在一个完整的原因规定，"就不会发生任何事情"⑪。此外，还可以说，这种解释在一种真空状态中就会结束，或者如同康德毫不费力地把这种自然解释视为现成东西那样，在必然性意义上的全部解释都可以追溯到一个简单的偶然性的因素那里。于是，康德继续写道："一切因果性只有依据自然法则才是可能的命题，"——这是一种完全简单的看法，只是表述稍微有些别扭——"就其无限的普遍性而言，它是自相矛盾的，因此，这种因果性不能被视为唯一的因果性"⑫。也就是说，即使我承认这个命题在这里所表述的内容，由这个命题自身所引入的实现原因之规定的要求也必定没有得到满足，因此，这个命题就陷入了与自身相矛盾的境地。接下来的就是结论，康德说："由此来看，人们必须假定这样一种因果性，某事物因它而发生，而这个原因并不依据必然的法则而受到其他的先前原因的进一步的规定，这是一种原因的**绝对自发性**，因此，一系列按照自然法则运行、**并从自身开始**的现象，就是先验的自由，没有这种自由，"——请你们注意，康德在这里正是从自然的因果性来论证先验的自由的，因为自然的因果性本身常常是不自洽的——"甚至在自然过程中，诸现象的顺序排列在原因方面也决不是完成的"⑬。你们在此处已经看到了，因果性概念令人诧异地扩展到自由，而自由则是一种因果性，一种独一无二的（sui generis）因果性。

你们要想弄清楚这种非常值得注意却又使人惊讶的语言应用，恐怕首先必须思考康德在这里所选择的限制某些东西的表述，这就是说，存在着一系列从其自身并且在一定程度上（quasi）重新开始的现象，而它们并不需要认识自然因果性的无穷无尽的条件。我相信，我现在向你们谈谈康德在这方面唯一思考的东西，你们在此之后就会确实理解这些我已经向你们说过的、表面上非常形式的推演，这样的推演当然属于哲学理解的原则——顺便提一下,这是一条规则,它在很大程度上适用于后来的唯心论者,尤其是黑格尔;如果人们现在不只是注意这种导致结论的思想过程,而是能够对这方面有所暗示的事情本相(Sachverhalt)加以表象,而事情本相在一定程度上理应就是模式,那么,这样做就是好事。但是,事情本相毫无疑问的是个体对自身的自我经历,也就是说,事情本相完全是这样一种情况:自我首先能够在自身那里经历某些东西,而不管一个无所不包的决定论内部是如何行动的;自我通过一个行动重新造成一些特定的和合乎规则、按照顺序排列的系列,尽管这个行动可能在客观上与自然的因果性相关,但它最初却具有一种康德在这里所说的与自然因果性相对立的、自主性的因素。如果我现在再次把这本书拿起来悬在空中,然后让它掉下去,那么,肯定会出现这个事实:这本书之所以掉下去,是因为它是属于自然因果性的一件事,并且实现了自然因果性;如果这件事发生在宏观领域,它还会遵循善良的和陈旧的因果性规则。但是,在我愚蠢地决定要把这本书拿起来,并且让它掉下去的同时,另外一个独立的东西突然闯进这个决定,这时,人们就可以说,在作出这个决定的同时,还开始了一个新的因果系列。这个新的因果系列如何从它自身方面与因果条件的整体融合在一起,康德或许会对它加以论述,但确切地讲,康德并没有论述它,而且在事实上是这样说的:"这是一个有待以后办的事情(cura posteria),因此,只要关于人类理论的本质特征还属于经验世界,这件事在整体上就属于这个理论。"[14]但是,现在对自身经历最先和最直接的则是这个与因果链相对立的因素,是对第二个决定体行列(Determinantenreihe)的设定和实现,对自身经历而言,这个行列在其同一性方面或者在其对普遍因果链的依赖性方面,并不会立即受到普遍经验的规定。[15]这就是康德在这个地方所注意的东西,他在这里是说"原因的绝对自发性",但在此处并不对自发性加以解释。自发性在这里恰如一种原始的能动性,也恰如一种自主的能动性,对这样的能动性来说,其他的条件从肯定方面是根本不可能得到说明的,所以,在《纯粹理性批判》里,自发性通常被称为最初的表象创造的能力,因而也被称为真正的意识创造力和人的精神的创造力。如同你们以后可以在"先验的方法论"一章中所读到的那样,康德与一切严肃的哲学家一样,他的动词化定义并没有被认为很糟糕[16];他最先把这个概念用于一个相对狭小的意义上,即用在与表象相关的方面;由于这里涉及主体性的一个基本元素,人们甚至可以说,涉及主体性的基本动因,所以,康德有理由获得这种自由,即把精神能动性应用到超出这个概念以外的领域。[17] 这就是康德在这里开始的论证,这个论证不仅反对那种无所不包的因果性,而且赞同因果性来自自由,因而也赞同作为伦理学的基本概念的自由概念。

《纯粹理性批判》中关于反证的表述如下:"不存在自由,世界上的一切事情仅仅依据自然法则而发生。"[18] 你们在这个反题表述中看到,因果性尤其是与我先前已经向你们所指出的康德的自由相对立,它等同于自然因果性。它的证明是这样说的,"设定在先验的知性中存在一种作为特殊方式的因果性的自由,"——用其他语词来说,这是从正题证明中产生出来的结论——"世界的诸现状都能依据这种因果性而发生,也就是说,一种能力、一种状态以及它们的一系列结果都完全由此开始,因此,不只是一个系列由于这种自发性而开始,而且这个自发性的规定本身也开始于这个系列……"[19] 我现在只是想解释:在先验知性中的自由所包含的意义等同于康德在这里所批评的这个设定的意义,即自由通常如同因果性一样,是一个范畴,这就是说,自由——独立于规律所规定的行为和事情的过程——其本身也会成为一个基本规定,对一般现象世界的认识和组织也会依据这个基本规定而组织起来。为了在这里把这点与"先验的"这个语词结合起来,这个思路显然就是:范畴就是我的精神的基本概念(Grundbegriffe)、主干概念(Stammbegriffe),我通过这些概念使诸如有序的一般经验那样的东西得以成立,因此,从总体上讲,范畴不外乎就是这些条件,我通过它们并且依据法则将世界组织起来,我因此去经历一个相互关联、合乎法则的世界。假如自由——这是主要证明根据(nervus probandi)——从其方面变为一个范畴,一个先验的东西,也就是成为我认识一般对象的一个基本条件,那么,由此就会产生这样的情况,合法性的对立面被变为一个范畴,而且它还应当论证这种合法性,而自由从其方面也理应成为合法性的总概念(Inbegriff)——这种情况是不自洽的。这就是基本思想。我相信,如果你们坚持这个基本思想,你们也会相对容易地理解下面的论述。如同已经说过的那样,我们在反思的第二个阶段就会进展得比较快一些。这就是说,假如我假定先验知性中的自由是作为范畴的自由,那就会导致康德所说的这种结果,他是这样说的,"因果性是完全的开始,在此之前没有发生任何事情,而正在发生的行动将不会受到现成法则的规定"[20]。这里已经假设了这样一个原则,它与合乎法则的认识和在自然界中行使统治的合法性理应没有任何关系。"但是,任何行动的起始都预先设定一个尚未行动的原因之状况,而行动的动态起始则预先设定这样一种状态,它与同一个原因的先前状态没有任何因果的关联,即它决不产生于先前的状态。"[21]康德依据这里的自由原则理应得出的合法性,或者说,理应与这里的自由原则同时引入的合法性,从其本身而言,是与合法性的概念相矛盾的。康德说:"因此,先验的自由"——这是作为一个行动的绝对起始的自由——"与因果法则相对立,它是发生效用的诸原因所造成的连绵状态的一种结合,根据这种自由,经验的同一性是不可能的,它因此也不出现在经验之中,因而是一种空洞的思维之物"[22]。康德在这方面注意了过去有关最终的和原始的创造原则之表象,它通过经院哲学和亚里士多德学派而流传下来。这个表象的最终渊源是亚里士多德关于万物之不动推动者(ἀχίνητον πάντα χινουν)的学说[23],这个学说假定了这样一个推动者,他为了证明因果性而脱离因果系列,因此,他与合法性原则是相对立的。在这个论证中,即在这个反题的论证中,康德是作为一个完全而又严格的启蒙者在说话,他试图把经院哲学的、最终是亚里士多德—本体论学派关于表象的最后残余从哲学中铲除出去,而与此相关的正题表述则确实想从自身方面去挽救形而上学,并以此为宗旨。我最后一次向你们说,这两个因素在康德那里处于一种持久的冲突之中,这就是说,这种冲突在二律背反学说中就是命题的矛盾,也就是说,这种冲突在这里完全集中在正题和反题的关系方面。康德现在重新在启蒙原则上说道:"我们只能在自然中寻求世界现状的关联和秩序。脱离自然法则的自由（独立性）虽然是**对强制的一种摆脱**,但也是**对一切规则的主旨的一种摆脱。**㉔——这段话非常有意思,我请你们密切注意它,我们将在下次讲课时详细讲解这方面内容。换句话说,当我肯定地引入自由原则的时刻,当我摆脱因果性这个无上体系的强制作用的束缚的时刻,隐藏在背后的意思则是,这个无上体系实际上是一种杂乱无章的混乱状况,而《纯粹理性批判》的全部要求就是针对这种状况的。"人们并没有说,自由法则可以代替自然法则而进入世界进程的因果性之中,因为如果自由也依据法则而受规定,那么,自由就不成为自由,而是与自然并无二致了。"康德在这里特别强调说,"自然与先验的自由的区别,就如同合法性与不合法性的区别一样,合法性虽然使知性增加了难度,即在原因的系列中总是不断地寻求现状的更深刻的起源,因为这种因果性在原因的系列中始终是受到条件限制的,但是,合法性则许以全然和合法的经验同一性;与之相反,自由的幻象则向原因链中探求不已的知性预言一个安宁的地方"——现在,康德在这本书中是以启蒙者和决定论者的身份出现的,他是说,这样的预言就同形而上学所说的预言一样,即人们自己就可以意识到绝对者,并且可以在这位绝对者那里获得安宁——"因为自由是把这个知性引向一个从其自身开始行动的、不受条件限制的因果性,但是,这种因果性本身就是盲目的,而且还废除了全然关联的经验唯一赖以可能的各种规则的主旨"㉕。盲目在这里就等于,这种因果性本身没有适应认识的合乎法则的关联;而后半句话则是说,它让经验听任于偶然。

我想,你们大家在听了我的讲话以后已经弄懂了这些内容,这样,我们在下一课就可以探讨这个文本中的疑难。

注释

① 参见《康德文集》第三卷,第 340 页,B398/A340。
② 参见阿多诺在 1963 年 5 月 14 日所作的第三次演讲和第三讲第 11 条注释。
③ 康德是把"自发性"这个概念当作可以对"印象的接受性"加以对象化的能力而引进的,康德在第二版的《纯粹理性批判》中对此予以了详细的阐述,参见《康德文集》第三卷,第 136 页。阿多诺在这里所讨论的康德关于第三个

二律背反的论点,则是把"先验的自由"当作"一个绝对的原因的自发性,一系列按照法则运动的现象的自发的开始……"。参见《康德文集》第四卷,第 428 页,B474/A446。

④《康德文集》第四卷,第 426 页,B472/A444。

⑤ 同上。

⑥ 同上。

⑦ 同上。

⑧ 同上书,B472—474/A444—446。

⑨ 同上书,B474/A446。

⑩ 参见《经验的第二种类比》,载《康德文集》第三卷,第 226—242 页,B232—256/A189—211。

⑪《康德文集》第四卷,第 428 页,B474/A446。

⑫ 同上。

⑬ 同上。

⑭ 康德在后文对这个问题作了这样的解释,"现在,这个行动的主体根据其理智的本性而不会服从于时间条件……一言以蔽之,就这个因果性是理智的而言,它就决不会存在于经验条件的系列之中,后者必定构成感性世界的现成性。由于理智的出现这样遥远,我们对它毫无知觉,所以,这种理智的本性就从不会被直接地认识,但是,人们却可以依据经验的本性对它加以设想"。载《康德文集》第四卷,第 493 页,B567/A539。

⑮ 原文有遗漏,编者在此处加以修订。

⑯ 参见《康德文集》第四卷,第 623—626 页,B755—760/A727—732。

⑰ 参见第 3 条注释。

⑱《康德文集》第四卷,第 427 页,B473/A445。

⑲《康德文集》第四卷,第 429 页,B473/A445。

⑳ 同上。

㉑ 同上。

㉒ 同上,B473—475/A445—447。

㉓ 亚里士多德《形而上学》第七卷,第 1073a。

㉔《康德文集》第四卷,第 429 页,B475/A447。

㉕ 同上书,第 429 和 431 页,B475/A447。

第五讲

（1963 年 5 月 28 日）

女士们，先生们：

虽然我现在仍然是在康复期①，但我却不愿意放弃今天和星期四的讲课，原因就在于这学期实在太短了，而且我们已经耽误了许多课程。或许在精确表达方面，首先是在发音清晰方面，我请求得到你们的谅解，因为我曾经患过喉头炎，所以，我说话时有些小麻烦。

女士们，先生们：

我们还是回到对第三个二律背反的探讨上，我想，首先是在上一课停止的地方开始我们今天的讲课。康德在这一章中的主要思想是很有说服力的，我甚至想说，是相对简单明了的，即：如果有人假定了一个最终的和绝对的原因，那这样的人就违反了在因果性概念自身中所蕴含的无所不包的大全要求。也就是说，有人任意地中断了正在追寻的原因系列，他因此违反了因果性本身的原则——人们必须对一切已经现成的东西指出一个进一步的原因，因为只是由于一般的因果关系的大全性，这些现成的东西才会陷入一种合乎规则的经验关联之中。如果情况不是这样，而是某些东西不属于这种无所不包的、合乎规则的关联，那么，就可以说，这是对合法性——康德在一定程度上把它称为神圣的、（或者更确切地讲）人类的世界秩序——的一种破坏，并且是在根本上推翻了一种有序的经验的表象。人们或者还不习惯确确实实地重视《纯粹理性批判》的动因,但是,你们现在应当确定这本书的动因之一,就是人们可以称之为"对混沌的恐惧"②,这点对康德的全部道德哲学的论证也是同样十分重要的。这就是说,任何东西在一定程度上都不应当停留在外部,任何东西的存在都不应当使全部的合乎法则的关联遭到破坏。但是,反过来讲,如果人们不假定这样一个最终的原因,那么,就不存在完整的因果性,而只能存在如同康德所表述的——你们或许还能记得那个章节——"从属的""被推演的"因果性;于是,人们就违反了没有充足理由就不会发生任何事情的原则,由于人们不再追问这个最终的原因,那人们在一定意义上就是停滞不前的。这两方面的缺陷都应当在于,因果性原则本身的意义没有得到满足。在前一个方面,大全的要求就存在于这个原则自身之中:人们不可能找到一个最终和绝对的要求,反之,人们就会中断这个大全性;在另外一方面,如果人们没有假定这样一个原因,那就根本不存在一个确实充分的原因,而是始终只有一个单纯推演出来的论证,因此,因果性的概念在自身中永远没有得到满足。这点很重要,我非常重视它。我想强调的是,你们首先可以把它视为一种形式主义的观察,并且对它置之不理;但是,请你们相信,我自己有足够的理由去不断地议论这个问题,因为对我至关重要的是,这里所讨论的矛盾并不简单地像康德在解决这些矛盾时所表述的那样,它们只是因为我们没有充分应用因果性原则而产生的,它们产生的原因,更多的是因为事情本身按照自己的意义而必然会陷入这种矛盾之中③——你们从一开始就看到了这点。我已经试图向你们指出这点,并且在此观点上从两个方面再一次应用康德的证明:人们在两方面,即在两个二律背反的正题和反题的情况下,都违反了因果性原则自身的意义。我在这方面并没有亵渎康德,因为康德本人的做法确实如同我所说的这样,只是没有说出来而已。这就是说,这个方法其实就是在两方面都使这种做法与因果性自身意义所蕴含的东西相对立,而康德则由此指出,这两方面都违反了因果性概念的意义。因此,无论是人们陷入无限追寻之中,并且因此而放弃一个最终的和简明的起因,还是人们不去这样做，它们最后都是一样的。一个绝对原因的实质恰如一个绝对起因的实质，都会导致这种矛盾。

现在，这里才是真正的关键所在。康德相信，这里实际上涉及一种错误的应用，就是说，我们超出了经验可能性的界限之外去应用了因果性；如果我们谦虚谨慎，在这方面不提出过分的要求，我们就不会陷入这样的二律背反之中。此外，这也是康德在这里所指出的一种思维习惯，按照康德的看法，这个思维习惯原本就是实证主义所独有的，即实证主义总是在说，"那好吧，如果你们对认识提出如此过分的要求，那你们时时处处都会陷入困境；你们最好从一开始就安分一些，将就地去过平常日子；在精神事情方面，你们从一开始就要像那些决不过问他们的职责范围以外的事情的职员们一样，这样，你们就不会遇上这些倒霉的事情"。但是，如果我向你们所指出的东西是正确的，而且正如我愿意思考的那样，在康德的诠释本身之中就包含着这层意思：这些二律背反在事实上是因为人们把因果性范畴的应用和可能的应用与其自身的意义相对立而产生的，那么，这种情况无论如何将会表明，康德对这件事给出的比较惬意的注解——这个注解还是在一个正在生效的劳动分工的范围以内，并且好像是在说："你就呆在乡下，老老实实地去养家糊口吧！"——确实与他在这里所获得的观察深度相抵牾。④在康德的文本中，这种诠释所具有的最强的支撑也就在于，理性必然会陷入这种矛盾之中；然后在另一个地方，在全部实践哲学中，即在全部《实践理性批判》所牵挂的地方，他把这种陷入无限、进入理智范围之中的强制与实践范围相提并论。⑤康德在这里确实遇到了意识问题的界限，他只是出自建构的需要，精巧地把理论理性范围和实践理性范围相分开，但却并没有从中得到全部结论，我今天就来谈谈这个问题。康德没有对这个矛盾进行反思，而且也没有由此深入下去，而是把这个矛盾当作两个在原则上相互独立的范围，并且就在此处停滞下来。这里是两种做法的差异，一种做法是在一定程度上把矛盾分门别类地划分为两个不同的范围，另一种做法则是澄清矛盾并通过澄清矛盾而探究事情本相。这个差异恰恰就是传统思维——或者如黑格尔所说的反思思维——与真正的辩证思维的矛盾。如果你们确信我现在试图指明的这个问题,你们立即就会遇到这个矛盾。在康德这里,涉及的是同一个概念的严格内容的对立,或者确切地说,是因果性概念自身所包含的要求与其结果的对立,这两者必定会陷入冲突之中,这是一种辩证法所呈现的东西。康德是这样来说这种辩证法的,"这样的辩证法就存在于谬误之中"⑥。黑格尔则针锋相对地说:"如果康德所证明意义上的这种辩证法不可避免地会发生矛盾,那么,这里涉及的并不是一种谬误,而是必然性自身所固有的一种矛盾。"⑦ 这就意味着,无论是在现实中,还是在我们认识的过程中,这个矛盾对黑格尔来说都具有一种完全不同于在康德那里的严肃性(Dignitaet),康德只是从传统逻辑的意义上非常和善和简单地说,"有矛盾的地方,就必定会有谬误"⑧。这就好像我们已经得到确认并且在事实上已经具有这种状况:这个世界如同一个宏伟的逻辑体系,被先验地、没有矛盾地组织起来,我们为了科学地把握这个世界的目的,曾经把这个宏伟的逻辑体系覆盖在这个纷繁混乱、难题重重的世界上。

女士们,先生们:

我在这里还想让你们注意以下情况。康德在这方面还遇上另外一个问题的边缘,人们可以把这个问题称为第一哲学(prima philosophia)的问题,或者更好地讲,他遇上了第一性的问题。因为康德已经指出,假定一个绝对的第一原因就会导致矛盾,反过来讲,没有这样的假定,这个问题也同样不会化解,在这样的证明中业已包含着这层意思:一个绝对第一性的概念本身就会导致极大的难题。但是,另一方面,当康德获得蕴含在二律背反学说中"追问绝对第一性的疑问本身,可能就是虚假疑问"⑨的这个结论时候,他却又是一个地地道道的笛卡尔主义者,他完全像笛卡尔那样在寻找绝对良知的残余,寻找一个人们完全把握的并由此而产生的其他事物的第二自由物。⑩你们在此处又一次可以看到康德哲学的真正的两面性,并且还是在实践哲学的起源地方看到这种两面性:康德一方面通过自己进行的分析而被迫看到,对第一性的如此绝对化——无论是因果性范畴的绝对化，还是作为理应发生在因果性之前的自由的绝对化——必然会导致矛盾，而且还不可能得到解决；但另一方面，他却始终坚持一个绝对者和第一性的理念。⑪这种情况促使康德用一种强力行为（Gewaltstreich）把自由建立为一种独一无二（sui generis）的法则，它对实践哲学是如此重要，这个法则据此可以从一开始就处在实践理性优先的意义上。你们很快就会看到，在康德体系内部最终占据支配地位的，就是后来在费希特那里表现尤为明显的东西：把一个绝对的优先性给了与理论认识相对立的实践理性，这就是行动。康德在这里完全像黑格尔一样，处在一个两难境地：他一方面通过非同寻常的结论——他借此可以持续推进真正的哲学——而遇到其自身的界限，也就是说，第一性的概念是自相矛盾的；另一方面，他却坚持这个第一性的概念，并且因此与这个二律背反的真正解决相抗拒。

你们中间有人将来会研究黑格尔，他们将会发现，这个矛盾在黑格尔那里是作为一个尚未被克服的、被简单接受的矛盾而被搁置起来的东西；即使有各种各样的辩证法，黑格尔仍然一如康德，一个类似于绝对第一性的东西，即自身之中的无限主体、绝对精神，在他那里理所当然地占据支配地位。⑫人们在眼下或许可以一般化地给出这样的说辞：第一性虽然是作为一个直接物（das Unmittelbare）的因素而给出的，但也确实只能作为一个因素，因为致使性的事物（das Kausierte）、变易的事物总是通过变易行动而得到促成的，而原因始终只是原因，就此而言，原因就是它所致使事物的原因，而不是一般事物的原因；但是，这种直接性的因素，或者第一个现成事物的因素，并不能被设定为一个绝对的和实证的直接性。你们或许可以从康德的二律背反学说中得到这种辩证的结论。

不过，如果你们忽略我试图从二律背反学说中所过滤出的这些学理，那么，仍然有许多难题搁置在这里。首先，这些难题关系到康德为讨论而提出的、为这种状况而设置的因果性、法则和自由等概念。我相信，你们中的绝大多数人在直接和恰当地记录了我所认为的诸难题的同时,还注意了康德的独特的语言应用,这种语言应用导致人们去议论一种特殊的因果性,即一种来自自由的因果性,而按照我们最初对这些概念的理解之表象,因果性就是由于据原因而产生的完全合乎法则的决定性,它理应与我们通常所认为的自由的东西相对立。事实上,不仅是康德哲学,而且人们还可以说,对道德哲学的任何概念而言,其关键(punctum saliens)就在于法则和自由的概念是相互聚合在一起的。由于在康德学说中自由、法则和因果性的概念受到如此奇特的处理,所以,为了让你们不要轻信在他那里占据支配地位的只是纯粹的任意性,我先要提醒大家注意,康德所理解的因果性概念特别宽泛。我相信,现在有意地回想一下现代科学中的全部决定论问题,也是相当重要的。有人在康德以后的自然科学的讨论中,比如,讨论爱因斯坦相对论的时候——当然在这方面一定会考虑量子理论——总是过于狭隘地理解康德的因果性学说。我们说因果性概念在康德那里特别宽泛,这就是说,这个概念是特殊形式化的东西。我在这里还想到了,E.卡西尔(Ernst Cassirer)的这个观点[13]在与爱因斯坦相对论所进行的那个著名争论中并非是毫无道理的,因为他曾经认为,根据康德哲学的这种形式化的特性,这门哲学或许也会给相对论留出空间。你们或许还记得,我曾经向你们说过的那段话,"所有发生的事情,都预先设定一个先前的状态,并且依据规则而不可避免地跟随先前的状态"[14]。这种"依据规则而不可避免地跟随先前的状态"的说辞无非是说,这里已经向我们指出这样一个普遍的法则:如果存在 A 形式的状态或事件,跟随其后的必定是 B 形式的状态或事件。康德或许就是这种意义上的第一人,我们应当对他的这番话加以补充的是,"如果情况不是这样,而是发生了其他事情,那么,我们就必须寻找一个其他的、更高的规则,它会指明,为什么情况不是这样"。我们因此就完全站在了严格的康德哲学的基础之上。

在康德的因果性概念这里,首先引人注意的是一种特定方式的外向性——我在这里为此而呼唤你们质朴的、尚未被哲学毁坏的意识。我所认为的这种外向性的因素,根本不是针对康德的批判或争论,而是指存在于《纯粹理性批判》中的一种强烈的意向,如果人们想要理解康德哲学,就必须弄懂这种意向。康德尤其是在下面的意义上反对莱布尼茨和沃尔夫独断论中的唯理论,这就是他特别批评一种内在起因的原则——这是一种物自体和对象自身的起因,它不依赖于在此之后把因果性所具有的合法性给予这些物或对象的主体;康德特别在"反思概念的歧义"一章和其十分重要的"附论"中猛烈地抨击了这个可以被视为对象的内在性和对象的内在决定性的概念。[15] 你们只需稍加回忆,甚至都不用去想那些动态范畴,你们大家就可以想起来,在康德哲学中有一个总的命题:物自体对我们来说是不可认识和模糊不清的,因此,取而代之的只能是我们依靠自己的范畴系统和感性材料为我们自己建构对象,也就是说,我们从所谓外部,并且依靠我们自身的意识去构思对象,是不能深入到对象里面的,这样,你们就非常清楚地知道,康德同样抨击了那种人们只能在事物本身中去知觉事物的起因或原动力的表象。这里甚至还可以把康德的对象规定完全反思为对我们所构造的对象的规定,从而排除我们现在可能像先前的唯理论哲学那样为这些对象添加一种内在的东西,因为这些对象本身就是我们自己的产品,我们根本不知道它们的内在东西。但是,恰恰就是这种外向性却是令人不满意的一个因素,因为一切可能归纳在这种完全形式的、合乎规则性关联之下的东西与人们在因果性概念之下首先所表象的东西是完全矛盾的;这并不是哲学思维的简单规则,因此,人们不能简单和草率地把截然不同的、只是从自身体系来确定的意义给予这些正在应用的概念,它们完全不同于语言应用中所具有的并且是人们通常所要求的意义。也就是说,从这样一个依据规则的关联意义而言,现在的量子力学在讨论遵守规则的结果地方所断言的一种静态的合规则性,就同所有的其他理论一样,也会陷入康德的因果性之中。[16] 这样,我们最初对因果性所表象的东西也会因此而消失。不断进步的科学对此给出的回答,也不外乎我们的意识在这个地方给出的神话般的回答:我们在我们的日常意识中蹒跚在科学发展的后面,并且总是以一种表象——这种表象在根本上说是有关泛灵论的——赋予物一种内在有灵性和内在决定性,当人们像在认识批判中曾经发生过的那样,对这些认识概念进行过滤以后,物的这种内在有灵性和内在决定性就根本不可能持久下去。在所谓因果性的外向性方面,后来的实证科学、主要是全部实证主义,与康德是一致的,而像休谟等人对这种因果性的外向性推动之大,则是康德无法与之相比的,它因此造成因果性不再凌驾于物自体之上的结果,还导致了一个秩序原则,主体根据这个秩序原则把前后相续的状态结合起来。⑰因果性与解释这种动因毫无关系,这种动因自告奋勇地想从内部,即在我们内在感性的基础上,诠释前后相续的状态,然而,在内在感性之中,主体与客体,也就是我们对我们自身的经历(erfahren)与我们自己作为我们所经历的东西,是相互并存的,或者应当是相互并存的,以至于根本就不应当存在这种内在与外在相对立的问题。因此,这里就是后来叔本华用以有效地反对康德动因的地方⑱,人们曾把它称为一种特殊的、完全没有受到康德所重视的、十分精致的因果性方式,这种可能来自内在的因果性,因而也可以被称为动因。⑲我因此也对因果性概念的这种引人注意的广度加以重视。这样的因果性概念在康德那里已经变得可以简单地叫做两个状态依据规则的前后相续,这样,尽管在自然科学的合法性意义上不能想象这种内在与外在的并立,但在这种因果性方案中,却为人们可以称之为动因的东西留出空间,这就是说,这为两个状态为什么应当前后相续的自身确定性或直接自明性留出空间。虽然康德并没有对此进行反思,但是,他却在一定程度上从中获得了这个结论:存在着因果性的特定可能性——如果人们想要用自然科学的语言去说话,还可以说,存在着因果性的特殊情况,但在这种特定可能性之中,并不存在我向你们所说的那种外向性方式,而是存在着这样一种因果性,而我们自己就在这种因果性之中从我们意识生命的内部去绝对地开始一种原因系列。康德在这方面直接思考了任何一种决断的基本事实,他虽然对此没有详加说明,但这却是毋庸置疑的。⑳我再次请你们注意这本不幸的书,我现在可以让它掉在桌上,这时我出于自己的原因去进行某些干预,我因此就开始一个新的系列,而一种停顿方式同时也被埋没在这个系列里面。我在这里的讲话非常小心谨慎㉑,因为康德本人在这个极其困难和模糊的领域里所做的一切也不是十分清楚和明确的表达，尽管他有足够的理由去这样做，原因就在于这里确实很困难。康德曾经公开假定，在这种普遍因果性的范围之中存在这样一个点，主体就在这个点上插入进来，并且由自身出发去设定因果系列由此点发生的基本条件。康德相信，在实践领域，即在实际行动的领域中，无论如何都可以指出一个新的因果系列开始的点，这就是说，在人的有动因的行为中，也存在例外的情况。康德是一个非常诚实正派的人，而且也同样地吹毛求疵，他绝对没有忽略你们大家在此处都注意到的这个问题，即：一个产生于自由的行为方式，比如，我在某一个地方会独立地进行干预，从这个行为方式自身而言，它也会进入一个更广阔、更深刻的因果关联之中。我再举一次让这本书掉下来的无聊例子：对我来说，这个行为最初是我的自由决定，但是，在这方面仍然存在一系列进一步的条件，人们由此可以推断我的行为。比如，我看到促使自己这样做的原因，是我想向你们展示这种所谓自由行动的现象，而在我手边除了这本让人心烦的书以外，别无他物，那么，我只好让它掉下来，人们由此可以不断追溯一切与职责的内在化相关的东西，以及——天知道——还有什么与其他东西相关的东西。我认为，大大小小的事物就是以这样一种特殊方式聚集在一起的。

康德或许根本不会否认这一切，他还在一个地方——我们将会探讨这个地方——完全承认，应当把这种比较普遍的决定也给予这种所谓的自由行动。[22]但是，康德在这个问题上，并且也在其哲学的其他部分的一系列相类似问题上，却表现得有如我们后来的专业术语所说的那样，是在进行现象学研究。这就是说，对康德而言，这方面的关键不是对一个行动的最终和绝对的本质说出某些东西——当然，如果你们愿意，也可以说，他力图研究某一种外向性，而是仅仅在于，我在这个瞬间经历这件事；由于这件事肯定是一个直接给出的事实，所以，**我现在**可以搁置它（它当然不同于拧开水龙头，因为只要水龙头开着，水就会哗哗地流出来）。无论这两个发生的事情在这个总体的或无所不包的因果性中是什么情况，从直接经历的意义上讲，正是在这个地方存在着区别。在康德这里绝对不存在那种仅仅出自某种统一性的因素去建构一个尽可能完整无缺的关联体系之动机，而是在一切可能的地方始终尊重现成给定的东西，如果你们愿意，也可以说是无法继续推演的东西。事实上，康德在实践哲学中把自由，或者更确切地说，把自由的最高原则——道德法则（它的要求就是希望自我的行动完全合乎理性，而别无其他）当作一种给定性，当作人们在一定意义上根本不可能继续推演下去的东西，因此，道德法则与理性原则本身是一回事，只有理性才可能进行这样的推演。

女士们，先生们：

我之所以如此重视在这里与你们共同讨论的这些纷繁复杂的事情，就是因为它们确实对探讨一门道德哲学非常重要；而且还因为有人坚持说，虽然在绝对中存在诸如自由这样的东西，但是，一俟我置身于有限的经验王国、有限的经验之中，那么，支配这里的只有因果性，而自由则根本无从说起，如果情况是这样的话，那关于自由原则的陈述就与实践本身根本没有任何关系。因为实践始终是人们的经验实践，实践涉及经验现状。康德本人在这里也发现自己有一定的矛盾。他一方面必须把理智与经验之间的严格区分进行到底，因为如果他把理智或者绝对本身与经验的条件紧密结合在一起，就必然地会失去绝对性和绝对约束性的本质。另一方面，如果这两个范围是绝对地分开的，这就如同康德在一些论述中所给出的印象一样，这两个范围就绝对不应当掺和在一起，那么，谈论某一种伦理，谈论正确与错误的行为举止的区分就是不可能的，这是因为一切与事实行为相关的东西都可以完全与经验条件融合在一起。因此，康德就像一个怀疑论者一样，他必须寻找这样一个范围——我并不想说，这个范围同时具有两者的性质，但我却有一定理由可以这么说，在这个范围中存在着自身作为无限的，并且超越经验可能性之界限的现成东西，它在经验范围以内是根本不可能被表象的。这正是这样一种可能性：任何一种意义上的因果系列在任何情况下都可能重新开始。由于我已经向你们讲了这些内容，所以，我现在结合《纯粹理性批判》中的有关章节继续讨论这些论点，因为它们在以

59

后所提到的康德的实践哲学中具有十分重要的结果。如果这样做,康德的最引人注意的理论——我们会在以后讨论这个理论——就出现了:虽然自我的一切行动都受到自我的本性意义的限制,而行动理所当然地应当从本性中流泻出来,但是,自我却应当通过一个自由的行动给予自己这样一个本性。㉓我想说的是,自由的行动首先在纯粹认识论上只可能被当作这样一种关系:人之所以为人,是人在任何情况下都有能力开始因果系列,而这样的因果系列包容在宏大的因果性之中的情况并不会立即发生,除此以外,自由之行动根本不可能被当作其他东西。由于我们现在只能从经验上知道本性,而这样的本性在很大程度上受到我们幼小时候经验的规定和塑造,所以,自我理应向自己给出自己本性的理论就会遇到很大困难,这样,这种理论就是一个自为的事情。尽管如此,我依然想在这里向你们指出:一、康德为什么会从自由中去建构因果性;二、什么迫使他这样做,而他又依靠什么方式去解决自己给出的难题。

请允许我再简单谈谈康德为什么在事实上坚持从自由中去建构因果性的原因,这样可以加深你们的记忆,然后我们就结束今天的讲课。有人可能会说,由于因果性是在范畴学说基础之上的一个普遍的规律,所以,一切事物都可以服从因果性,而不允许出现任何例外情况;而自由的存在是因为没有自由就决不会存在诸如理性和人性这样的东西。但是,我认为,这样的说法太浅显了,事实上,在此背后还存在这样一个行为举动,它根本不知道因果性是何物,也就是说,它是绝对自由的,是不受任何规定约束的行为;这种行为举动可能是全然的混沌,这种无定形的、没有形式的自然本性在事实上必定会战胜理性原则,而康德在《判断力批判》中的一些地方把理性原则规定为与自然的混沌相对抗的力量。这样的行为举动在"二律背反学说"中的一个地方已经提到,我在下一课中或许还会简略地讨论"二律背反学说"。然而,从另一方面讲,如果规律是普遍适用的,那么,超越自然的可能性就会停止,这就是说,人从其自身方面而言,也不过是这种盲目的自然的一部分,并且还不能超越它。这就是说,一方面,理性在自身中要求有一种普遍的合规律性,因为理性只有作为一般的合规律性才能与那种盲目的和无定形的东西相对抗;另一方面,理性要求自由,因为在面对那种无定形东西的时候,自由是唯一可能的对立物。这种双重的困难——既不能给出人的活动范围处在绝对的合规律性中,也不能给出人的活动范围处在绝对的自由中——恰恰就是康德被迫悖论地从自由中去建构因果性的最深层的原因。㉔

　　谢谢你们大家!

注释

① 由于阿多诺生病,1963 年 5 月 21 日和 23 日的讲课被迫停止。

② 阿多诺在此戏指 J. 舒马赫(Joachim Schumacher)的《对混沌的恐惧——关于资产阶级末日的错误预言》一书,第二版,1937 年,巴黎,法兰克福,1978 年再版。

③ 康德在《澄明宇宙论的理念》中把二律背反的必然性理解为假象的必然性,而不是把它理解为事情本身的一种必然性,参见《康德文集》第四卷,第 488—506 页,B560—586/A532—558。阿多诺在《否定的辩证法》中对这个观点予以了详细的探讨,参见《阿多诺全集》第六卷,第 385 页及后页。

④ 关于实证主义与康德的区别,参见阿多诺的《论社会科学的逻辑》,载《阿多诺全集》第六卷,第 375 页。

⑤ 阿多诺是指《纯粹理性批判》中的"我们理性的纯粹应用的终极目的"这一节(参见《康德文集》第四卷,第 671—676 页,B825—832/A797—804),阿多诺在第六讲中详细地讨论了这一节。

⑥ 康德原文与此有出入,原文是这样的,"存在于单纯的模仿理性形式之中的逻辑假象,仅仅来自对逻辑规则的忽视"。《康德文集》第三卷,第 310 页,B353/A296。

⑦ 黑格尔对康德的二律背反的解释见于《大逻辑》,《黑格尔全集》第五卷,第 217 和 275 页。

⑧ 康德对矛盾律的评说见于《康德文集》第三卷,第 196 页,B190/A151,而阿多诺对康德和黑格尔的评价则见于《阿多诺全集》第五卷,第 310 页。

⑨ 在阿多诺手稿中,原文是"寻找一个第二自由物"。

⑩ 阿多诺在《否定的辩证法》中对第三个二律背反及原因的自发性有更详细的评价,参见《阿多诺全集》第六卷,第 247 页。

⑪ 参见《康德文集》第四卷,第 432 页,B478/A450。

⑫ 在对黑格尔的研究中,阿多诺强调这个动因是黑格尔辩证法无法克服的矛盾,参见《阿多诺全集》第五卷,第 261 页。

⑬ 卡西尔:《关于爱因斯坦的相对论——认识论的观察》,柏林,1920 年。

⑭ 参见 1963 年 5 月 16 日的讲课及第四讲第 5 条注释。

⑮ 参见《康德文集》,第 291—299 页,B324—336/A268—280。

⑯ 参见《阿多诺全集》第六卷,第 262 页。

⑰ 康德在这个问题上与休谟不一样,在休谟看来,认识的主体所能思考的不外乎就是因果联系,由于受到我们判断中所臆想的客观有效性的影响,我们的观察不外乎就是所谓的假象而已,而康德则坚持因果联系的必然性(参见《康德文集》第三卷,第 159 页,B168)。阿多诺在这个意义上把康德与休谟的经验主义和实证主义分离开来。参见阿多诺在 1963 年 7 月 2 日的讲课。

⑱ 参见叔本华:《关于道德的基础》,载《叔本华文集》(十卷本),第六卷,第 244—251 页,苏黎世,1977 年。

⑲ 阿多诺是"通过动因中的直接的自身经历"而对因果性论证予以了批判,参见《阿多诺全集》第六卷,第 266 页。

⑳ 参见第三个二律背反及其注释,"我们在这里所讨论的不是时间上的,而是因果性上的绝对的最初开端。如果我现在(举例来说)是完全自由的,不受自然原因的必然规定之影响,从椅子上站起来,那么,这个情况……就开始了一个崭新的序列……"。载《康德文集》第四卷,第 432 页,B478/A450。

㉑ 阿多诺在这里原来是这样说的,"在康德那里,全部自由问题似乎……",但后文在语法上并没有接下去。

㉒ 康德说:"这样,人的所有行动在现象中都受到一个经验的本性和也根据自然的秩序发挥作用的其他原因的规定,如果我们能够彻底地追究人的任性的一切现象,那么,就不会存在任何这样一种我们对之不能可靠地加以预言并且从其先行的条件就可以认识为必然的人的行动。"《康德文集》第四卷,第 500 页,B577/A549。

㉓ 康德对"经验的本性"和"理智的本性"予以了区分,参见《康德文集》第四卷,第 493 页,B567/A539。

㉔ 阿多诺在《否定的辩证法》中对这个意义上的康德的自由构想进行了评说,这章的题目是"决定论",参见《阿多诺全集》第六卷,第 247 页。

第六讲

(1963 年 5 月 30 日)

女士们,先生们:

我首先必须作个说明。因为我要参加在维也纳举行的"欧洲对话"①,所以两周后的讲课不得不取消。在此之后的星期四是基督圣体节,这样,我们只能在三周以后再见。②

我首先想对上一次讲课结束时匆匆忙忙所讲的东西再作一个简短的概括,然后利用今天这个讲课的机会,根据比较贴近康德文本的诠释,主要向大家说说康德理论哲学和实践哲学的关系。请允许我提醒你们注意,我们在康德的二律背反学说中所遇到的难题,其原因就在于康德哲学本身就具有二重性的本质。康德学说一方面具有批判的因素,也就是要消除业已被人们简单接受的独断论的表象,康德是通过援引主体性的建构来克服独断论的。但是,他与此同时还设定了一个界限:有些认识倾向于把简单的认识当作对物自体的认识,而认识在实际上只是在主体自身中产生的,并不能被直接归纳到存在那里。康德以这个界限对认识进行了规定。另一方面,与康德这个意图相对立的还有另一个意图,而且它们还是强烈对立的,另一个意图就是:康德现在不仅试图通过完完全全的主体分析去拯救认识的客观性,而且还试图在理智的范围中——对康德来说,更愿意把这个范围称作道德的或自由的范围——去拯救那些在他之前曾经被称作本体论、而且现在人们

63

还乐意把它们继续称作本体论的东西。这种二重性的本质确实说明了康德在面对自由问题时所采取的异乎寻常的态度。如果有人说，《纯粹理性批判》已经从二律背反方面论述了关于因果性与自由的学说，那么，全部事情的本相并未得到反映，因为作为第三个二律背反的分析结果不能用"情况可能是这样，也可能是那样"的说辞而搁置下来，而只能是在《纯粹理性批判》中的分析意义上达到这样的状况：关于自由和有限性问题本身已经是割裂的。这就是说，如果我提出这样的问题，我实际上已经犯了一个我自己无法克服的错误。这个结论意味着，如果我不允许提出这个问题，我就会真正地停留在因果性所统辖的经验领域，而在讨论因果性本身时则可以说，因果性绝对不是一个在物自体范围发挥效用的东西。但是，这个决定是在《纯粹理性批判》中，至少是在二律背反学说中关于理论理性的意义上作出的，它有利于因果性，只是附加了我们业已讨论过的限制。③ 与此相对立的是另外一方面，即本体论方面，或者人们应当说，这是康德想挽救或保持的一方面，甚至还可以说，它是与始终如一的唯名论的普遍怀疑论相对立的一方面，它在二律背反学说中根本不会以这种方式出现，但在另一门学说中却得到表现，这门学说就是在原则上不同于认识论范围的道德范围的学说，这个范围无论怎么说都肯定是自由的范围，或者如同康德在一个非常引人注意的地方所说的那样，"在道德范围，自由从其自身而言是一个经验的事实"④。至于人们可以给予自由之经验这个特殊命题什么意义，在我与你们共同思考动机概念和这个法则的二重性的时候，我将会就此向你们作最后一次阐述。尽管如此，人们还是可以对第三个二律背反，即因果性与自由的二律背反的意义作一个概括。如果说因果性是绝对的统治，那么，除了因果性以外就别无他物，这样，有人就会把人赋予给物自体——而人其实对物自体确实一无所知——的合乎法则的秩序，即对于人之外的自然和人之内的本性必不可少的东西变为一种绝对的东西。这样，人们或许就会把盲目性和外在性的特征同时给予这个绝对物，正如我在上一讲中讨论康德时所说的那样，当然，这也是康德本人的意思，这种特征属于自然因果性和一般范畴的认识。自然统治，人们还可以说,简单的自然就是盲目的统治,以后或许会变为一种绝对的东西。⑤但是,另一方面则是除了自由就别无他物,这就像康德所表述的那样,"这是没有中心思想的自由",或者说,如果自由没有一个使诸现象的关联据以建构的法则,那么,这样的自由只能是这样一种情况,它完全缺少合法性的因素,甚至还会出现倒退到简单的自然关系中的情况,即倒退到作为一种完全任意性的混沌状态之中。有意思的是,一方面是合理的情况,即康德在批判那种有可能产生绝对自由的学说的结论中,在说到这种可能性时尽可能地使用了"盲目的"这个字眼⑥;另一方面,这里居于支配地位的却只有因果性而别无他物。从总体上讲,康德既反对机械论原理的绝对化——对机械论原理的绝对化的批评实质上就是《判断力批判》的内容,也反对非定形物(das Amorphe)、偶然和随意,康德与后者完全相反,他一刻也不放弃这个思想,即必须把在我们理性中能够发现的统一性给予物自体,如果物自体确实不应当是混沌的,确实不应当倒退到完全盲目的和没有组织的状态中的话。我现在并不想在此讨论,关于理性逻各斯的组织强迫世界接受统一性必然是对世界自身的一种规定的思想,但不论怎么讲,我都觉得,在康德哲学的这个地方隐藏着一个致命的错误结论,由于绝对统一性的范畴被假设为实体,并且还给予了这个存在者,所以,这个错误结论就给康德以后的全部哲学带来了重大危害。最重要和最自由的德国唯心论者——我在这方面首先想到的,是荷尔德林可以被称作哲学内容的东西——对此予以了最激烈的反击,他对把一和统一性加以绝对化的思想进行了这样的诠释:真正的统一性实际上是对杂多的调解,而不是一种同一性,因为统一性是在为自己制造这样的同一性,它实际上为此而忍受它自己所造成的麻烦。⑦这是这个思想的一个转变,它当然对道德哲学具有最重要的意义,因为道德哲学确实超出了康德和费希特的动机之外,而这个动机则以为,真正存在的东西无外乎就是一种原材料,它只是被用来实现单纯的人类理性的统一性而已。我现在在这里只是引证这个具有非常广泛意义的道德哲学的因素。

你们或许现在就可能认识到,康德的建构是一种以最后期限(terminus ad quem)为立足点的建构,这就意味着,全部二律背反学说都旨在把某一方面的合法性和统一性的因素及自由的因素聚集在一起。从根本上说,这个命题在其自身中充满着矛盾,这点理应得到证明。由此出发,指出因果性和自由的学说所导致的诸矛盾,就是不言而喻的。但另一方面,在康德那里再一次表现出的非常了不起的东西,就是他毫不掩饰地、完全地展现这些矛盾。辩证法在事实上并不只是我们理性的错误的应用,而是辩证法就蕴含在事实之中,这一点后来反映在《纯粹理性批判》里比较后面的一章中。我对此也想加以讨论,因为我认为,这个观点对康德建立道德哲学具有根本性意义,但它一般都被人们大大低估了。这个观点就存在于《纯粹理性批判》第二部分"方法论"中的有关"纯粹理性的准则"一章之中,整个《纯粹理性批判》的第二部分都被人们所忽略,而我所讲的这一节叫做"我们理性的纯粹应用的终极目的"。由于实践恰恰是作为我们理性的纯粹应用的终极目的而出现的,由于纯粹理性的终极目的应当是实践和行动,而不应当是理论认识,或者完全如同康德在这一节所说的那样,它不应当是"思辨"⑧,所以,纯粹理性的终极目的的学说对有关矛盾和认识矛盾的学说就作出了决定性的贡献,这点我们在上一课已经讲过。这样,这个值得注意、充满矛盾的,但又确实超出了二律背反以外的东西就能够得以成立,虽然人们可以说,因果性在二律背反学说的意义上获得胜利,这是因为我们在经验的范围只能思考原因和结果,但一俟我们超出经验的范围,我们立即就不知道,是去证明还是去反驳因果性,因为我们也因此而陷入了不可能解决的二律背反之中。不过,如果确实是从这里所说的实践优先的观点出发——假如你们允许我这样策略说的话,那么,自由的胜利就会以这种明确的方式而显现出来。有人或许会说,康德虽然批评了纯粹理性的二律背反学说,但二律背反学说的必然性却也出现在康德自己的理论之中,因为他自己的学说就真正具有这个目的,这就如他自己所说:在理论范围生效的只有因果性,而在实践范围生效的只有自由。康德再次用一个遥远的和模糊不清的假设来解决这个矛盾。由此来看,这些有幸最先得到解决的二律背反——它们似乎只是由于我们理性的错误应用才得以产生的——因此保留了最后这句话：在一般哲学的两个主要领域的建构中，即在理论哲学和实践哲学中，二律背反学说的两个方面都分别显现出来。

这方面情况就讲这些。现在，请允许我转向《纯粹理性批判》中的"方法论"部分。首先谈谈"我们理性应用的终极目的"。康德说："理性由于受到本性喜好(Hang der Natur)的驱使，敢于超出经验应用的范围以外而进入纯粹应用之中，并且凭借单纯的理念而到达一切认识的极限，只有在其范围得到完成的时候，即在一个为其自身而存在的系统整体中，理性才会满足。"[9] 如果人们在这里读到康德的"本性喜好"，如果人们还能正确理解本性概念，即理解康德是如何从 18 世纪，首先是从卢梭那里接受这个概念的，那么，本性在这里就不是单纯心理上的东西——我们现在却被"造就"得如此这般，以至于我们把自己的理性驱使到绝对者那里，而是必须严格地认为，理性由于受到它自己本质的驱使，超越了经验可能性的界限。

女士们，先生们：

这个思想事实上是非常明白易懂、令人信服的。你们回想一下第三个二律背反的论述，那个论述的真正目的就是割断陷入无限之中的进程。假如我们想把这个思想说得明白一点，康德本人在讨论这些问题的关联方面，有时并不小看这样的表述，那么，这种情况就有点像康德在这里对理性说(这当然是十足的小市民寒酸气，甚至是一种小市民的吝啬)，"你就呆在乡下，老老实实养活自己吧!""你不要铺张浪费，不然，你就会欠债，而你在经验中是不可能还清这笔债的，你最终就会因此而破产潦倒的。"但是，这种限制本身在客观上也是不满足的，因为它在某种程度上是用强力(gewaltsam)来与理性相抗争的，这就是说，理性本身并不想让自己停顿下来，也不让一个外在于自己的东西取消自己，理性作为与其理念的相关物就包含了真理的理念，所以，割断理性是与理性自己的要求相矛盾的。理性是指向真理的意识总概念(Inbegriff)，这样，人们或许可以在凸显这个意义上去界定理性。如果有人

67

现在就终止、割裂和取消理性，而且还向理性说，"你的真正理念就是真理，你必须放弃真理"，那么，理性出于理智的原因，或者说，理性由于受到压制，就会在它自己的概念向它本身提出要求的地方受到阻碍，遭到禁止。事实上，这种情况确实就是在二律背反学说中所产生的东西。如果二律背反学说并没有因此而满足，如果康德由此进展到我们现在正在从事的思考，那么从根本上说，这里无非就是这样一个提醒：一个任意的割裂行为，一个在真理的规定中设置阻碍的行为⑩，确实是与理性的概念、与在自身中蕴含着作为绝对者之真理的理念概念不相符合的。女士们，先生们，我因此认为，我们必须非常认真地对待康德反复说过的"本性喜好"或者"矛盾"等措辞，理性就包含在这样的措辞之中。这就是说，康德所要求的割裂理性的进程确实与理性是不相符合的；但另一方面，这也正如康德所明确指出的那样，理性的漫无边界的要求也是与理性不相符合的，并且还会导致矛盾。我相信，如果人们真正思考全部二律背反的另外一方面，那他们就会真正明白，这里所说的全部事情到底涉及什么问题。

康德在这里心平气和地论述了理性的"思辨兴趣"，这方面涉及的是理论兴趣，人们或许可以从专业术语上说，如果理论理性超出可能性的界限，如果人们只是先验地应用理论理性，那么，理论理性在康德这里就始终是思辨的；但是，思辨这个概念在康德这里具有一种轻蔑的、鄙视的性质，而这个概念在他的继承人那里的应用却获得了尊重。你们在这里也可以看见其中的缘由，因为费希特和黑格尔已经看到，康德在这个地方向理性提出的自足要求在本质上确实是与他们所理解的这个概念不相融洽的。康德在这里说，他不想去谈论"在思辨的意图中，也就是在先验的意图中，纯粹理性所要达到的东西是什么"，他取而代之的是向自己发问，上帝、自由和不朽这些最终的规定是否真正具有理论兴趣，或者说，它们是否就不具有这样的理论兴趣。康德下面的这段论述或许可以向你们指出，康德的统一性的实在假设（die Hypostase der Einheit）这个概念所包含的本质东西是什么，这也是我从一开始就试图阐述的东西，这段话是这样说的："我现在暂且不论纯粹理性在其思辨的意图中所要获得的成就,只是对实现其终极目的的任务提出疑问,而不论这个终极目的是否会实现,而且从观察终极目的的角度而言,一切其他东西不过具有手段的价值。"⑪康德接着还在此处说了一句令人震惊的话,此后他就不再为此而操心了,他说:"按照理性的本质,这些最高目的必定会再一次具有统一性,从而统一地促进不附属其他更高利益之下的人类的利益。"⑫你们已经看到,康德在这里把包含在理性之中、因而也包含在主体方面的统一性原则以一种公设绝对物的形态渡让到物自体那里,这就是说,从根本上讲,这里存在着诸如一个统一的和可以追溯到一个统一的、创造意志的世界秩序那样的东西。这里在一定程度上就是康德哲学和基督教神学的结合处,他的《实践理性批判》的结束部分在事实上也是过渡到基督教神学那里的。康德本人是这样说的,思辨的最终意图指向"意志自由、灵魂不朽和上帝存在这三个对象",然后他做了非常值得注意的结论,我很想在这里念一念这个结论,康德是这样说的:"理性的单纯兴趣与这三个对象很少发生关系,而从理性的单纯兴趣方面而言,一个令人疲顿的、与无穷无尽的障碍相斗争的先验考察工作则很难被人们所接受,因为人们不可能把这方面可能获得的任何发现加以具体的(in concreto)应用,即不可能把它们应用于自然研究中,并且对其有益性加以证明。"⑬

这个地方之所以值得注意,是因为它在康德哲学中——就其理论哲学而言——带来了独一无二的实践声音,这是你们最想听到的康德声音,但是,这个声音却与《纯粹理性批判》扉页上的那段培根的名言相一致,而你们则期望,能从这段名言中获得比我刚才所读的那些警句中更多的东西。这里有点自相矛盾,康德本人所进行的理论规定的范围,从根本上讲,是在《纯粹理性批判》中用理论物理学、数学,也就是用数学式的自然科学加以界定的,这个范围是与实践同样重要的;在实践范围有一些比较狭隘的和有局限的东西,人们在这里确实不得不说,这是一些小市民意义上的东西,比如,"我从中得到什么?""我可以用它做什么? 在自然统治的技术中,我如何能够得到进步?"等问题,完全是以一种类似于经验科学和培根在《新工具论》中所讲述的自然统治可能性那样的方式来进行规定的,我现在请你们在这种联系中转向这方面的问题。我应当更清楚地向你们指出这里的悖论,事务主义(Praktizismus)和自然统治这两个表象是相近的,以至于恰恰是理论理性——就其只涉及自然知识而言——在康德那里在一定意义上受到实践尺度的约束,这个意义是指,"我最初可以做什么? 我怎样继续下去? 我从中得到了什么?"我认为,假如人们在面对康德时可以获得澄清这种结论的自由,那也是非常好的事情,因为这样的结论导致一个极其特别的命题,人们可以忽略这个命题,但它确实是很了不起的,康德是这样说的,"我把上帝的存在、不朽的可能和自由应用在经验世界里,很可能会无所适从,但这或许对我是完全无所谓的"。我们首先可以完全不过问这种看法,但是,如果死亡就是最终的东西,如果我们除去在此世拥有这一点点生命以外而别无他物,如果我们完全听任一个盲目的原则,或者是一个非原则的盲目东西的摆布,那么,我们的一切生存就会因此而没有任何意义,而现代哲学和其不严谨的表达方式大量和普遍地使用了这些毫无意义的东西。女士们,先生们,我认为,上帝、自由和不朽这些命题无所适从的事实并不能欺骗我和我们大家,我们的全部生活,我们生活的每一时刻都可以获得一个完全不同的认识角度,这要视具体认识而定,即现在的情况是否就是一切,或者说,它并不就是一切。几乎无法理解的是,像康德这样具有形而上学天赋的思想家居然忽视这个最最基本的因素,而只有反道德、反基督教的尼采却在"一切享受都愿意永恒"⑭的定理中指出了这个因素:在这个世界中,运动的东西是多么迫切地依赖于不朽——这里只是为了表达这个论点,反过来,人们也可以补充说,有关这些理念的学说是多么紧密地与我们在这里所获得的东西结合在一起的。但是,这确实是全部康德论述的关键:这些理念对我们之所以可有可无,是因为我们在把这些理念应用于自然知识和自然统治的意义上无所适从。也就是说,在康德这里,只在一个方面,即"我可以用它做什么"方面,存在着实用主义意义上的畅通无阻的自然知识的范围,而在另一方面,却存在着理性法则在其中绝对有效的范围,即道德范围。但是,这些内容全都如此汹涌地涌现出来,却由于这个步骤又仿佛陷入坟墓里一样，以至于诸如我向你们所说的这些简单而又必定会产生的问题，不再是可以观察到的。

女士们，先生们：

在你们中的一些人那里或许发生过这样的情况，他们在事实上是带着这样的期望来从事哲学的，他们希望能够得到这样一些问题的答案，如"难道这就是一切"，"在此以后还会发生什么情况"等等。我认为，康德曾经认为这些问题在理论上无足轻重而对它们置之不理，因此，你们会对此失望的。我并不认为自己在这方面能给出更多的东西，但我至少在这里可以向你们指出这个导致你们失望的过程：你们当然完全有理由对康德抱有最高的希望，但甚至在康德这样一位思想家那里，也会通过这种把纯粹实践领域与作为纯粹把握自然的纯粹自然科学进行特殊的分工而轻易地转变了这种本质上的兴趣；康德并没有看到这种情况，他甚至特意说：就我们纯粹的理论兴趣而言，上帝与我们根本就没有关系，但对我们的实践行为来说，我们需要上帝，可以这样说，这样的上帝就是作为行动假设（Arbeitshypothese）。但是，就我们的实践行为而言，这里不再涉及认识，而只涉及"我们应当做什么"这个问题。这样，人们在遇到理性的至关重要的兴趣所呈现的这个点的时候，就会因为这门哲学的如此建构而感到失望，并且会因此而觉得索然无味。不过，在你们有理由拒绝这门哲学的时候，你们至少在这里可以认识到，在这门哲学（我是指康德和黑格尔的哲学）中，是什么内在动机、什么过程和什么原因导致了人们的失望。我因此特别关注这个问题，因为它确实有所不同，无论人们在这个问题上只是感到单纯的失望，还是人们自己就对这样的失望进行了反思，并且怀疑地看待这门哲学，不明白这门哲学为什么为了继续存在于理论图景中而在这里用石块代替面包。康德在这里完全是站在自然科学家的角度上，他以决定论的口气说道："意志或许是自由的"，这句话的意思是，即使意志是自由的，"它也仅仅能够涉及我们意愿的理智原因"[15]。在这里，从"我们意愿的理智原因"方面而言，它是与自由的概念不相一致的，我们对此

71

已经详细说过。"因为就意志的外在现象——行动而言,我们必须按照一个不可伤害的基本准则解释这些现象,没有这个基本准则,我们就不可能在经验中应用理性,这就像按照不可变更的自然法则去解释一切自然现象一样。"⑯

女士们,先生们,我现在想对这点做些补充。我觉得,在康德向我们所展现的思考结构中省略了一个过程的因素。康德是这样做的,"好吧,只要我在某一个地方——无论是在理智本性的一个原始的自由行动那里,还是在原始的自由设定上帝的地方——补充自由的因素,对全部经验范围来说,因果性原则就是完好无损的"。有人或许会在这里首先提出这个问题:如果因果性原则确实要求普遍性,而康德也认为普遍性属于因果性原则,那么,我们被迫推翻的这个整体所带来的最小的遗漏、最小的特殊情况是否就不存在了?但是,哪怕只有一丁点自由,哪怕是一星半点,它都真正地意味着,在全部因果链的历史中存在一个空隙,我因此就不能把普遍性给予因果链。人们根本没有看到,为什么在与自由开始的同时还有无数其他因素。不过,这个问题首先是一个认识问题,或者如歌德所说,这是一个思辨的问题,这样,这个问题就从桌子上被扫了下来,因为歌德这样说,"因果性在现象王国里发生效用,即使在某一个地方,如像在各个民族互相争斗的土耳其,自由的元素应当发生在绝对之中"⑰。现代自然科学似乎应当在康德所说的地方为这个特殊的进程打个收据,因为自然科学在事实上已经向康德表明,恰恰是在不断进步的自然知识的领域,确切地讲,在康德猜测因果性全然生效的地方,普遍的因果性概念以通常的方式是绝对没有效用的。

关于康德所断言的思辨兴趣的同等有效性(die Gleichgültigkeit)*,我已经向你们说过,而且我对此还说过,对我们来说,像我们的行动这样一些事情,它们的同等有效性不如康德所断言的那些理念那样重要,

---

* "Gleichgültigkeit"这个词在德语中有两个意思,一是无关紧要性,二是同等有效性,阿多诺在这里用这个词,似乎取它的双关含义。——译者

那些理念只对我们的行动具有重要性。比如,在一定情况下,理念可以得出我们根本不需要行动的结论,因此,行动的概念根本不可能使我们感兴趣,这个结论就像各门各派的僧侣都倾向清静无为一样,也像叔本华哲学那样。这就是说,这是根本不可能把握的事物。虽然康德在《纯粹理性批判》中的"纯粹理性的谬误推理"一章中对这里的可能性持十分怀疑的态度,但他仍然接着说道:"第二,虽然人们可以洞察灵魂的精神本质,但既不能把对此生现象的观察当作一种解释的根据,也不能用它来说明未来状况的特殊性质。"⑱康德就是以这种方式说下去的,但却没有获得任何一种确定的结论,其原因就在于,只要灵魂是我们的认识对象,它就会陷进空间和时间的世界之中,因为灵魂本身就是存在于空间和时间中的一个东西,这样,灵魂就不可能被表象为一个绝对物。现在,人们当然也可以说,对不朽可能性的理论陈述来说,这是下面两种情况的一个显著区别:我们是否认识到,关于灵魂的表象是一种单纯的实在假设的方式,即我们只是绝对地设定现象的概念统一性;我们是否认识到,这样一种统一性从其自身而言,是多种多样的灵魂状况的必然条件。换句话说,这种所谓形而上学的疑问完全取决于在理论上对什么叫做灵魂的问题所作的规定,在这里居于支配地位的决不是康德所假设的那种理念与理论之间的同等有效性。

最后,康德以一种趋向于上帝的口气、然而又带有一些拐弯抹角的表达成分说道,人们虽然可以从"最高理智"这样的理念去"理解一般的世界构造和秩序的合目的性,但却决不可能从中推导出一种特殊的机构和秩序,或者在并不知觉这种特殊的机构和秩序的地方把它们大胆地推演出来"⑲。第三个设定是一个十分合法的批判,但在这里却未能得到重视,因为它真正地反对一种非常有限的理性主义的形式。康德主要是在沃尔夫哲学中,也就是在莱布尼茨的理性主义中的学院式的、体系的工作中发现了这种形式。在沃尔夫和莱布尼茨那里,相对于人而言,自然的所有可能的设置都是从中心单子(Zentral monade)的假定中,完全直接、简单和有限地推演出来,这种情况在事实上恰如沃尔夫所说的那样,这句话就是,"夜晚月光闪烁,人们因此在夜里不感到那么

73

黑暗"⑳。如果这样的东西被拒绝,那么,不言而喻的是,这种态度具有一种很大的自明性和可信性。但是,只是讨论关于上帝的存在是否对理论理性无关紧要的问题,显然就是不够的。

你们必须再一次从最后期限(Terminus ad quem)方面来理解这里所发生的事情,因为康德的这些全部特殊的、忽略真正深渊的表述只能由此得到解释,即他想越过各种各样的阻碍去表达这个意思:对我们的知识而言,也就是在理论方面,上帝存在、自由和不朽这三个基本定理并不是必需的,换句话说,这三个定理在理论上根本不需要引起我们的兴趣,但它们却又是我们的理性同时迫切地推荐给我们的,康德因此说,"确切地讲,它们的重要性必定只涉及实践"㉑。这样,你们现在就处在康德哲学的关键之处——康德相信,他不能从理论上挽救这些所谓的形而上学的理念,而这样的理念在理论上也不具有建构意义,但由于它们是实践理性的公设,所以康德才引入它们的。这就是说,按照康德的学说,道德法则是始终给予自我的,它是一个事实;自我获得的经验就是,自我应当去道德地行动。但是,为了使这个经验不趋向于无稽之谈,在这个经验本身之中就包含这层含义:自我为了那些形而上学的实体的存在而去设定,自我在根本上不是为了上帝的存在而自由地行动,而是上帝的存在仅仅是为了自我能够自由地行动㉒——这是康德哲学一个大的悖论。这种关系在这里完全颠倒了,而实践却因此获得绝对的优先性。这是对我在这里向你们阐述的这个命题的证明,这个命题就是:在康德哲学中,实践优先于理论。

我将在下一次继续讲述这个问题。谢谢诸位的用心听讲,祝你们大家假期愉快!

注释

① "欧洲对话"于 1963 年 6 月 11—15 日在维也纳举行,会议的主题是"欧洲的大城市——光明与磷火",阿多诺在 6 月 11 日参加了特邀嘉宾论坛,并在 12 日的会议上作了"业余艺术——有组织的庸俗艺术?"的报告,参见《维也纳文汇》第 20 期,第 39—71 页和 88—99 页,维也纳,1964 年。
② 原定的 6 月 6 日和 6 月 8 日的讲课由于基督圣体节而停止。

③ 针对合乎知性的自然因果性占据优势的情况,阿多诺认为康德对数学的合题与力学的合题所进行的区分(参见《康德文集》第四卷,第 486 页及后页,B557/A529)太软弱,因为按照这样的区分,"动力学系列中的那些彻底受条件制约的有条件者,由于它们本身与作为现象的那些动力学系列密不可分,却和那在经验上确是无条件的、但又是非感性的条件联结着,所以一方面满足了知性,另一方面也满足了理性……理性的命题在这样修正了的意义下却对双方都能是真的;……"(《康德文集》第四卷,B559/A531)。

④ 康德说:"实践自由可以通过经验得到证明。"(《康德文集》第四卷,第 675 页,B830/A802)他后来在《实践理性批判》和《判断力批判》中也说过类似的话,他说:"但是,非常引人注意的是,在事实中发生了这样一种理性理念(它自身并不能在直观中表达这种可能性,因而也不能在理论上证明它);这是自由的理念,其实在性是一种特殊方式的因果性……它可以通过纯粹理性的实践法则得到阐明,与此相应的,就是它可以在现实行动中、在经验中得到阐明。"(《康德文集》第七卷,第 108 页和《康德文集》第十卷,第 599 页)

⑤ 阿多诺在这里重复了《启蒙的辩证法》第二版按语中的基本思想,参见《阿多诺全集》第三卷,第 16 页。

⑥ 参见 1963 年 5 月 16 日的第四讲及第 25 条注释。

⑦ 阿多诺是指荷尔德林关于"在自身杂多中的同一"的表象,参见《荷尔德林全集》(斯图加特版)第三卷,第 81 页,1957 年。

⑧ 《康德文集》第四卷,第 671 页,B825/A797。引用的思辨概念在《康德文集》第四卷,第 558 页,B663/A634。

⑨ 《康德文集》第四卷,第 671 页,B825/A797。

⑩ 参见阿多诺在"对形而上学的第七个沉思——拯救的欲求与阻碍"中关于"康德式的阻碍"的论述,《阿多诺全集》第六卷,第 377—382 页。

⑪ 《康德文集》第四卷,第 672 页,B825/A797。

⑫ 同上。

⑬ 同上书,B826/A798。

⑭ 这是尼采《查拉图斯特拉如是说》中的一句诗,《尼采全集》第四卷,第 286 页。阿多诺在《否定的辩证法》中论述现代哲学的世俗倾向时也引用了这句诗,见《阿多诺全集》第六卷,第 364 页。

⑮ 《康德文集》第四卷,第 672 页,B826/A798。

⑯ 同上。

⑰ 参见歌德的《浮士德》第一部,第一幕,第 860—864 页:
> 我知道,我在星期天和星期五并不会好一些,
> 即使战争的讨论和战争的叫嚣已经远去,
> 甚至已经甩到土耳其,
> 各个部落仍然会互相争斗。

⑱ 《康德文集》第四卷,第 672 页,B826/A798。阿多诺并没有将这句话全部引

用完,因此与这句话的原意稍微有些不同。

⑲ 参见《康德文集》第四卷,第 673 页,B827/A799。

⑳ 原文无法考证,可能出自沃尔夫的《求实》(Der Sache nach)一文,载《沃尔夫全集》第一集,第七卷《理性的思想》("德意志的目的论"),第 50、106 和 161 页,西尔德斯海姆,1980 年。

㉑《康德文集》第四卷,第 673 页,B827/A799。

㉒ 参见《康德文集》第四卷,第 694 页,B857/A829,"对上帝和来世的信念是与我的道德意向交织在一起的,我既没有丧失前者的危险,也没有被剥夺后者的担心"。

第七讲

（1963 年 6 月 18 日）

同学们：

我希望，这学期不再会有任何中断讲课的事情，让我们的讲课可以很集中地进行到底。从我这方面而言，无论如何不应该有问题。圣灵降临节刚刚过去，而我在这段时间因为参加一个很久以前就定下来的会议①而不得不非常遗憾地耽误了一次讲课。我认为，如果想把这一讲与上一讲联系起来，同时又不是枯燥无味的重复，最好的办法就是再一次，或者说在原则上，阐明康德哲学的建构，并且是在这个意义上的阐明，即我在这里解释这个建构的同时，还去涉及我们已经开始讲解的、但并没有解释的"方法论"的内容。这就是说，创造一个解决问题的简便办法（Kolumbus-Ei），从另外一个角度再次讲述我们已经开始的工作，并且从这里深入讨论下去。我首先想提醒你们回忆那三个基本定理，康德把它们称作伦理学的基本定理，它们是意志自由、灵魂不朽和上帝存在。按照康德的看法，这三个定理的至关重要的意义不在理论哲学之中，换言之，它们的意义不在于对存在的认识，而是存在于实践哲学之中。这就是说，在康德哲学看来，这三个定理肯定和必然地与"我们应当做什么"这个问题联系在一起，并且一般只可能在我们应当做什么的范围中得到论证和理解。我在上一讲中比较详细地向你们说明了，在我看来，这个问题脱离了理论洞察就是非常专横的，也就是说，康德所说的不存在对这几个定理的理论兴趣的理由或许并不是十分强制的，因为如果某些东西对一个人的自身存在是十分重要的，却又完全不在于他做什么，那么，这里肯定就是这个问题：是否一切东西都会伴随着死亡而结束。我现在并不想再一次重复这个非常复杂的论述，只是请你们再回想一下我在上一讲或前几讲里对这种区分的批评。你们在这方面会想到，康德曾说过，对这几个定理的理论兴趣是微乎其微的。我现在试图对康德的这个判断作一个比上一讲中更忠实一些的诠释。人们或许可以对这句话——对这几个定理的理论兴趣或思辨兴趣是微乎其微的——作这样的诠释：在这几个定理与科学经验和科学经验的基础之间并不存在着关联。兴趣在这里只关系到这些事情：这些定理应当脱离理论认识的关联；这些事物的境况如何，在事实上对我们应当是无所谓的。康德的这种表述将把人们引向这个方向，我们可以把它与康德哲学的要旨——实践优先的关联——结合在一起，而那种不会产生任何结论的认识对这个要旨来说则是空洞无物的。但是，就像我在上一讲中非常尖锐地指出的那样，康德或许并不会这样严厉地谈论这个问题，而只是在这方面简单地说，理论理性，即自然知识，对这几个定理没有什么兴趣，因为它没有探究这些定理的希望。在我们已经说过的这种康德学说的结构中，以某种方式隐藏着这样的内容：人们不应当为空洞无物的问题而操心，也就是说，人们确实不应当把自己的兴趣转向那些从一开始在其被置放的领域里就无法解决的问题。我认为，这种思想过程从根本上说是非常成问题的。这种思想过程在近代哲学的发展过程中已经被推进到这种程度，以至于人们总是对合乎人的尊严的问题进行深入的探讨，但却离开了哲学。当哲学的科学化——如果你们愿意这样说的话——以这种方式不断前进的时候，哲学却因此而不断地失去了它自己的"兴趣"（这里接受了康德的表达），这就是说，哲学总是拒绝在这个方向上对事物说出和判断出某些东西，而人们则期待着，哲学可以对此说出一些东西。现在，这三个至关重要的基本定理所采取的抗拒不仅关乎到经验，而且还涉及它们自己组织的建构形式；换句话说，按照康德的看法，不仅我们的经验不能为我们回答这些问题,而且在我们的范畴机构中,它们也决不会作为经验可能性的条件而出现。

这种情况再一次引起一些困难:即使是实践哲学,当它关系到我们实际行动的时候,就总是与经验质料有关,因而就不能绝对地与经验相分离。你们大家在这里首先耳熟能详的是这样的职责,"假如有某个东西与经验有关,那它肯定就是与我们自己行动相关的东西";你们大家也很清楚,人们在实际行为的范围中也谈论经验,当然,这是就下面这个意义而言的,比如,人们对善与恶进行区分等。这就是说,如果有人像所说的那样是没有经验的,那么,这样的人就可以做一切可能的、被想象为正当的事情,尽管这至少是虚构有益的(fable convenue)事情;如果有人是有经验的,并且预估到所有相关的事情,那么,他就应当能够行动,这当然是更正确的,因为这显然是在更高的意义上而言的。我暂且不谈在这种一般智慧里是否包含着某些东西,我只是提醒你们注意,你们已经看到,在这里就同在许多其他地方一样,康德的道德哲学的论证向我们提出了如此一致的要求。但是,康德可能是反对这种论证的。尽管这样,人们还是可以思考这样一些东西,比如,像康德所做的对认识的形式与内容进行区分的事情,因为在实际行为中也有形式和内容的区分。这就是说,我自己一般不可能设想这样一种行动,在它变为行动的时候,它不以任何方式涉及经验的存在物,不论这个经验存在物是人还是物。我以为,最高贵、最崇高的行动只有在这种情况下才是可能的,即:如果这样的行动或许是人所能实现的一个牺牲,那么,这个行动也是以这个特定的、经验的人的牺牲为前提的;而最卑劣的行动同样包含着经验的东西。这就意味着,如果某一个人想进行谋杀,他首先需要一个他能够谋杀的对象;其次,他还需要一个锤子或者某个他可以用来谋杀的东西。这样来看,形式与内容的这种绝对分离在实践范围就如同在理论范围一样,似乎并不可能贯彻得很深。按照康德的看法,即使在理论范围,认识的形式只有在关系到内容,关系到经验质料,关系到活生生的感觉的时候,它才是有效的。在行动中也存在着形式和内容之分,我这样说不像刚刚说得那么通俗、那么随便、那么不严谨。人们

79

可以在非常严谨的意义上来谈论道德行动的形式和内容,而这里存在的普遍的规律性与特殊的行动的区分则没有这么严谨,前者是我们依照它而行动的普遍的规范,但它们常常成为问题;后者则由于其必然是个人意识化的产物,所以,它就在自身中包含了某些具体的经验质料。如果这样的思考在这里是恰当的,那康德在这里所做的思辨,或者他所进行的理论兴趣与实践兴趣之间的区分,就决不是偏激的。这种做法在这种关联中或许是件好事,这就是我在此提醒你们注意的,康德在这里只有不顾一切地、简单地否认理论对那些基本定理的兴趣,他才可能作出这种极端的区分。如果人们首先预估到这种争论不休的情况,也就是说,只有人们首先搞清楚,什么是某一方面的难题所在,什么是有待验证的论题,什么是康德在这里所突出的东西,什么是他在这里想要证明的东西,那样,人们的做法才能始终是正确的。我相信,你们根据我在此向你们所做的简短提示,大概已经弄懂了这两方面的东西。

你们已经明白,这里的关键在于弄清楚,康德哲学的全部境况是如何实现自我帮助的,而这种自助的建构就是实践(你们在这里应当始终考虑到,当康德谈论实践理性批判的时候,他是在特别强调实践这个极其重要和承受重任的概念),实践理性在他那里的含义就等于实践的纯粹理性,也就是等于对正确与错误、善与恶作出判断的先验能力,而不是如同我们在谈论实践理性时通常所认为的那样,这是关于一个注重实际的人的理性,或者是一个不注重实际的人的理性。在康德那里,实践和实践的这个词承受着非常重要的任务,从这种意义上讲,他从一开始就要求、规定,在一定程度上也是约定,这种方式的实践不应当与经验有任何关系。排除经验——我们业已讨论过这一点,而且我还向你们指出了这方面的困难——在康德的哲学建构中是以下面这种方式进行的(假如康德还能在世的话,我相信,他不会小看这种讨论和回答问题的方式的):他很可能会这样说,"你们在这里称为实践的东西,决不是我在实践这个名称下所认定的东西。请你们让我特别简单明白地说下去!我所说的实践是一个着重强调的概念,可以对它进行这样的界定,它应当完全脱离于经验"。为了让你们弄懂我们在这学期主要从事的工作，我认为，很重要的一点就是向你们简略地解释一下，低估经验——如果你们愿意这样说的话——究竟说明了什么，这种情况首先是在康德的理论理性的范围里从一定程度上得到了证实；换句话说，就是要让你们知道，低估经验在康德哲学的建构中究竟有什么意义。关于质料、感觉，也就是关于一切以某种方式从外在被自我获悉的东西，一切不是我本人用我自己的理性予以特别关注意义上的东西，首先是康德，然后是他的直接继承者费希特用更尖锐、更激进的表达说，它们在根本上不过是一种推动（Anstoss）。行动本身应当纯粹地产生于自我的表象中，行动应当独立于任何一种曾经与之相联系的质料；只有当行动是独立的时候，只有当行动是自我的无牵无挂的、独特行动的时候，并且自我本身不再把那些不与行动相关的东西当作思维的、理性的存在物的时候，自我才能把行动表象为一种实践行动。从社会方面来说，这里的意义恰如一个最高的形而上学的原则，它产生于市民阶级的个性解放的理念，我在这里举出自律这个关键词，这样做或许有助于你们把这个最初听起来深奥难懂的思考加以一定程度上的具体化。这就像是以哲学的方式对 18 世纪末期开展的资产阶级摆脱束缚的斗争进行反思一样，似乎自由——由人确立的自由——在事实上就是绝对的最高原则，哲学的界限在这个原则中得到了确立。这样来看，如果你们搞清楚了，在康德那里自由与理性其实就是一回事，那你们就能完全理解康德和康德的实践哲学。同样道理，我们今天在这种关联中或许还会谈到无上命令（das kategorische Imperativ）的全部建构，人们也只有在这种情况下才能理解，那个特别引人注意的、隐含在无上命令之中的自由与合法性的结合就是这样推演出来的：自由的原则理应就是理性，就是纯粹的理性，这样的理性不可能在任何外在于它的、陌生的和自身并非是理性的东西那里发现自己的界限。康德思想的核心在这里就在于，并不是作为纯粹理性存在物的自我所认识到的一切东西，并不是自我从自己的理性中所获得的一切合法性，把自我约束在那种并非是这里所着重强调的自我的东西那里，也就是说，那种自我使自己依赖于他者的他律的东西，实际上都是对自由原则的阻碍。在康德这里，纯粹是因为自由的缘故，才发生了所谓康德的道德严肃论，即康德以那种异乎寻常的、几乎是非人性的冷峻和严厉，从他的道德哲学中排除了幸福和在哲学工作中曾经被他当作实践的一种本质的东西。你们已经知道康德学说的这种非常值得注意的和悖论似的建构，在某种意义上讲，道德哲学的这两种互相矛盾的因素——自由的理念和人们不得不说的压制的理念，主要是对自然冲动的压制，即对嗜好、同情的压制，它们也都是仅仅因为自由的缘故而产生的；欲望和兴趣的全部领域也都受到压制，并且受到康德在理论上非常冷酷和严厉的压制，而这里的原因仅仅在于，自我应当使自己不依赖于那些与自我的自由原则、与自我自己的理性原则不相融洽的东西。我在这里顺便（en passant）提醒你们注意，在这种建构中确实隐含了这个前提：我们生活在这样一个世界中，在这个世界里，满足自我的自然冲动，或者也可以如同有人说的那样，渴求幸福、爱好及一切相关的东西都是与作为一个普遍原则的理性不相融洽的。那么，理性的绝对实现是否就意味着不满足所有在它那里受到压制的东西？这个问题在康德那里并没有被这样恰当地提出来。在他那里，这个问题是以最间接、最晦涩难懂的方式出现的，这就是关于不朽的构想②，这是三个基本定理中的一个，因为康德后来确实承认，假如没有像理性的统一性和受到理性压制的欲望那样的东西（哪怕它们只存在于先验之中），假如二元论没有消失在一个绝对意义中——这种二元论在康德那里就是对我们所生活的这个世界中的对抗的和二元的结构的反映，那么，这个世界就会是地狱。③也就是说，如果我们作为行动着的人使自己依赖于质料，如果行动不纯粹地依赖于自我的自己表象，并且是关于普遍法则的表象，那么，这样的行动就根本不再是实践的，不再是自由的。康德通过这样的建构，就把一般的道德范围设定为自由的范围，因为正像你们多次听到的那样，道德范围通常是属于单纯自然的，按照康德的看法，在自然中发生效用的只有因果性，而在因果性中是不存在自由的，所以，自由只属于理论理性，而不属于纯粹的实践理性。关于这点就先讲这些。

女士们,先生们:

通过这样的讨论,你们可能会更好地理解我们在此讨论的"纯粹理性的法规"这一章中关于"我们理性的纯粹使用的终极目的"中的一句话,因为如果你们不去思考我现在与你们所讨论的这一切,这句话对你们就显得很突兀,我自己以为,在我们进行了这番探讨以后,这句话对你们或许就是完全明白的。这句话是这样说的:"实践的就是指一切通过自由而可能的事情。"④如果你们大家思考了我刚才向你们所说的一切,那么,这句话作为康德哲学的一个基本定理,对你们大家来说就是可以理解的。当然,这里还有一些逻辑上的难题,因为对康德来说,理论理性的质料就其是单纯的质料而言,在实际上应当是完全没有受到规定的东西,它们将肯定受到作为一个思维存在物的自我的规定,即受到范畴机制的规定。人们只有从我在这里反复讨论的这种紧张对立中才能解释这个矛盾,这是指康德尽可能超出自然范围的启蒙意图与在他那里不断产生的阻止启蒙因素的意图之间的紧张对立,在后者这里剩下的无非就是盲目的自然和盲目的自然统治而已。

康德的道德哲学现在面临的全部问题,就是从实践哲学方面对我在上一讲结束时对你们所说的三个基本定理或原则加以证明。我请你们在这方面注意的是,这是对肇始于笛卡尔这一位伟大先驱所开创的历史趋向的继续,就是说,这个绝对物,即上帝的存在,并不是从一开始就被推到第一哲学这里,而是从第一哲学那里推演出来的,上帝理应得到证明。这里还得出了极其值得注意的,而且对一个无拘无束的思想来说是非常矛盾的结论:在理念秩序意义上曾经是最原初的东西(πρῶτου),现在则被变为一个被推演出来的东西,一个次级的东西。⑤如果你们确实能够对隐含在康德的理性概念背后的东西,即实实在在行动着的人的自由——我在此之前已经指出了它——加以反思的话,那么,有人就可以说,上帝的存在在全部哲学中被变为依赖于人的原则,即依赖于人的真正理性的原则。自从哲学忙于去证明其最高的形而上学的原则,也就是使这些原则可以与理性进行比较,这就像古典的托马斯主义中关于"存在的类比"(analogia entis)学说所做的那样,从这个时候起,在哲学的倾向方面实际上已经隐含了这样的东西：哲学使自己的第一和绝对者依赖于对第一和绝对者来说是第二位的东西，这是因为这样的理性从其自身方面而言是绝对不可能被思考的，除非人们把它表象为，这是一个受到有限的人的抽象的并且曾经在人身上得到表现的东西。你们可以在这个观点下去理解康德为自己设定的纲领，即："如果这三个基本定理对我们的求知是根本不必要的，而它们仍然可以通过我们自己的理性而迫切地向我们展现自己，那么，它们的重要性大约只可能与实践相关。"⑥如果"它们的重要性大约只可能与实践相关"这句引人注意的话也像我在这里表达得这样直截了当，那么，这句话说的无非就是，因为这三个基本定理对实践理性是重要的，所以，它们应当产生于实践理性自身；或者如同在这一章中另外一个地方所说的那样，它们应当"能够从实践理性中得到证明"⑦。这种情况让我们感到，我们被这些事情纠缠不清，我们因此会觉得哲学很难，康德现在同样陷入了这种非常难受的困境之中。你们回想一下，他不可能从纯粹的思维中推翻这三个基本定理或原则，他也不允许推演它们。你们在这时必须想一想康德体系的建构，这个体系的否定部分在本质上是对莱布尼茨和沃尔夫哲学进行批判，后者自告奋勇地从纯粹的思维中，也就是从理性的纯粹原则中最终推演出上帝、自由和不朽这样的实体存在。现在，康德在《纯粹理性批判》的所有否定部分中都非常详细地、不厌其烦地去证实，人们在这方面不可能遇到矛盾。我曾经根据《纯粹理性批判》中的第三个二律背反向你们详细地讲过，这方面存在着与自由理念相关的重大矛盾。但在另一方面，可以一言以蔽之的是，这些原则不允许取自经验，因为这里涉及的是绝对原则，如果这些绝对的、普遍有效的原则可以从经验中推演出来，这就无异于在说，这些原则是持续不断地、必然地表象出来的，它们依赖于偶然的、其本身就受到限制的经验，在全部哲学传统的意义上，当然也是在康德哲学的意义上，这都是一种完全悖理的要求，康德无论如何是决不会屈从于这种要求的。为了清楚地理解康德伦理学的这种窘迫的建构，也就是说，这个建构在其出发点上就暴露出其困难，你们必须试图去理解，康德是如何摆脱这种困境的。

我首先要说，在康德那里，伦理学原则就是道德法则，即那个无上命令，而康德则是如此获得这个道德法则的，他既不是从理性中推演它，因为如果这样，他的行为就会又一次像唯理性主义者那样；他也不是从经验中得到它，对此，他是这样来评说道德法则的，"道德法则是一个事实，道德法则是一个给定的东西"⑧。这个转向是至关重要的转折。我已经向你们说过，在康德思想中有很多这样的转折点，但是，这个转折是最重要的，它是康德道德哲学的全部建构中的决定性的纲领。你们只有首先搞清楚，为什么这个纲领必须被看作是给定的，凭借什么根据把这个纲领视为是在事实上给定的东西，然后你们才能读懂《道德形而上学的基础》和《实践理性批判》。如果道德法则本身就是给出的，这就是说，如果它完全是此在的东西（dasein），完全可以免去追问其渊源和缘由，它就是一个最终的东西，一切认识都可以回溯到它那里，那么，为了使其生效，就需要那三个原则或三个实体：上帝、自由和不朽——这就是康德道德哲学的建构。正是在这个关键的地方，我曾经提醒你们回想笛卡尔的思想，上帝就是在这个地方，从本质上讲，是从理性的逻辑一致性的理念中得到证明的，因为假如我们受到欺骗，它必定就会与理性的逻辑一致性不相容，因此，这里需要的就是上帝。这只是笛卡尔非常复杂地建构上帝的原理的一个方面，笛卡尔在这儿当然还有接受传统，即接受本体论的上帝证明的东西。⑨然而，无论怎么说，康德是在这个关键地方再一次与理性主义的哲学传统直接结合在一起的。如果道德法则确实是给出的，如果确实存在着一种明确的和绝对的"如此行动的强制，以至于自我行动的原则或最高准则也应当同时变成一个普遍立法的准则"⑩，那你们就会看到，这里在事实上就包含着这层含义：一俟人们相信康德的这个传统，那么，这些事情在自身中就具有一种很强的说服力。因此，关于自由的推理也就具有强有力的说服方式，因为如果自我在这里没有可能在事实上根据一次性给出的、完全此在的道德法则的要求去采取行动，那么，那种按照不可抗拒的无上命令去行动的诫命就可能是完全没有意义的。假如出现这种情况，即自我没有可能去遵守道德法则，那么，道德法则的存在在事实上就是一种着魔的、盲目的偶然性。

是否在这个法则,或者说,在善的和正确的行动的理念与遵守这个法则之间并不可能有一个真正的矛盾,换句话说,这样的可能性或许不可能是给定的——这个问题对今天的我们来说是非常严肃和显而易见的,但是,在康德哲学里根本就没有出现这样的问题。不过,假如人们愿意把卡夫卡看作是一位哲学的诗人,那么,就会产生这样的看法,他的诗歌中的一个主要对象就是从这里进入所谓存在哲学之中的。然而,虽然存在着善的理念、行善和履行这个法则的职责,但对人们来说,同时也还存在着拒绝履行这个法则的可能性,不过,这里并未出现这种荒谬的可能性。由于人们深深陷入社会关联的总体之中的原因,康德坚持这样的看法,"道德法则是此在的,为了能够履行这个法则,我必须是自由的",这里蕴含着一种不可描述的、然而对现在的我们来说几乎是幼稚的乐观主义,这是年轻的市民阶层的乐观主义,在早年贝多芬的音乐里也可以发现这种乐观主义,它在贝多芬那里甚至成为这样一种表述,"是的,一切都是可能的,如果善良是应当存在的,那么,在现实中去实现善就必定是可能的"⑪。你们在这里遇到了曾经在康德哲学中存在过的伟大的、引人入胜的、甚至可以说是激动人心的东西,但与此同时也遇到了这种幼稚的因素,这种今天的哲学所认为的限制因素。你们在这里还可以看到,这种最严谨的哲学,这种让自己从事于最困难问题的哲学,现在仍然与历史发生可怕的冲突,而这样的冲突与那种使原则具有相对性的做法没有任何关系;相反,在这些原则之间——正如在自由原则与合法性原则之间一样——矛盾反而得到加剧和再生,康德因此相信,他通过把自由和必然性结合在理性概念自身之中的方法,可以一劳永逸地把这些矛盾从世界中清理出去。也就是说,康德从一开始(above)就彻底排除了那种要求在实现一种正确生活的同时,却把我们引入了不可解决的矛盾之中的可能性。

现在,道德法则的这种给定性是一个值得注意的事情。只要你们稍微有些哲学和认识论的知识,你们大家都会提出这样的意见,"你向我们讲了这么多,倒不如说,你是这样来解释康德的:实践就等同于自由的举动,也就是说,这种举动独立于一切真正的经验"。请你们相信我,我在这里是忠实地解释康德的。你们或许对此仍然不满,还会说:"见鬼去吧!难道给定性的概念就不是真正的经验概念?难道全部经验主义、全部经验主义哲学不是成天在喋喋不休地说,它的出发点就是给定的事实,就是它愿意遵守的直接感性经验的材料?而与此相对立的则是非给定的东西,它是由主体制造的,首先是生产出来的东西,这样的东西岂不是一种配料?"你们大家都会产生这样的指责,并且还会说:"这个康德,他用一种可怕的烦琐把全部经验抛了出去,然后他又说,与经验对立的是一种绝对先验的道德法则,它也是一种单纯的给定物。康德就用这种方式把经验从后门中带了进来。"如果你们因此而恼怒,你们或许还会说,"这就是这些了不起的哲学家们,他们用来款待我们的就是这些故事,然后尽可能绕开这些故事去欺骗我们"。

女士们,先生们,上面所说的都是有可能出现的各种各样的说法。迄今为止,还缺少对康德的给定概念予以真正的研究。我认为,我的同事施图姆费尔斯(W.Sturmfels)曾经做过这件事。⑫假如我是真正了解情况的话,我认为,这个工作还没有完成。我想在这里说的是,如果真正的康德解释比简单的哲学具有更多东西的话,那么,探究给定性这个概念就具有极其重要的意义。叔本华曾经指出过,这种给定物不只是感性的材料,而是在给定物中始终隐含着神性,而这种神性理应是给自我的东西。⑬由此来看,给定性的概念本身就不只是具有一种经验的**根源**,而是从它那个方面来讲,有另外一个来源。现在,我将用下面这句话来结束今天的讲课,我也请你们对此予以关注:这里所说的给定性概念当然不是感性的给定性概念,这里讨论的完全是另外一个序列意义上的给定性。为了避免不必要的争论,我在下周四首先向你们详细地讲述这个给定性概念。

谢谢你们!

注释

① 参见 5 月 30 日的讲课和第 95 条注释。

② 参见《康德文集》第四卷，第 681 页，B839/A811，原文是："德性自身构成一个体系，而幸福却不是这样，除非幸福正确地按照德性被分配。但是，这种情况只有在从属于一个智慧的创造者和统治者的理智世界中才是可能的。理性发现自己被迫假定这个创造者和统治者，以及这样一个必定被我们视为来世的世界中的生活，或者是理性把道德法则看作空洞的幻觉，因为没有这种预先假定，道德法则的必然后果——同一个理性把后果与道德法则是联系在一起的——就必定会被取消。"

③ 参见阿多诺在 7 月 18 日的讲课和第十五讲第 5 条注释。

④《康德文集》第四卷，第 673 页，B828/A800。

⑤ 参见第五讲第 10 条注释。

⑥《康德文集》第四卷，第 673 页，B827/A799。

⑦ 同上书，第 675 页，B830/A802。

⑧ 关于道德法则的给定性，参见《道德形而上学的基础》第二节（《康德文集》第七卷，第 33 页及后页）。

⑨ 参见笛卡尔《关于哲学基础的沉思》中的"第四沉思——论真与假"和"第五沉思——论物质的本质和再论上帝的存在"，第 48—64 页，汉堡，1976 年。

⑩ 参见康德在《道德形而上学的基础》和《实践理性批判》中关于无上命令的论述（《康德文集》第七卷，第 51 页和第 140 页）。

⑪ 阿多诺在《否定的辩证法》中也表达过类似的观点，他说："在年轻的贝多芬那里，去表达一切都可能变为善的可能性是不可抗拒的。"（《阿多诺全集》第六卷，第 301 页）

⑫ 施图姆费尔斯（W.Sturmfels，1887—1967）先后在吉森、法兰克福等地任哲学教授，除哲学以外，还从事社会学和成人教育的研究。

⑬ 叔本华《关于道德的基础》第四节"论康德伦理学的命令形式"，第 160—166 页。

第八讲

（1963 年 6 月 20 日）

女士们，先生们：

你们大家或许还记得，我们在上一讲中已经开始讨论康德的给定性概念及其多义性，而且着重讨论了由此产生的这个问题：道德法则在康德那里是以一种最普遍的形式得到表达的，它显示为一种给定性。你们或许还记得，我首先就说明了，在康德的道德哲学那里被称作"给定的"东西，其实不外乎就是理性自身，就此而言，它是对经验的拒斥，尽管自我只有通过经验才能知道理性的此在或给定性。这是在康德哲学中多次出现的最有名的问题，它分裂为可以观察的意识、可以观察的理性和正在观察着的理性：它在后康德哲学中才真正成为一个命题。在康德那里，合乎道德的行动就完全等同于来自纯粹理性的行动。这种被视为在道德法则的给定性的范围以内、最终也被视为在理性范围以内的东西，最好是能够在一个作为漠视先验和经验之领域的体系结构的规定之中得到表达。一方面，理性的这种给定状况、理性自身的这种给定性被看作是一个不再可能被追溯、不再可能被约减（irreduzibel）的东西；另一方面，这也是这样一种尝试，就像在其他的经验中一样，自我通过理应能够直接获得的理性及其规律性去证实这种给定性。如果你们允许我画一幅画，我可以在先验与后验之间画出一个无主地带（Niemandsland）①，这里包含的是康德以后的唯心主义的全部主题，它

89

所试图达到的，就是把先验与后验都设定为同一种东西，而且它还非常坚定地试图达到这一步，即把在康德那里相互分开的理论理性范围和实践理性范围依据其统一的根源——人们后来称之为精神——设定为同一种东西。在康德那里，在此背后的是一个深不可测的问题，即先验性本身证明的问题和由此知道先验性的问题。因为自我只有通过经验，即只有通过对某种形式的觉察才能知道这种一般的先验，所以，这还是一个与这样一个难题结合在一起的问题；而另一方面，作为先验的正当来源的经验又与先验本身相抵牾。人们可以说，在康德哲学内部业已存在许多强制，它们迫使这门哲学趋向于一种辩证的思维，在这样的强制之下，这个问题决非是微不足道的。我的意思是说，一方面先验这个概念排除经验，因为先验的认识是理应独立于一切经验的一种认识；但另一方面，自我应当只能通过某一种经验、某一种觉察才能获得这样的先验。这是一个矛盾，按照通常的传统逻辑的方法，是根本不可能解决这个矛盾的，因此，哲学除了把这个矛盾本身当作命题以外，决不会有其他的道路。如果允许我从这个方面对此加以规定，那就可以说，辩证思维的含义就是：如果这些矛盾的出现充满着强迫，那么，人们就不能满足于否认或消除这些矛盾，而是要把矛盾提升为哲学反思的对象和命题。你们在这里可以看到，这种强制在事实上是多么强大。

在康德这里，合乎道德的行动就等于来自纯粹理性的行动，而纯粹理性的最高规定对康德来说则是先验，是先验综合判断。康德通过必然性和普遍性这两个质、两个标志② 来说明被他称之为先验综合判断的东西，这是我们获得一般先验的真正形态。如果我在这里又回溯到《纯粹理性批判》中的一个基本规定上，那我必须请你们原谅；但你们很快将看到，它与实践理性处于一种充满强迫的关联之中。如果你们把普遍性和必然性这两个原则渡让到实践理性之上，那你们自己也一定会认识到在康德的实践哲学中作为无上命令而引入的东西。在这种观点下，无上命令不外乎就是行动的准则、每一个实践行动的准则而已，它把必然性和普遍性这两个要素结合在一起。这样，无上命令应当是普遍存在的，而先验因此也是普遍存在的，因为先验不允许受到个别的、具体的东西的限制。人们在这方面可以提出,特定的个别性从其方面来讲,是作为一种在空间和时间中个体化的东西,它之所以是一种特定的个别性,这就是说,它是作为质料的东西,是在自身中具有感受的东西;就此而言,它是与纯粹性的原则相矛盾的东西,并且是与给予自我的质料联系在一起的东西,因而也是与作为纯粹意识形式的自我相区分的东西。必然性的概念现在就处在立法的概念之中。这就意味着,理性通常都是与推演之必然性的特性一道出现的,一切规定都应当依据逻辑的定理产生于理性;必然性这个要素在自身中业已具有一种值得注意的——请让我准确地说出这个词——与因果性相关的亲和性,而因果性本来应当在现象的范围中占据支配地位。如果康德把必然性原则渡让到作为按规定进行推演的理性自身那里,那么,人们在一定意义上就可以在理智的范围,即在依赖于经验的范围以内去寻找因果性原则——康德在《纯粹理性批判》里是把它限制在现象之中的。

女士们,先生们:

这样讲或许有助于你们正确地理解康德的这个通常十分难懂的矛盾:他在道德哲学与道德中为自由的范围予以定义的同时,却总是谈论合法性。因此,这样讲或许还有助于你们理解,康德的全部道德哲学原本是与自律的概念联系在一起的,人们还可以用一个后来的概念来说,自律是作为对自由和必然性的淡漠(Indifferenz)。就此而言,道德法则虽然是自由的法则——因为自我作为理性存在物是自己为自己确立这些法则的,而没有在这方面使自己依赖于任何外在的东西;但同时又具有合乎法则的特性,因为人们决不可能理解,合乎理性的行动和按照理性去推演有什么地方是不同于合乎法则的并按照规定去推演和行动的。这首先可以说是对道德法则的给定性的一种诠释,而这种给定性可以被理解为一种第二等级的给定性,即理性的此在——理性的现成存在和对理性的记载都可以被理解为这种给定性,而不可能被理解为经验内容的给定性,这样的理性之此在,在这里包含着必然性和普遍性这两个要素,而在必然性的概念中立刻就隐含着其对立面——自由,康德在此恰恰是对作为自由之工具的理性加以规定的。

但是，正如康德曾经在这里说的那样，尽管存在着自由，尽管道德法则是先前发生的事情，而与之相关联的则是，这个整体在康德本人那里也有另外一个方面；这个概念也在变化。你们很快就会看到，第二个意义是与第一个意义结合在一起的，但第一个意义由于特别轻率，所以就显得很成问题，因而就与很难展开的先验的建构相适应。我曾经想向你们简单地讲解这种建构。这就是说，康德在实践哲学中让给定性依赖于强制，也就是使之依赖于来自道德原则的强迫。如果他在《纯粹理性批判》中最重要的过渡地方——我们目前正在探讨这个地方——总是应用这些定理，比如，像"我们拥有自由的事实或者作为一种给定物的实践哲学的基础"这样的定理——我们也将讨论这些定理，那么，以给定物为根据的就不只是对这种第二等级的给定性的提醒，即它使我们注意到，我们不只是具有像理性这样的东西，而且某些特殊的和包含事实的东西也是以这种给定物为根据的。康德在这方面考虑了由道德原则来实现强迫的这种特性，也就是说，他直接考虑到，我们作为经验存在物——我在这里想用这个说法——首先会经历这种搁置某些行动而又采取其他行动的强制。我想，康德对此会予以否认的，但是，如果你们读这些书，却又很难绕过这些问题。康德在这方面还直接考虑到，我们最初可以在经验、心理方面用良心的事实来称呼自己。如果我们不断地谈论道德法则这个事实，那么，这里一个十分明显的作用就是，它反映了一个现象学的或者描述性的发现：尽管人们的行为可能与一定的道德表象或秩序相矛盾，但他们还是完全按照某一种强制而行动，并且尊重某些东西。我在这里需要提醒你们注意这个让人厌恶（ad nauseam）而有人却又以小市民的惬意反复唠叨的事实：据说，即使在所谓的黑社会，也有某些特定的名誉规定，我们在有些书中也一定会读到，对一个真正的罪犯来说，根据这个规定，也应当排除某些特定的行为方式，因此，每一个道德学家都能由此得到对他自己的道德主义的一种证明。因为即使是完全非道德的人，他也应当有一种道德，就好像这种道德可以对其他人和高尚的人提供一种证明一样。当然，这里只是附带说说而已。

由于人们在这里确实处在经验事物的范围之中,所以,这里需要说的是,康德在经验领域里有理由去援引这种强制,这就像他在《实践理性批判》里经常做的那样③,而这种强制应当是对我们把道德法则承认为像现成的良心那样的东西的最有力的证明。不过,这里是这样一个事实,以至于良心的事实性(康德在这里是作茧自缚)和这种强制的行为方式(这种行为方式多次被良心概念所抵消)的事实性根本就没有论及作为裁决机构(Instanz)的合法性。如果我在这里指责康德是作茧自缚,那么,我这句话的意思无非就是:如果他想把一切经验的东西统统从道德哲学的论证中排除出去——这是他真正的构想,那么,他当然就不能重新援引包含在人自身之中的所谓道德强迫的经验给定性,因为这种强迫本身就是一种经验的事实,这就是说,按照康德的说法,这种强迫是一种单纯的心理学的事实,而不具有他必须给予它的事实性。"必须给予"是因为存在着像道德强制这样的事实,而这个事实本身则是对自我必须尊重的此在着的东西的最有力的证明。与康德的观点相比较,经验科学正是在这个地方取得了重大进步,而作为曾经是个启蒙者的康德则完全可能是否认这种进步的最后一个人。心理分析已经以其严谨的格式塔(Gestalt)方式——我在心理分析方面总是只谈弗洛伊德的严谨的格式塔,而不认同经过像荣格、阿德勒这样一些人的"深刻"所造成的心理分析的淡化和肤浅化——证实,我们所服从的强迫的机制,它们从其自身方面而言是种系发生学的,这就是说,它们是对事实上的权力的收心内视(Verinnerlichung),是对曾经占据支配地位的社会规范的收心内视,而我们是通过家族的本性传承了这些规范,并且一般是通过对父亲形象的认同把这些规范当作自己的东西。除此以外,这种心理分析还指出了某些康德所不中意的东西,即这个裁决机构——心理分析把它称作强迫的特性,而弗洛伊德在后期则把它称作超我(Über-Ich)的东西——就其可以被称为发病机理(pathogene)而言,它就是非理性的。这就是说,这种强制具有一种渡让到物的倾向,这个倾向与理性是决不相容的。也就是说,我所知道的人,如果他们现在已经完成一个特定的礼仪,比如,他们在抚平枕头以后就只能睡觉,或者确切地说,特别是那些迂腐的人、具有暴虐狂特质的人和吝啬的人,如果他们在一个尽可能规规矩矩生活的名称下不间断地实施完全强迫的行动,那人们也只能袖手旁观。④简而言之,如果人们追踪这种强制,那人们就会发现,康德提倡的道德强制与理性自身相融洽的同一性决不是没有问题的,与此恰恰相反的是,它倒是值得提出疑问的。不言而喻,康德也会在这里进行论证,他会说:"我所能够允许的这一切,只是就它们涉及经验而言的,而不是就它们涉及一般道德法则的全然生效的、形式上的形态而言的。"但是,道德法则的这种形式的、抽象的形态从其自身方面来说,却是再一次从事实上的强制中获得的,如果说这种形态在康德的《实践理性批判》中在"义务"名称背后得到一些具体的形态,那么,人们可以由此特别清楚地看出它的来源。如果任何一种与实在的行为方式——它们通过义务的理念而得到表达——相关的关系得到展开,那康德在强制概念之下所阐述的实体的东西也会因此而在事实上得到展开。另一方面,人们也不能否认,被康德绝对地设定为形式原则的强制,有时并非像在他那里那样,是一种无条件的东西,而是一个在其自身方面是有条件的东西,因此,强制并非像在他那里那样,可以给出一种绝对道德物的法则源泉。此外,这样一种观点也肯定不是尼采所作出的微不足道的贡献,这个观点就是尼采针对这种义务概念提出了限制物的东西,尼采以一种不可描述的方式把握了在所谓康德的自律之中的他律的因素⑤,我们决不能把这种洞察归功于纯粹哲学分析中的一种极端主义的表达。

女士们,先生们:

关于这点的讲述到此为止,我现在想与你们一道把我们一直讨论的这段文字讲完。我相信,这段文字对你们来说已经是非常明白易懂的,也就是说,如果我为了特别阐述那几段,我就把它们念出来,然后我可以直接地对它们进行分析。现在,你们首先可以弄懂这句话的含义,"实践的就是一切通过自由而可能的东西"⑥,因为自由无非是意味着一种举动,它不依据任何东西,而仅仅依据纯粹的自由,而行动在强调的意义上才会因此而具有本质特性;与此同时,在主体的、纯粹受到主体性规定的完整意义上的一类行动,在这个时刻——当这种行动使自己依赖不同于主体性的其他东西——就决不会给出任何东西。康德现在接着说:"但是,如果实现我们自由意志的条件是经验的,那么,理性在这方面仅仅可能具有调节的应用,而且只能帮助经验法则的统一性发挥作用,比如,在有关智慧的学说中,理性能够把我们的爱好与我们设置的一切目的结合起来……"⑦ 这一段文字现在是非常容易理解的,当然,人们若是继续思考的话,还可以想到许多含义,但是,人们可以首先认为,"实现我们自由意志的条件一般都是经验的"。

女士们,先生们,现在我请你们注意:实现我们自由意志的条件在事实上是经验的——这正是康德与黑格尔在道德哲学上的重大分歧点。这就是说,如果我的自由意志驱使我去烧掉一所房子,那么,这个自由意志的实现就是与经验的条件联系在一起的,比如,这所房子的存在,实施犯罪的勇气,现成的燃烧材料及与之相关的其他经验因素。但是,如果你们在这里想这样来解释康德,那么,或许就是对康德的误解,因为康德关于一般道德范围的表象的真正核心则在于:道德的东西就是完全独立于经验条件的东西。康德可能会说:"就自我的道德或道德的行为涉及经验条件而言,它可以有损于自我意志的效果。"换言之,如果我跳进水中,去救一个企图自杀并且不会游泳的人,这就有可能发生两个人都被淹死的事情。但是,康德可能会对此说道:"依赖于经验条件的这个效果本身纯粹是经验的东西,但它与一般的道德事实根本没有关系,道德的事实只是一种纯粹意志的事实。"也就是说,道德的事实仅仅是一种自我的绝对自律的事实,或者如人们所说的那样,也如康德本人所说的那样,是"一种自我观念的事实"。你们由此知道,我们所必须讨论的康德伦理学,它在非常明确的意义上是一种观念伦理学,而与之相对立的则是人们所说的责任伦理学,在后者这里必须把经验条件包括在内,而在前者那里,行动的效果从其方面而言,理应被变为一种自由的道德行为共同决定的因素。康德在这个意义上把自由举动的实践法则——人们可以把这一切都称作简单的目的与手段的关系——与真正的道德法则区分开来，并且完全拒绝了这样的实践范围，即道德行为在这个范围中让自己依赖于经验的条件和经验的目的，而不论其意图是多么高尚。因此，这纯粹是在讨论，道德法则只能作为这样的道德法则而得到实现，而在这方面所发生的行动之效果在这种伦理学中是不予考虑的。顺便说明一下，这正是为什么人们有一定理由把康德的道德哲学称作严肃论的道德哲学的最内在的原因。现在，康德是这样说的："与之相反的则是纯粹的实践法则，其目的完全是由理性先验给定的，它们并不受经验所限制，而是绝对地发布命令，它们可能是纯粹理性的产物。"⑧ 我认为，在我向你们如此讲述以后，你们现在已经不需要更多的解释就能够理解这段重要的表达。不过，应当对类似于实践法则的"东西就是道德法则，只有这样的道德法则属于纯粹理性的实践应用，它们允许有一种法则"这句话加以解释。⑨ "只有这样的道德法则属于纯粹理性的实践应用"这句话具有多种含义，如果我们回想一下我们在前面所讨论的相关地方，我们就可以想起来，这样的道德法则与理论理性相反，它仅仅属于实践理性；但是按照我们现在所听到的和所解释的东西，这个看法有些不同于前面的看法。也就是说，道德法则确实是唯一的对纯粹理性的实践应用生效，并且允许有法规的东西，而与之恰恰相反的，则是行动的实践法则并不生效，它最终只是那种智慧的法则，是一种他律的东西，由于它们使我们受到外在条件和外在结果的约束，因此，它在一定程度上是使我们成为非自由的，并且让我们依赖于某些并不是我们自己理性的东西。此后，康德接着说道："在可以称作纯粹哲学的研究中，理性的全部准备在事实上都仅仅是为了以上所想到的三个问题。"你们由此立刻就会想到上帝、自由和不朽这几个问题。但是，这几个问题本身亦有其遥远的意图，即：如果意志是自由的，并且存在一个上帝和一个未来的世界，那么，人们可以做什么呢？由于这个问题使我们的行为举止涉及最高的目的——这个最高目的就是道德法则，"所以，理智地照料我们的自然，其最终意图在我们理性的安排中只是为了道德"⑩。

女士们，先生们：

你们在这里确实获得了对于这样东西的推导，它们就是人们可以称作《纯粹理性批判》中的东西和康德在"实践理性优先"名称之下从整体上所称呼的东西。也就是说，如果我们的理性只是指向道德，而所有其他的东西仅仅向理性提供一种推动，那么，我想说，实践理性根据这个理论就优先于理论上的东西。

过去一种神学思想曾经认为，世界是依照理性而设计的，这个思想也曾经在像莱布尼茨这样的哲学家的哲学里出现过，现在它在这方面以一种与众不同的方式转向人们的内心世界，由此人们就会产生这个想法：我们的理性是如此设计的，以至于它能引导我们趋向正确的行为，它理应完全有能力向我们指出我们可以做的事。神学思想第一次以这种方式激进地转向内在，古典理性主义的神学思想第一次在主体伦理学的激进意义上失去其作用。但是，不论怎么讲，这里有一个非常值得关注的分歧，在我让你们关注这个问题的时候，我是不会让你们忽略它的。这个分歧是这样的：如果上帝存在，如果我是自由的，如果我的灵魂是不朽的，怎么会突然提出"可以做什么"这个疑问呢？⑪这确实是与康德的道德哲学的原则相矛盾的，而且这个矛盾是不可否认的，因为这三个因素从其方面来说，首先是实践理性的公设，而且如果人们可以像在《实践理性批判》中一个地方所说的那样，那还可以把它们称作"道德法则的担保人"⑫。因此，人们不能继续这样对待这三个因素，好像它们原本就是道德法则的条件。这三个因素是与道德法则相对立的，是有条件的东西，我已经提醒你们对此加以注意，即康德完全处在近代理性主义思维的传统之中，他甚至从理性——理性与道德法则是一回事——中推演上帝的存在，并且不是无条件地设定上帝的存在。但是，如果情况果真是如此，那么，人们自然又一次不可能看出，这三个因素究竟应当如何说出"我应当做什么"这个问题的本质，而"我应当做什么"的问题理应是由道德法则引起的，而不是由在遥远的地方映现为道德法则的可能的代替物或可能予以保证的东西所引起的。我现在相信，这里的一个首要观点——他律这个独特的因素就是在这个点上溜进了康德伦理学之中——就在于，由于自由本身的含义被解释为无拘无束的和绝对的理性应用，与此同时它还被变化为自我必须与之相适应、自我必须按照其行动的法则，所以，在此同时还有一个权威的因素也进入了这门哲学之中。这就是说，当仅仅援引理性在一定程度上还不足以充分实现道德法则，而道德法则与理性又是相互吻合的时候，就会出现这种情况；事实上，在康德的伦理学著作中，主要是在《道德形而上学的基础》中并不缺少这些段落，他在这些段落中指出，为了让人行善，完全可以不需要哲学，即使人们不读《道德形而上学的基础》，人们也一样可以做到"忠诚和正直"。在这方面，人们可以注意到乡村中古老而诚实的道德习俗，而包含在理性概念中的合理性，在某种形式上是受到限制的。因为如果理性概念在事实上是绝对的裁决机构，而除去理性以外没有任何东西是道德的，那么，一切并非产生于理性的行动在事实上就是不道德的——我现在是在康德的意义上，是在内在批判的意义上这样说的；当康德还没有承认这一点时，为了维护道德法则的权威特性，他本人就把一个与他自己的自律概念相抵牾的东西带进了自己的哲学之中。如果情况是这样的话，那么，只有道德法则在事实上就不足以让人的行为举止符合道德。就我们是实践的，也就是在伦理经验的范围之中进行论证而言，康德在这里是与心理学的观察相一致的，而心理学在这期间教会我们，虽然存在着具有先前性质意义上的良心一类的东西，但也有一切我们称之为强制的东西，同时还有那种十分强烈的欲望的力量，它反对"超我"那种纠缠我们的东西，以及次级的和派生的东西，以至于我们自己的举止都是有问题的，随时都有越轨的倾向。康德在这里是市民社会及其劳动纪律的一个恰当的发言人（当人们谈到市民阶层的道德的时候，人们首先必定提到劳动纪律），只是他现在必须在一定程度上动员其助手，以便十分明确地提醒人们遵守这个道德法则，因为在这方面仅仅呼吁纯粹的理性是不够的。因此，现在这种奇特的表达得以成立，这个表达在康德学说的意义上很可能就是他律,这个表达就是:"可以做什么,这是在上帝、自由和不朽的条件下的疑问",而这个疑问在根本上就与宗教的他律形态的戒律相隔得不那么遥远。宗教的他律形态是这样来告诫一个贫穷的农妇的,它不让她捡拾不属于她的土豆,同时还让她相信,如果她捡拾土豆,她就会下地狱。你们由此看到,这个最崇高的动机在这门哲学中是如何与这种最肤浅的东西交织在一起的,而我并不认为这种最肤浅的东西是发生学的,而是从其自身内在意义上而言的。这就是康德所说的,"只有在实践的知性中才会有自由"⑬。康德在这里最终说出了让你们最初肯定会觉得是非常荒谬的话,但我希望,我通过讲解已经向你们完全澄清了这句话的意思,这句话是这样说的,"实践的自由能够通过经验得到证明"。康德继续说道:"因为人的意志并非仅仅由刺激,即直接作用感官的东西来决定的,而是我们具有这样的能力,即通过对以非常直接的方式表现为有意或有害的东西之表象去克服关于我们感性的欲求能力之印象……"⑭这里又有一个非常重要的因素引起我们的注意,这就是这样一门心理学的可能性:通过自我原则去监督本我(Es)和欲望,如果它们与实在相矛盾的话。"但是,在思考鉴于我们全部状况的情况下而具有欲求价值的东西,即善的和有益的东西的时候,其根据则是理性。"⑮也就是说,你们在这里完全可以说出这样的东西,因为作为检验实在的能力的理性是一个给定我们的东西,所以,它应当提供关于我们自由的所谓经验证明。这点是十分有意思的,它同时再次证明康德所具有的了不起的诚实:他在这个越来越艰深的地方决不是把理性公设为像在一个空洞无物的空间中的逻辑能力那样的东西,而是进行了反复思考,而且这完全是对理性在事实上的应用所作出的经验考虑。理性在这里被思考为这样一种能力,我们通过它可以检验实在,并且在一定情况下可以通过它撇开直接的满足,如果这种满足与我们的整体利益是相矛盾的话。你们已经看到,康德为了证明理性的存在,他在这里必须对他本人决不尊重的道德的实践法则的绝对对立面和道德法则的绝对对立面加以认真的论证,因为他已经足够深刻和真诚地看到,作为真理的一个纯粹工具的理性和作为我们自我保持的一个工具的理性并不是两个不同的，因而也是毫不相关的手段，理性是独立自主的，并且是以追求真理为目的的，它仿佛是辩证法的一个产物，是那种为了自我保持，并且还是其他意义上的实践理性的一个孩子，而康德在上一节里却把它当作单纯的"实践理性"而加以简单的拒绝。于是，康德在这里说道："这种理性因此也颁布法则，即无上命令，也就是**自由的客观法则**，这个法则表明，**什么应当发生**，即使有可能不会发生任何事情，它因此与仅仅涉及**正在发生的行动的自然法则**区分开来，由于这个原因，这个法则也被称作实践的法则。"⑯你们在这句话中看到康德对结果的漠视。我现在只是向你们念了康德的这几句有些悖论的话，好像就是为了特意证明我先前所作的诠释。其实，我只是希望，这个法则现在对你们大家是透明易懂的，你们已经开始接受我在诠释中试图向你们指出的这些含义。

谢谢你们大家！

注释

① 阿多诺对康德这个思想的评价，还可以参见《阿多诺遗著集》第四辑，第四卷，第 40 页和第 55 页。

② 参见《康德文集》第三卷，第 54 页及后页，B13/A9。

③ 参见《康德文集》第七卷，第 202 页，原文是："意志中自由服从法则的意识，可以被视为是与一种不可避免的强制联系在一起的，而强制只有通过自身的理性才会约束一切偏好，因此，这样的意识是对法则的尊重。……按照法则去行动，并且排除一切来自偏好的规定根据，因而在客观上是实践的，这就是义务；这种义务由于其排除行动的缘故，无论其如何发生，它在其概念里都包含实际的强迫，即对行动的规定。由这种强迫意识中产生的情感，并非是不正常的，因为这种不正常的情感是由一个感性对象引起的，而是唯一实际的，这就是说，它因为先前的（客观的）意志规定和理性之因果性才是可能的。"

④ 参见弗洛伊德：《自我与本我》，第 301 页及后页和第 315—318 页。

⑤ 参见尼采《快乐的科学》第 335 节"物理学万岁！"原文是："我的朋友，不要向我说无上命令！……我在这时想起了老康德，他遭受了惩罚，因为他骗取了'物自体'，却又遭到'无上命令'的袭击，因而在他的心里重又因为'上帝''灵魂''自由'和'不朽'而混乱不堪……什么，你在内心欣赏无上命令？这就是你的所谓道德判断的坚定性？难道大家都要'像我一样不得不对''这

种情感的无条件性'作出判断? 这毋宁是在其中欣赏自身寻找吧! 这是在欣赏你自身寻找中的盲目、吝啬和平庸!"载《尼采全集》第三卷,第 562 页。

⑥ 参见 1963 年 5 月 30 日的第六讲和第七讲第 4 条注释。

⑦《康德文集》第四卷,第 673 页,B828/A800。阿多诺最初是完全引用这段文字的,但后来却没有完全引用。原文是:"幸福和达到幸福的手段的一致性,构成了理性的全部活动,理性因此只能提供自由行为的实际法则,以达到感官推荐给我们的目的,而不能提供完全由先天规定的纯粹法则。"

⑧《康德文集》第四卷,第 673 及后页,B828/A800。

⑨ 同上书,第 674 页,B828/A800。

⑩ 同上书,B828f/A800f。

⑪ 阿多诺在此是指康德对道德神学的设想,即"这是内在的应用,也就是满足我们在这个世界的规定,因为我们在适应关乎一切目的的体系……"(《康德文集》第四卷,第 687 页,B847/A819)。这个设想来自这个问题,"如果我现在去做我应当做的事,那么,我究竟可以希望什么呢?"(《康德文集》第四卷,第 677 页,B833/A805)

⑫ 康德原文无法考证,参见《康德文集》第四卷,第 264 页。

⑬《康德文集》第四卷,第 674 页,B829/A801。

⑭ 同上书,第 675 页,B830/A802。

⑮ 同上。

⑯ 同上。

第九讲

（1963 年 6 月 27 日）

女士们，先生们：

在这个讲课不得不再次中断以后①，你们现在或许还能想起来，我们在前一次是在讲到康德的道德哲学的建构时停课的，我现在就想从那儿接着讲下去。首先，我想提醒你们注意"理性立法"这段表述，"这就是无上命令，也就是自由的客观法则"②，在这里，矛盾好像是硬生生地挤进这个公式里一样，因为按照康德的规定，恰恰是自由不屈从于法则。你们在这里或许还可以搞清楚辩证法这门学说，我在这次讲课中也想为讲解辩证法做准备。我始终在寻求这个问题，并且想从各个不同的方面向你们指出，辩证法试图解决和展开在这个公式中所聚集的无法解决的矛盾。也就是说，你们在面对康德哲学时要搞清楚辩证法，它正是这样一种试图展开这些特别强调的，因而也自然是停滞不前的矛盾的尝试，而不是几乎如人们所说的那样，采取了一种省略的方式——这就是我为什么如此重视康德的这些充满矛盾，并且特意强调矛盾的表述的原因之一。* 康德说："自由的法则说明，**什么应当发生**，

---

* 阿多诺在这里明确表示，他在这里的讲课是为讲解辩证法作准备。我们由此看到，阿多诺后来的《否定的辩证法》并不像有些人所说的那样，只是对黑格尔的唯心主义辩证法和马克思的唯物主义辩证法予以解答和纠正，他在很大程度上是想解决康德以后的整个辩证思维（其中包括康德本人的辩证思维）所遇到的一些基本难题。——译者

即使可能不会发生任何事情,它因此与仅仅涉及**正在**发生的行动的自然法则区分开来……"③ 当你们读到康德的这段话的时候,你们基本上就会认为,康德的全部道德哲学就像是在一个硬壳里一样。康德在这里尝试用这样的方式去控制法则与自由的矛盾,也就是他是如此来看待聚集在这个定理中法则与自由这两个元素,合法性并不是一种关于正在发生事情的合法性,而仅仅是一种关于应当发生事情的合法性,但是,按照他的看法,这种合法性理应具有绝对的精确性和确凿性——从康德的充满疑难的道德哲学来讲,这里是最为关键的地方,我因此请你们特别关注这里,它确实是全部康德道德哲学的最重要的地方。这样,一方面,当这个无上命令发向各个具体主体的时候,它却对主体没有约束力,无论他们是否执行这个命令——这一点就把无上命令与自然法则从根本上区别开来,以至于根本不需要去挖掘,是否在经验中发生过某些与道德法则相适应的东西;但另一方面,自然法则无外乎就是这种与事实、与自然关联相关的法则。我再次请你们牢牢记住这点,这样你们就能够理解其他内容。康德在后来限制自由范围的建构,而这种限制也同样是值得注意的,而且还有这几种理由。首先,这种限制再次表明,康德已经非常清楚地意识到这里所涉及的问题,他也非常公开地说明这种限制;其次,在这种限制本身中也包含一些特有的多义性。女士们,先生们,我在这里仍然必须把康德的论述读给你们听,因为只要人们与这些文本——我相信,这些文本本身是相当简洁扼要的——结合在一起,人们才能像通过放大镜那样来观察它们,这样人们才能把握这些事情。我相信,只有在这种微观逻辑的操作方式和思想的建构之间才存在一种有益的集合,而在一个思维构架内部,所谓大的关联之中的"中级"理解却从一开始就有屈从性的危险。康德这样说道:"但是,理性本身在其制定法则的行动中是否又受到其他影响的规定,在以感性欲求为意图中叫做自由的东西,是否在考虑有关更高深和更遥远的作用原因时又可能属于自然,由于我们在这时只是就行为的**规定**求教于理性,所以,这些问题在实践领域中与我们毫不相关,它们是单纯的思辨问题,只要我们的思考是以行动或放弃行动为目的,我们就可以对这

103

些问题置之不理。"④我在此处首先请你们注意的是,康德不仅让解决他所提出的问题服从于继续追问的条件——我们马上就讨论这个问题,而且他还在这里让继续追问戛然而止,他停止了继续追问——这点尤其能表明康德的特点。关于康德中断追问的这个特有的倾向,我们肯定会讲一讲。康德所说的这种其他影响的规定,即在考虑有关更高深和更遥远的作用原因时,自由又可能属于自然,可以有两种含义,而且它们还是相互矛盾和相互对立的。第一种含义——我在此时会想到,从全部的关联来看,并且仅仅依照原文字面来看,这点不可能是被决定下来的东西——无论如何都包含在康德自己论证的意义之中:康德在这里所想到的是一个遥远的自然意图,它理应是与自由王国同时发生的;如果这种并未完结的认识让位于像仅仅赋予康德的绝对的上帝意识那样的认识,那么,理应在道德中表现出的目的王国和理应在自然知识中表现出的因果王国就以这种认识的方式而同时发生,因为这两个因素的趋异(Divergenz)对康德来说是不可忍受的。如果我们在考虑康德全部体系时来解释这段文字,这或许就是他所以为的内容。不过,情况经常不是这样。如果你们坚持从一开始就看到的原文字面的意思,那么,我们从其内容上已经涉及的另外一种解释也是可能的,而这个解释是与康德所用的"Natur"这个词的双重含义相联系的 *,即:自由的法规从其方面来讲也陷入作为一个业已确定的关联的自然关联之中。换言之,当我们发现自己是与道德法规相对立的时候,道德法规就已经是一个给定的东西;正如黑格尔所说的那样,它在自身方面也是一个变易的东西,是一个有渊源的东西,它在其起源方面仍然必须服从自然的因果性。这就像在心理分析中一样,只能依据欲望动力学和欲望经济学,依据一个识别机制,即通过其本身也属于自然范围的范畴来解释超我。这里悬而未决的问题是,康德是否恰恰因此而把《实践理性批判》留给后文或者留给其反面,我在这里想说的是,康德是否准备在

---

* 在德语中,"Natur"有自然、本质、本性等多个含义,康德在用这个词的时候往往取它的自然和本质的双关意义,我们在翻译这个词时主要根据上下文的联系来作取舍,但有时不一定能反映康德的原意。——译者

这里以唯名论方式把道德法则的普遍性重新向存在论的、在事实上存在着的决定因子敞开,或者说,他是否在这里恰恰是从对立面中进行这样的表象:可以在一个业已形成的更高级的自然概念中,即在一个神性的,因而其本身也是善的自然中,去探索解决自由范围与自然范围之间的矛盾。

女士们,先生们,你们可能会问我,如果对一个研究康德全部体系的专家来说,康德在此处所认定的东西是第一位的⑤,而且其概率是如此之大,那么,我为什么还要花力气去思考这两种可能性。请允许我至少用几句话来谈谈这个方法论问题。撇开事情的艰巨性始终是从一个方面转向其他方面这一点不论,我只是想原则地说一下,我因为与哲学的直观相对立,所以我并不认为,精神的构造在本质上需要依靠肇始者的意志和意图才能得到展示,而你们中的许多人却听说,哲学的直观是绝对有效的东西,并且还把它当作一种学说而接受下来,以至于你们需要花费一定的精神努力才能从中挣脱出来。我认为,在讨论中有很多谬误来源,其中有一个可能是最大的来源,意志和意图却绝对不会让自己展示出来,这就像在司法解释中一样,立法者的意志是很少会展示于世人的,如果我得到的消息是正确的话,那就可以说,立法者的意志在法学中总是闪烁其辞的。但是,在此之后却隐藏着深刻的东西:在对特别严肃和负有责任的事情进行讨论的时候,比如,像我们讨论康德时所说的那样的事情,决不只是涉及康德所欲想的事情,而是他所进行的思考并不限于他在这方面业已主张的主观意见——我想说,正是在这里表现了康德这样一个思想家的伟大,而且这个思考的实体就存在于概念的客观运动之中,即存在于业已讨论过的客观的精确性和客观的确凿性之中。我相信,下面这个看法完全是来自市民阶层精神家园中的一个精致小屋的偏见,它以为,精神产物是大人物的所有权,比如,像思想家、诗人、作曲家及一切其半身石膏像以前那样通常都习惯地放在这个精致小屋中的人物,才有这个权利,人们现在已经把这些石膏像移出了小屋,但它们在这里却似乎总是以不可见的方式忽闪忽现,因而后果更加严重。更有甚者的观点还认为，一个至关重要的精神产物是思考者努力思考的结果，并且是与所思考到的客观事实相联系的结果，它仿佛就是在这方面所进行的精神努力的理念。女士们，先生们，这件事本身就是一个道德的事实真相，它本身几乎就是我愿意推荐给你们的一个准则。一个精神产物的实体在本质上就在于，个人的意志，即思想的东西，被淹没在事情和事情的强迫之中，它因此在事情中而消失。精神之产物并不是意图和创造意图者的表达，而是这些意图在事情自身真理中磨灭了。⑥我因此相信，在这些文本中，事情自身所具有的分量和力量恰恰大于在重大事件中任何一位作者所注意的力量。我对此想说，在哲学中解释文本的任务就在于，能够依据相互争论的各方的结论，恰如其分地说出事情原貌，使其就像事情本身的表述一样，而不是依据作者在这方面可能的想象去进行解释，因为这样的解释只是表现一种个别的、在一定程度上转瞬即逝的因素。这就是我为什么如此详细地讨论这件事情的原因，它与此同时或许还会向你们指出我始终注意的这种解释的方法。

我已经向你们说过，康德以猜测方式认为，自然本身的更高级的意图是以这个双重原则为目的的。我同时还向你们说过，在这里可能还有其他的想法。你们由此明白，人们在对这两种解释选择时取决于他们选择"Natur"这个词所具有的含义。因此，假如人们有一天精确地探讨"Natur"这个概念在康德哲学中的不同含义，并且指出康德用"Natur"这个词所认定的意义，那么，这将是一个特别重要的研究——这里首先是要认真地进行我所熟悉的语义学方式的探讨。"Natur"这个概念具有双重含义。对你们来说，在康德那里"Natur"这个概念双重含义的主导思想或许就是他用"Ding"这个词所表现的双重含义：一方面，"Ding an sich"（物自体）是指自我的诸现象的所谓不明原因，即一个绝对的先验物和一个决不给予自我的东西；另一方面，"Ding"作为构成物（Konstitum）是指对象，它作为持久的对象通过自我感觉即质料与自我的直观形式和思维形式的共同作用而理应得以完成。如果"Natur"所指的无非就是在"Ding"范围中所出现东西的集合概念，或者说，如果

"Natur"就如康德在《论启蒙》这篇论文中所说的那样⑦，那它就是指一种世界概念，那么，正如众所周知的那样，这种同样的二元主义不仅会延伸到康德的物自体这个概念那里，而且还会延伸到"Natur"概念本身这里。这样，"Natur"在康德哲学中就是双重含义的，它就像作为一切物(Ding)的总体世界一样，从自己方面而言，它从来就没有完完全全给予自我。这就是说，一方面，"Natur"在康德那里是构成的东西，是有限物，是经验的集合概念，它作为一个人心之内的原则，即作为欲望能力，最后是在康德的《单纯理性界限内的宗教》论著中被设定为是一个与极端的恶相同的东西。⑧但另一方面，它也是作为物自体而存在的根据——请你们给我一点点时间让我把这个拙劣的表达说完，并且还是这样的绝对者，它在我们之内实行统治，还向我们发布什么应当是善、什么应当是恶的提示。这些提示本身与善是一回事，因为它们从其自身而言就来自标志着人的本质的东西，按照康德的看法，这个东西就是理性。你们在这种关联中应当回想起来，理性本身在康德那里就是善的工具，在这门道德哲学中，除去理性以外，善的其他工具根本没有出现。由此来看，这种自我保持的理性是决不能与满足人的需求的理性相分开的。因为理应向我们提供这种法则的理性，其本质就是自我保持，而在康德看来，这种法则却是作为无条件的和客观的东西而生效的，在全部近代哲学史中——我提醒你们注意斯宾诺莎和他的对手霍布斯的看法——说出自我保持这点以后，康德至少在这点上是搞错了。不过，在康德所说的"我想，这点应当能够伴随我的全部表象"⑨这句话中，自我保持和把自我保持作为一个同一体的理念以极其精妙的方式对纯粹逻辑的同一性原则发生影响。但在另一方面，自我保持却又被他指责为是一个次级的原则。在《道德形而上学的基础》中的一个著名段落中，康德虽然把为保持自己生命而进行的努力称作是聪明的和理智的，但他同时又说，这种努力在一个最高尚和绝对的意义上却不是道德的，这就是说，它不是纯粹地产生于道德法则。⑩你们或许可以从这种思考中，从这种矛盾中——一方面，理性按照其自己的内容、按照其自己的内涵是不能与自我保持的利益区分开来的，因为理性本身其实

107

就与进行自我保持的主体是同一的,但另一方面,理性却应当能够走向自我保持之利益的对立面——非常容易和极其明确地搞清楚,为什么康德确实不能忍受我们刚刚讨论的"Natur"这个概念的二重性,为什么他后来像人们所说的那样,被迫在一个更高级的概念上扬弃了这种二重性。在这方面,对和谐或对在一个更高级原则上的平衡的需求,或者说,对统一或者对所有这样的"Ding"的需求而言,这种二重性是根本不起任何作用的,而哲学家们为了让我们弄明白这种关系,却习惯地向我们讲述这方面的一切可能的陈词滥调。这里真正重要的事情或许就在于此,理性概念本身的双重含义必须走出这种二重性以外,而且无论如何必须彻底地思考一下,这种公然的矛盾——思想为之备受折磨,却苦无结果——是否由此可以得到清除。理性在这里一方面是作为依据自我保持的模式而建立的,而另一方面却必须限制由此带来的灾难性后果和矛盾的自我保持的分离性。换言之,对企图进行调解的动机而言,决不存在这种有名的对和谐,或者对一切事物的系统统一性的需求,对它来说,首要的东西在于,我业已向你们展开的这一类矛盾是无法忍受的,也就是说,只要康德还坚持他的思想,他就不可能容忍这种矛盾。我大概已经向你们指出了康德对必然性所作的思辨,我因此至少希望,你们知道这个思辨来自何处。康德就是在对必然性进行思辨以后,他开始反驳,并且说了"迄今为止,尚未继续下去"之类的话,然后他才说,"这与在实践中的我们毫无关系,因此,我们无需为之操心"。你们就是在这个地方看到康德特有的、与众不同的市民因素的。

现在,我想向你们简单地讲讲这种断裂。首先,这是在一切可能的地方都存在着的康德哲学的一种结构,正是因为它是一种结构,康德的继承者们反对这种结构。我对此想说,如果你们把康德与费希特及其一切后来的唯心主义者的区别从形态上加以辨认的话,你们会看到,康德会就这种断裂说,"这与我们毫无关系",而其他人则认为这种断裂是不能容忍的,而且会说:"只是在你说话的时候,它与我们毫无关系;除此以外,它与我们有很大关系!"这就是我以此向你们所说的原因,但是,这个原因在这方面并不是最关键的,而是道德哲学的建构本身就以一种决定性的意义建立在这种断裂基础之上,这就是说,人们不应继续追问道德法则本身所具有的这种给定性,而是自我应当直截了当地尊重这种给定性。然而,这又悖论似地让我们想起这样的感性材料,比如"红色",当我觉得这是红色的时候,我不可能对此加以讨论,因为红色就这么简单地存在在这里。这个因素对康德的道德哲学的全部建构是至关重要的,以至于我们不得不简单地讨论这种断裂的形态,因为这个形态由于非常复杂的因素而使自己遭到缩减。在我向你们作了这番讲述以后,这方面首先引起你们注意的,是这种权威的特征:假如道德法则向你们发布命令,你就必须履行你的职责,这样,你在这里就不需要认真地思索一番,或者用康德习惯的表达说,你不应当继续进行"理智的思考",你就应当像尊重其他给定性一样去尊重这种给定性,这就是说,"待在乡下,老老实实地养活自己吧!"这句话不仅意味着,你要服从道德法则,而不是去思考为什么存在道德法则的原因,而且它还意味着,这里存在着道德法则本身,这就是其特有的有效性的最有力的证明。不言而喻,与之相对的就是合法性问题:人们不仅要对这个规定提出疑问,而且还要对这个规定的权利提出疑问。一个心理学家——千万不要说出来是谁(horribile dictu)——在这个地方与康德的论证很相似,他并非无缘无故地说出来,在这里存在一个所谓的反抗机制,也就是说,由于康德觉得这种义务和良心的起源过程不是完全可靠的,由于他自己也发现,在自律的中心也设置了某些他律的东西作为掩护,所以,康德开始自卫,并且说:"看在上帝的分上,不要继续追问下去,不然的话,我在应当范围所作的无所不在的、非常美丽的拯救尝试和我按照这个等级秩序所建造的全部哲学大厦就会归于失败。"比如,在康德简单地假设这种机制是有效的时候,人们却由此可以达到对强制机制的批判。在心理分析仍然是一种激进的社会批判的方法,而不是一种心理学按摩技巧的时代,心理分析完全发展到这种程度,以至于它对任何只是因为其存在而得到承认的道德规范展开了批判,而这些规范也并不因为其是透明的就受到理性的辩护。人们就此可以说,心理学中的弗洛伊德在这个地方比教皇还要教皇主义,是个甚于康德本人的坚定

109

不移的康德主义者，尽管他可能从未读过康德的东西。这样，人们就没有做这件事，而是在这个断裂的地方存在一个真实的东西。首先，康德与其继承者完全相反，他做了这件事，这就是我想简略地称之为非同一性（Nichtidentitaet）的意识的事情，它对于康德道德哲学的建构可能是非常重要的。康德的先验哲学体系——我现在说的是全部康德哲学——并没有像费希特那样在一个严格意义上把某个东西宣称为最高原理，它并不以为可以推演一切，在康德看来，由于认识是从一个不可推演物和一个可推演物聚集而成的，因此，这两个因素的相互作用、认识的总念（Inbegriff）和行动的总念本身就不可能是纯粹推演的。也就是说，在这种面对实证物和给定物而采取的特殊的听天由命的态度中，不仅隐藏着他律，而且在另一方面还隐藏着要与理性自身的绝对要求划清界限的感情，因为理性自身或许会断言，一切东西是什么，任何一个行动不外乎就是它自己的产物而已，这样，在如此激烈抨击他律的康德这里却出现这种悖论的情况，非我和一定方式上的他律的东西却在一定意义上比在唯心主义哲学那里受到更多的尊重，发挥更大的效用；在后者那里，非我得到的承认虽然远比在康德这里大得多，但是由于它把非我纳入自我之中，从而它从其自身方面使其自己消解在自我之中，并且由此也可以理性地要求，归还非我并且为非我作辩护。

此外，在断裂这个因素这里还存在着其他的更深刻的东西，这个因素我在这个讲课的一开始就提醒你们诸位予以关注，可以说，正是这个因素才在这里具有真正的理论点。⑪我不知道，你们是否还能想起这件事，我肯定是太早地表达了这个观点，这个因素就是：在理论哲学与实践哲学的区分中就隐藏着这一点，即正确的行为不可能纯粹地消解于理论的规范之中。假如有人试图提出并且从纯粹的理性去推演，为什么在这个世界上不应该施用严刑拷打这个法则，这些人很可能遇到这方面一切可能的难题，比如，在阿尔及尔的一些法国人就一定遇到过这样的难题，在可怕的战争中，他们的敌人曾经严刑拷打过战俘。那么，法国人是应当也拷打战俘，还是不应该这样做呢？人们在这时确实会遇到所有类似的道德问题，在这个时刻，人们会拿这些道德问题与理性相对照,并且会陷入一种可怕的辩证法之中,这个辩证法有两个因素,一个因素是说:"住手!"另一个因素却在说,"你不应该仔细考虑这一切",它们各有各的善。人们还可能会遇到这样的情况:一个无家可归的人来到某处,他想找一个临时居住的地方,在这个时刻,如果人们不是首先采取直接简单的行为,而是开动全部思考机器,人们这时就会想到,这是一个无家可归的人,他很可能被杀掉,或者在某个地方落入盖世太保的手中,因此,必须把这个人藏起来,并且保护他。这个时刻一切其他事情都是次要的。在这种情况中,如果说理性出现在一个错误的地方,那么,理性就必定会变得反理性了。这就是说,行为也就是人们的所作所为,并不是纯粹地在理论中产生的,因为这样的行为很可能并不属于这样的正确行为,如果这样的正确行为并不总是与不合理的东西掺和在一起的话。这就是在康德的这个原则中所表现出的一个因素,我相信,只有在人们意识到一个事情的二重性时,人们才可能对道德哲学的全部范围作出这种十分有意义的思考:道德哲学的全部范围与其他范围一样,必然是与理性渗透在一起的,即使这样,它在理性自身中也不会得到纯粹完全的阐述。这是这样一个因素,它就像与哲学恰恰相反的宗教戒律中所表达出来的东西一样,我的意思是说,这个因素是产生于纯粹的哲学动机的东西,因为它意味着理性在道德领域中的局限。由于在宗教中——在其他情况下,宗教的道德规范的状况依然是有问题的——存在着某些正确的东西,并且在"走,跟着做!"这句话中,按照其形式来看,肯定隐藏着在本质上像理性那样的属于道德理论那样的东西,理性在这时就会提出,我应当能够说出来,我为什么应当跟着做的原因。我始终相信,人们不只是通过询问权威性可以批判地解答这些问题的因素,而且与此同时还拯救这些作为正确行动本身的一种成分的因素,并且把它们纳入人们的所作所为之中,这样,这些因素终究是与一种世俗的和澄明的思维相适宜的,哪怕这是通过对这种思维的自我反思而获得的。

你们可以在我向你们所读到的康德论述中十分清楚地看到,在康德那里,那个后来在《判断力批判》中被称作崇高概念的因素,即那个使人震惊并在纯粹自律中的绝对自信的因素,它是如何与一个具有与之截然相反的本质的因素,即市民阶层所具有的局限性和狭隘性的因素交织在一起的。我几乎是在说,正是这种早期市民阶层的局限性(康德就属于这个阶层)是作为对自主性感情的一种限制而存在的——而人类是在康德以后的时代中才合理地或不合理地获得这种自主性的,因此,这种局限性就是作为对道德哲学思维的限制而存在的,甚至是作为对道德本身的限制而存在的。有人肯定会问,假如没有这种有局限的因素,是否像道德哲学和一般正确行为这样的东西就是可能的,而人们在这时并不需要能够倒转历史的车轮? 我希望,我在此几乎不需要补充任何东西,而且当这种有局限的东西已经被精神运动所消除,或者如黑格尔所说,被"消失的复仇女神"所消除以后⑫,人们也不需要用暴力援引或坚持这种有限的东西。在这方面,比如,像黑格尔就表现了这样的倾向——当然,这并不是他的荣誉称号,当黑格尔看到消除这种局限所带来的厄运时,他就试图从自由中为这种局限去辩护,并且因此而陷入一种矛盾之中,人们自然也不会把这个矛盾当作一种辩证的矛盾而去挽救它。我在这个时候就到达这个点,瓦略里(P. Valéry)或许可以用"道德本身是否已经过时了"这个问题来极其卓越和精辟地称呼这个点⑬,这就如同德性这个概念一样,对今天的我们来说,它听起来已经具有古老的音韵,而它在康德那个时代是决不会有这样的音韵的。于是,就产生了这样一个问题:在德性这个概念已经过时以后,人们又如何获得全部的康德道德哲学呢? 我有责任向你们至少简单地提及历史辩证法的根据,而道德概念本身就服从于历史辩证法。从这方面显而易见的事情中,即从进步的启蒙概念中,为你们预见一切可预见的东西,总是有很多自称永恒的、有效的范畴在这方面成为启蒙概念的牺牲品;然后才会产生像尼采那样对永恒的道德法则的概念予以推演和批判的事情。⑭我认为,与当今陷入无限之中的并且是在业已扩大的不可度量的经验环境恰恰相反,只有在一个有限的环境中,像道德哲学或德性一类的事情才是可能的;也正是因为这样的环境受到限制,才可能存在如同康德的自由一类的东西。在这个植根于不可度量事物之中的经

验世界里,在这个无穷无尽事物交织在一起的社会化中——社会化对
我们就意味着经验世界,自由的可能性已经降低到最低点,以至于人们
可以十分严肃地,或者不得不提出这个问题:道德的范畴在面对这样的
自由时究竟在什么程度上还有意义? 提出这个问题的主要原因在于,
就是有人作为一个个体或许能够完完全全地生活在康德的(无上)命令
的意义之中,那么,这方面最无关紧要的问题就是,这样一种正确的生
活究竟在何等程度上可以与当今存在的客观麻烦和纠缠相匹敌。请你
们让我用一个美学上的比喻来解释这个事情,并且以此来结束今天的
讲课。在音乐中也曾经存在过这种情况。只要存在像先前用调号提
出的、固定的和业已给定的曲式,而这样的曲式则是与预先构想的和固
定的市民阶层的生活相匹配的,那么,即兴演奏的可能性也只是存在于
这种给定的曲式以内。这样的情况越少,受到规定的形式越少,艺术创
造的主体就有越多的自由——对我来说,这点在音乐上是显而易见的;
然而,无论怎样讲,即兴演奏的自由曾经受到限制,让即兴演奏重新活
跃起来的尝试就像我们在当今时代所经历的其他各种各样的尝试一
样,最后只是归于无能为力的地步。在今天,确实与时代相适应的音乐
已经不再能忍受这种预先规定的曲式,如果你们愿意的话,可以说,现
代音乐的基础就是建立在绝对自由的前提之上的,它与以前正相反,根
本不理会客体的规定性,但是,那种即兴的自由、行为举止的自由已经
消退到零点。我相信,在道德的领域中也存在类似的情况。这就是说,
在今天推动道德哲学和思考这些事情的同时,必然地要求对现代追问
正确行为和正确生活的问题所具有的历史地位予以阐述;与这样的问
题在伟大的哲学时代所具有的地位正好相反的是,这样的地位现在已
经受到无穷无尽的限制。

谢谢你们大家!

注释

① 1963 年 6 月 25 日停课的原因已经无法考证。
② 《康德文集》第四卷,第 675 页,B830/A802。

③ 同上。

④ 同上书，B831/A803。

⑤ 阿多诺是指康德关于"自然的意图与自由相符合"的第一论证，参见《康德文集》第四卷，第 135 页和第 138 页。

⑥ 参见本雅明（Walter Benjamin）《德国悲剧的起源》，载《本雅明全集》第一卷，第 215 页，法兰克福，1974 年。

⑦ 康德说，"世界概念"（conceptus cosmicus）是这样一个哲学意图，它指明"一切认识与人的理性的本质目的的关系"（《康德文集》第四卷，第 700 页，B866/A838）。在回答"什么是启蒙"时，康德也以同样方式对理性的"公共应用"加以规定（《康德文集》第十一卷，第 57 页）。

⑧ 参见康德《单纯理性界限内的宗教》第三章"人天生是恶的"，载《康德文集》第七卷，第 685 页及后页，原文是："如果这种倾向是包含在人的本性之中的，那么，在人身上就有一种天生的作恶倾向。而且这种倾向本身归根到底必须在自由的随意性中去寻找，从而是能够归咎于人的，所以，它在道德上就是恶的。这种恶是根本的，因为它败坏了一切准则的根据……"阿多诺对此发表了评论，参见《阿多诺全集》第六卷，第 217 页和第 529 页。

⑨ 霍克海默在《启蒙的辩证法》中对理性与自我保持的同一性这个命题加以了评论。他说："自我保持是科学的基本原则，是范畴表的灵魂，尽管范畴表象在康德那里一样是唯心论式的推演出来的。甚至自我、统觉的综合统一、康德称之为最为关键的裁决机构——人们必须在这里将全部逻辑悬置起来，在实际上既是产品也是物质存在。"参见《阿多诺全集》第三卷，第 105 页及后页。另外，参见论霍布斯和斯宾诺莎，同前书，第 105 页。

⑩ 康德在《道德形而上学的基础》中说："与保持自己生命相反的是义务，除此以外，一个人还有直接的爱好。因此，人们承受的绝大部分恐惧之忧虑经常是没有价值的，这个忧虑的准则不具有道德内涵。"《康德文集》第七卷，第 23 页。

⑪ 参见 1963 年 5 月 7 日的第一次讲课。

⑫《黑格尔全集》第三卷《精神现象学》，第 436 页。

⑬ 瓦略里（P. Valéry）《关于道德颂歌的报告》（Rapport sur les prix de vertu），由罗瑟（M. Looser）译为德文，参见德文译本，第 220 页，法兰克福，1989 年。

⑭ 参见尼采《曙光》，载《尼采全集》第三卷，第 21 页及后页。

第十讲

（1963 年 7 月 2 日）

有人说①，自由是一种虚假的自然范围，康德本人亦承认，他对于这种经验之悖论的觉察就在下面这段阐述里，他说："在自由与必然性之间，在自然王国和实践理性的范围之间，仍然存在着一个问题。"② 换言之，一方面，我们所讨论的这种二元论对康德来说是不满意的；另一方面，按照康德的指点，这种二元论也不可能得到解决。我相信，我已经对为什么这种二元论不令人满意的原因作了一些解释，因为你们——或者说，你们中的一些人和我可以认为是我的学生的那部分人——在这个时候有理由说："为什么对这种二元论不满意呢？难道这一切都必须在某一个公式中得到完成？是否一切事情必须在一个体系之下协调一致呢？难道确实没有两个彼此不同的范围：一方面是对是什么的认识范围，另一方面是应当是什么的范围，难道这是不可以的吗？为什么现在要拼命地、不惜一切代价地（a tout prix）把一切都统一起来呢？难道在此之后不是存在着某种迷信体系的东西吗？"我相信，如果你们这样来理解我们在这里所讨论的和康德本人所意识到的这个疑难问题（如同业已所讲的那样），那么，你们就是没有公正地对待这里所说的严肃性和困难性。我想尝试超越这种公式性的报告，从内容上去讲解，为什么康德所遇到的这种二元论在事实上是不令人满意的，这种二元论之中的什么东西对这个理论来讲是很难忍受的。如果你们假

设一下,自然的决定论是全面的,也就是说,在自然中的一切都是依据
因果性所决定的、合乎法则的、中规中矩的,那么,康德关于道德法则的
表达则可能被假定为一种给定的东西,一种呼吁,一种不可阻挡的强加
于我们身上的东西,如果允许我这样极端表达的话,那么,它们因此就
在某种意义上是更深刻的非道德的东西,因为它对人类提出这样一种
强求,而由于人是经验的存在物,所以,人根本就不可能实现这个强求。
请你们在这里不要忘记,康德在论述理性的心理学——这门学说把心
灵的基本规定变成一种外在于经验的东西——时批判了心理学的错误
推论,只要心灵还是一个在空间和时间的世界中在事实上交汇在一起
的存在物,康德也就完全把心灵变作一个经验的东西。但情况并非如
此,比如,在柏拉图那里似乎还有这样一部分心灵,它好像摆脱了自身
的全部心灵范围中的自然性质。作为科学家的康德并不会承认,不存
在服从于科学,因而服从于心理学和因果性的心灵东西。譬如,如果
可能涉及的是关于给出像某种思维心理学一样的东西,也就是说,如果
可能涉及的是在主体的行为方式的心理条件中研究主体的最高级的逻
辑行为方式——这是就它们仍然是作为主体趋向于世界的实在的行为
方式而言的,那么,康德或许就会拒绝把某些心灵力量,或者某种心灵
能力和某个心灵部分算作理智世界中一种实定的存在物和给定物。如
果这两个范围在事实上确实是不可调和地相互分离的,那么,道德法则
的给定性就是把某些从一开始就不可能被人们所完成的事情强加给了
人们,而且我还想说,在这种过分要求之中可能蕴含了一种非理性的方
式,它与康德所主张的认识道德的地方(τσπosνoητιXos),也就是与理性
自身是不相一致的。但是,反过来说,如果经验的主体确实能够自由地
行动,那么,由于他们本身就属于自然,所以,康德的自然统一性就受到
诸范畴的推进而被打破。这样,自然在一定程度上就留有一个缺口,而
这个缺口是与康德所说的自然科学旨在达到自然认识的统一性相矛盾
的。当然,康德有理由这样来描述关于自然的科学,因为自然科学就是
以统一化为目标的,这就是说,它的目标是用最小的功能统一化去表达
尽可能大的现象多样化。请你们让我直接讲下去:一方面,在我说到

这种二元论的不可忍受的理由时,即在我说到主体的过分要求这个方面的时候,我已经站在这样一个立足点上,它与康德的思考、反思的立场在事实上相隔得绝对不那么遥远。因为正是过分要求这个方式蕴藏在全部的新教传统之中,康德本人,尤其是作为道德哲学家的康德,就属于这个传统。非理性的"神恩选择"这个概念,以及与之同一回事的表象——主体只有通过实现职责的无限努力才能享受恩赐,而自身在这里并不可能发现某些实定的东西,就是这种在一定程度上秘密的、尚未表达出来的悖论的模式,康德在这里遇到的就是这样的悖论。但是,在另外一个方面,康德也是这个意义上的神学批判者,因为他并不满足这种神学的悖论,而是从启蒙的意义上认识到这种悖论的可疑性,因此,总的来说,康德对神学的态度是极其复杂的。一方面,康德哲学的目标肯定是要把由于不断进步的启蒙而衰落的神学内涵解救出来;另一方面,他又想从纯粹的理性上,即从哲学、从思想上拯救神学内涵,并且使神学的先进性依赖于理性的分析,仅仅在这一个方面就已经蕴含着他想用神学来消解神学的原则。如果你们想正确理解我们在这个讲课中所讨论的康德的道德哲学所具有的复杂性,你们就必须向自己说清楚康德对神学所采取的那种复杂的、而且在自身中有一种张力的态度。

正如你们很简短地提到的那样,如果我们还不满足于这些思考,那么,我们就必须重提康德在这种两个世界理论中所想到事情的经验内核。我请你们在这里不要压制经验内核这个概念,也不要压制关于经验的经验概念。最好是在我向你们讲述总的方法论原则时,能够根据事情本身来解释我对此所持的看法。现在,就我还能向你们作预先提示而言,我所认为的东西无非就是康德所看到、所想到和所关注的事情本相而已,它是康德所遇到的事情,并且还启发着康德,他不能穷尽这种值得注意的非常矛盾、而且二元的构想,而是只能让它就这样搁置在那里。为了让你们集中地观察到这点,请你们在很短的时间里聚精会神地思考一下这种精神,你们在自身这里就可以获得这种包含在你们自己身上的精神,也就是说,你们在这里根本不需要思考一个绝对脱离个体的客观精神或绝对精神的原则,根本不用思考具有建构因素的先验的概念。你们本身就值得从作为精神存在物的自己这里获得经验——我至少希望,确实存在着这样的情况,如果你们这样正确地理解了经验这个词,那么,这种关于精神的经验就可能始终如一地产生于自然关联之中,即使这样,精神仍然会稍稍地超出于自然的关联之外。关于这点,我曾经在与我的业已去世的老师格尔普(A.Gelb)③教授的一次谈话中表达了这个看法。精神不可能是完全没有结果的,精神不可能简单的是自然的一小部分,相反,我们一般称作自然的东西正是通过其对立面——我们当作精神的经验而具有的东西——而进行自我规定的。换言之,我们怀有的表象和我们表象的总体概念可能是这样的性状:虽然表象的所有因素都来自存在物,也就是来自自然的全部范围,但是,这些因素并不会与自然状态融合为一体;我们因而可能去表象那些尚未完结的东西;尽管我们表象的所有因素都来自给定物、存在物,但我们的表象通过把这些因素结合在一起,并且还因为存在着一个自由地支配这些因素的原因——如果你们愿意这样来表达的话,所以,表象并不会与自然关联的束缚融为一体。我相信,如果你们愿意探究康德用一般自由概念所指的原始历史,如果你们想要精确地把握作为自由概念之基础的模式——一般来说,我们在对待这个模式方面并不是很谨慎、很有把握的,那么,这就很可能是这样一种独特的能力:我们在我们的表象中、在我们的想象中可以这样处理我们所想象的自然或存在物的诸因素,把它们置于另外的关联之中,这样的关联不同于我们曾经经历过并且是它们真正逗留之所的关联。精神的东西虽然从发生学和其内容来看可以回溯到自然那里,但它同时在自然中并不可能得到穷尽,我想,这个事实,这个完全可以容易观察到的事实,就是康德想用存在于自然事物中间的自由的全部学说所要表达的东西。与此相应的是,这样的东西无论如何是决不能在一个纯粹的、没有任何矛盾的逻辑中得到表达的,而康德本人所代表的逻辑则正是这种非此即彼的逻辑,因为这样的东西在这种逻辑中就可能是一个矛盾,而只有在一个辩证逻辑中才存在着业已产生的事物并不等于其产生之来源的东西。此外,我或许还要说,这就是在辩证思维的学说与第一哲学(prima philosophia)或本体论之间的至关重要的区别；同时这里还包含这层意思，起源的第一性、首要物的第一性（如果我应当这样非常悖论地表达的话）由于辩证学说而在这个意义上——我曾经依据一个十分简单的模式向你们讲述过这个意义——不再受到尊重。但是，这种突兀起来的东西，这种从我们本性中生成，却又不是本性的小东西，正好与那种完全寓于本性之范畴的盲目化恰恰相反，它实际上与自省(Selbstbesinnung)是一回事。当我们注意和认识到，我们就是自然的一个部分的时候，我们就不再是自然的一个部分。我相信，人们不可能更敏锐地来谈论这个部分，因为盲目化实际上无外乎就是那种独自地固执己见而已，它因此决不可能把握自省的原则，而且正是由于它没有认识到它自身受到自己本性的局限，所以，那种简单的追逐直接目的和直接性的活动就使它听任这种本性之局限的驱使。盲目化并非平白无故的是一种神话的范围，而且它完全是这样一种范围，正如在神话中所发生的那样，它把人表现为是与自然关联融为一体的人。它所回避的东西，即人们在一个特别强调意义上可以称作主体的东西，无非就是自省，就是人们对自我的思考，自我在自省中注意到：自我本身是自然的一个部分——正因为如此，它才摆脱了对自然目的的盲目追求，并且转变为其他东西。这就是事情本相，它表明，它们是如何悄无声息地和客观地成为康德伦理学的基础，它们如何在康德思想以后的一个阶段，即在叔本华那里从一个特定的、本身尚是问题的意义上，上升到把伦理学与"否定生命意志"联系在一起的表象之中。我现在最好不说，它是如何可能与否定生命意志在一起的；我现在只想谈论叔本华用"揭开摩耶之幕"所表达的看法，即这个看法本身就是盲目认识的一个因素，但它却因为在实际上非常接近我在此处所认为的事情本相而超脱盲目④，但我不论怎样都不会相信，人们因此就不得不同意叔本华的结论——一门由此而重新推演出来的、实证的同一哲学或形而上学。⑤我只想向你们指出这方面的一个因素。我是说，超越于自然的东西就是蕴含在自然本身之中的自然。康德以一定方式表达了这点，但同时他又对此一无所知，其原因就在于，对康德来说，由于理性的范围就是全然的统辖自然的范畴，所以统辖自然本身就是一个绝对的不言而喻的事情，这就如同康德在伦理学中给出的一切范围一样，它们其实都不外乎是统辖自然而已。有人可能会说，我们也可以有一些自由，并且可以放弃字面上的文本，但我认为，人们在这方面不能与康德的意思相距太远，所以，康德的无上命令只能是运用于规范之中的，并且被提升为绝对的统辖自然的原则，而不是其他的东西。这就是说，如果我应当这样行动，我就不应当使自己完全依赖于某种外在和内在都是给定的东西，而是应当让自己依赖于自己理性的普遍性，这样就会超越于统辖自然的总体，这就完全好像理性自身在事实上就是应用于外在的、统辖自然的抽象原则一样。因此，康德必须对作为统辖自然之精神的自由精神加以绝对化，但实际上他并不能完成我已经试图向你们予以解释的这个步骤，这是一种可能解决康德的哲学所处困境的步骤，即反思的步骤，或者是作为察觉到自然的自由的步骤。这里仿佛是这样一个关键地方，康德哲学在这个地方就像童话中所说的那样，已经"走火入魔"了。假如康德哲学察觉到这个地方，假如它了解自身，那么，所有这一切就会改变，并且会完全变为另外一个东西。正因为如此，自省这个概念在康德那里没有位置，这就如同在所有这类理论中一样，自省概念都遭到断然拒绝，比如在海德格尔的理论里，他就在"本真"（Eigentlichkeit）的概念中断然拒绝了对自身和自身局限性的反思，也就是反对对死亡进行反思，反对对死亡进行绞尽脑汁的思考和探究。[⑥] 在本真"原本"就应当存在于一个盲目的、"其本身就是趋向于死亡的存在"的地方，海德格尔就是在一种十分突出的和十分成问题的——我想补充这个意思——意义上陷入唯心主义思维的传统之中。[⑦] 这就是康德为什么不能把作为统辖自然之原则的精神辩证地调整为对人自身的本性进行自我反思，而只能对这种精神——好像这种统辖的原则是一种不言而喻的东西——予以一定程度上未经思索的、盲目的绝对化的原因；这就是为什么康德停留在这种精神与自然的二元论之中的原因。当然，有人会说，在康德那里就没有这种调整的东西。不过，我们不能把调整理解为一个中间者的事情，而是要把它理解为这样一种意义上的事情：通过对双方互相对立的因素的调整，其中一方觉察到另外一方在自身中必然包含的东西。人们就此可以说，在康德那里，正是这种盲目的统辖自然使得尚未澄清的自然可以反复地产生，或者换句话说，康德的道德从其自身而言不外乎就是统辖而已。

女士们，先生们：

在我与你们一道进行了这些可能是艰巨的思考以后——但我认为，为了加深理解我们在这里所探讨的东西，这样做是必要的，正如我业已许诺的那样，我想或许只用一句话来谈谈，为什么我的讲课到现在为止一直是与这些文本紧密地结合在一起的。我认为，在一门哲学的建构(正像我现在所做的这样)与字面上的诠释或字面段落的诠释之间有一种富有成效的张力，如果人们在一个普遍的关联中发挥这些段落，那么，这些段落本身表达的东西经常比它们可能说出的东西还要多。我在这里想说的是，正是这样的哲学思辨的确超越了所谓精神历史的关联之外，并且使人们想要探索的思维结构本身得以表达出来，所以，哲学思辨与那种离开文本字面意思的东西并不是一回事，它并不像人们所说的那样，是一种重新给出一个思想家的普遍精神的东西，这种情况曾经在狄尔泰那里表现出人们不可忍受的程度，此外，它还在值得评价的特勒尔奇(Troeltsch)的《历史主义》一书中也得到表现。[8] 哲学思辨在一定程度上是一个可以仔细推敲，并从近处观察的表述或段落，这就像康德的这一章一样，虽然我让你们在这一章上停留了很长时间，但它更多的是开启了通往伟大的，并且超越了分类的思辨，而不是那种简单地对康德伦理学中的东西作一个全面的评论。在其他情况下，我并不想不让你们写书评，因为我毕竟可以由此看到你们的合理要求；即使你们只是顺带地或者轻松得像玩一样地去写，但你们毕竟在全部讲课中学到了康德伦理学说的真正东西。

现在，我想转向讲解康德的道德哲学本身那里。这就是说，在我向你们相当详尽地(我是这样认为的)展开这些原则上的事情以后，我想比较多地集中在对康德的道德哲学各个具体部分的说明上，我相信，现

121

在是我们在这个讲课中能够理解它的最好时刻,而且我还想向你们解释一下,为什么我在这个讲课里几乎是违背自己的意志集中地讲解康德的道德哲学。人们可以直截了当地说,康德的道德哲学其实就是最卓越的(par excellence)绝对的道德哲学。正是通过完全排除经验,也就是通过分布合唱法的方式,把道德的领域和自然的领域完全分开,这样一门在自身中得以完善的和前后一致的道德哲学才是可能的。因此,康德的继承者们——我已经向你们提到,叔本华是一个例外——没有一门内容明确的道德哲学,就不是偶然的,因为他们不会不假思索地接受我们业已讨论过的二元论,相反,我已经向你们简单勾勒的困境倒会促使他们离开这种二元式的建构。正因为如此,依据道德范围而产生的道德范围的建构在哲学自身中是不可能的。克尔凯郭尔(Kierkeg-aard)曾经特别指责黑格尔晚期的这个问题,说他在这里看到了黑格尔的一个缺陷,但他或许没有认识到,在全部唯心主义中所蕴含的对各个范围加以调和的行为,在本真意义上的道德哲学之中却是不允许的。这当然是非常值得思考的问题,因为如果这样,其结果就是,唯心主义的传统就会使自己献身于相对主义,而相对主义最终则是让自己有助于那种十分暧昧不清的结果。当有人试图复兴康德的伦理学时——你们在新康德主义中可以看到这种尝试,作为这样一种复兴的尝试,每一次都是软弱无力的,此外,当柯恩(H.Cohen)把这种尝试在本质上与法权的建构联系在一起的时候⑨,与康德的自律建构相比较,他的尝试已经在自身中包含了他律的阴影。正如我向你们所描述的那样,即使康德如此激进地把经验排除在外,你们在这方面也不应当把他只是看作一个偏执于纯粹概念——像他在《纯粹理性批判》中展开概念那样——的偏执狂,不应该把他看作一个醉心于绝对的先验概念和普遍有效概念的人,你们必须清楚地看到,按照康德的基本观点,经验主义与怀疑论是一回事。如果你们学习了哲学史,如果你们已经准备好在关于休谟的考试中给出答案,那你们大家都会以某种方式想到,休谟的哲学在本质上是一门怀疑的哲学。但我相信,这里的合适做法就是让你们很快弄明白,怀疑论这个概念在与经验主义联系在一起的时候究竟意味着什么:这就是说,允许的经验条件越多,关于什么是正确的生活和正确的行为举止的客观规定的可能性在此同时也就消失得越多,这样的说法不再是可能的。比如说,如果有人在一种肤浅的经验主义的意义上指出,人类的个人生活的神圣性在某种经验方式给出的文明中,如在常说的特洛布利昂德群岛(Trobriandern)或在南太平洋的某个地方并不生效,那么,有人就会从中得出这样的结论,"如果所有这些规范从其自身方面来说都只是经验的,那与其相对的就是,人们在根本上就不拥有把握真正的有效的裁决机构"。因此,一再遭到人们指责的康德的形式主义也有一部分道理,即他在面对汹涌而至的经验主义和与之相联系的怀疑论的时候,仍然想保持道德表达的普遍有效的可能性,因为他把这种道德表达抬高到一个如此之高的普遍性程度;而与之相反的则是,怀疑论关于单纯的经验局限性、关于每一次谈话中存在的规范的论证则不应当再发生效果。这样,你们就可以对此说:"如果康德最终谈论的伦理学内容或一般伦理学,无非就是自我应当在一个由自我预先设定的、普遍合法性的意义上的行动而已,那么,这就是一个十分乏味无聊的故事,人们通常在这种情况中会说,这个故事在实践中——全部康德哲学都是以实践为目标的——不会有任何诱惑力。"

现在,你们或许可以在这个观点下更好地理解另一个特征,这就是人们很早以前就把康德思想指责为形式主义,即所谓的严肃论,如果允许我说的话,那我想说,这种严肃论与上面的论点是相互关联的。康德的伦理学的确在这个意义上具有严肃论的特性,即它的普遍性和必然性虽然不应当是实际自然的普遍性和必然性,但在另外一方面,道德的戒命却决不能容忍任何有瑕疵的东西,一切与此相对立的、回归到爱好上的东西,也就是作为他律的东西,即使不完全是受诅咒的东西,也至少应当从伦理的规定中被排除出去。这正是康德伦理学的要素,它从一开始就有引起人们不满的理由。或许正如你们知道的那样,曾经是一名忠实的康德主义者的席勒(Schiller)就离开了康德,其原因就在于,他对康德唯一关注的把自然和自由这两个相互分离的范围结合起来的思想进行了解释,并且是在这层意义上进行了解释——如果你们愿意,可以认为,这种解释或许涉及康德的基础:如果自然的最终目的应当是自由,那自然本身在道德的理解上就不可能是极端的恶,也可能存在着一些像善的自然一样的东西;这种善的自然虽然具有艺术的形态,但它却使人趋于高尚,就此而言,这样的自然也可能发生道德的效用,换句话说,一种道德的东西也可赋予自然本身。无论如何,这都是一种与康德分道扬镳的命题,康德对此予以了反驳,而反驳确实是康德式的严肃论,"现在,陋习和恶太容易溜进欢乐女神的侍从行列之中"⑩。这句话是指席勒用保卫欢乐女神来反对他。正如后来的知识社会学在这方面向康德提出的异议一样,康德的这种严肃论是与新教的禁欲主义理念联系在一起的,此外,它还是一种对所谓官员道德进行反思的形式。康德的这种严肃论遭到了人们,尤其是尼采的指责,从此以后这样的指责就变成了一种对幼稚的讽刺,对此,我在这里不想用这些陈词滥调来耽误你们,同时也耽误我的时间。可以这样说,行为举止或许就是如其所愿。我相信,如果人们能像我对这些规定进行推演一样,尝试着从整个康德思想中推演这种所谓的严肃论,那就会继续推演下去,并会获得更多的成果。你们可以稍微想一下,我曾经向你们说过,康德的这种形式主义,即对普遍性的最表面的演绎,是在面对怀疑论时的一种拯救尝试,也就是说,这是市民阶层试图把握最低限度的道德,从而免于遭受一切相对性的侵害,这样看来,康德所具有的哲学天赋使他完全清楚地知道,他在这里给出的如此规定是比较软弱的。因此,他的严肃论只是对这种规定的一种补充。这就是说,唯一能使这些形式的规定超越形式主义,我还要补充说,唯一能使这些形式的规定获得轮廓的,就是这样一个基本要素:这些规定不应当容忍任何一种特殊的情况,正是它们被赋予了这样的特性,即康德所说的无上的、人们绝对不能不理会的要求的特性。如果你们在这里考虑义务这个观念,可以说,这是道德法则在康德严肃性上的表达,那你们立即就会注意到,通过自我无法回避的这个无条件的要素,这种最表面上的道德形式获得了一种具体化的方式,即通过排除所有爱好、冲动及这个规范所遇到的一切东西的方法,使得道德总是可以获得规定。然后,这种道德形式通过所有根据他律的禁令而与道德法则相抗拒,而且其本身作为具体的东西在一定程度上否定地接受自己的内容,可以说,它总是从与其相对立的因素上注意到这样的东西。最后,我还想指出,我们在这里所讨论的抽象性或形式主义,它本身就是把自由和理性的原则与自然加以极端划分的表达。这种形式主义本身在这门学说的内容中就有其根据。这就是说,这并不是形式主义的思维,而是形式主义从其本身来讲就是产生于这门理论的内容,因为这门理论本身就把任何特殊的道德内容从自身中排除出去,而这样的内容来自单纯的此在和单纯的经验,并且是作为一种所谓的道德异物(Moralfremdes),一种来自外在的东西,一种并不只是在自我表象的自由中具有自己地盘的东西。由于不可能完全表象任何东西,不可能表象任何规定的东西,而这样的东西在这个意义上,从其自身来说又不会回溯到经验的实在性那里,所以,根据康德伦理学中的这种分部合唱法,这种二重原则——我已经向你们详细地展开了这种原则,这样的原则本身就只能被设置为一种完全形式上的东西,就其本身而言,这就是必然的,也就是说,从根本上讲,除去理性与其自身的单纯同一性以外,这里绝没有任何其他东西。但是,在另一方面却又存在这样的情况——这是最值得注意的情况,我现在只能向你们稍微指点一下这种现象:正是因为与康德理论的严肃性,也就是与义务观念的严格和不可回避性交织在一起,这些规定违背了康德的意志,几乎是否定地假设出一种具体化,从而最终导致了这样的结果,即这门伦理学根本就不像它外表看起来那样的形式化。艾宾豪斯(J.Ebbinhaus)曾经不无道理地指出,这里正是这个关键地方,在具体化和康德伦理学的严格的形式的特性之间,存在着一种真正的辩证法,他只是没有对此加以充分的说明⑪,而我今天也不可能对此进行探讨。

谢谢你们大家!

注释

① 根据讲课录音的提示,本讲开始部分中有一部分缺损。但根据阿多诺本人的讲稿,现在讲课内容是与原来讲课相符合的。估计缺损的是与上一次讲

125

课相连接的内容。

② 《康德文集》第四卷,第 675 页及后页,B831/A803。

③ 格尔普(A.Gelb,1887—1936)1924 年任法兰克福大学心理学教授和心理学系主任,1931 年在哈雷大学获得哲学教席,他的职位在 1934 年被纳粹所取消。

④ 参见叔本华《作为意志和表象的世界》第 68 节,载《叔本华全集》第一集,第二卷,第 468—492 页。

⑤ 阿多诺在《否定的辩证法》中对叔本华这个思想已有评价,参见《阿多诺全集》第六卷,第 228 页及后页。

⑥ 参见海德格尔《存在与时间》第 15 版,第 258 页和 263 页,图宾根,1979 年。

⑦ 阿多诺对海德格尔关于本真与主体性的思想予以了批判,详情参见《阿多诺全集》第六卷,第 494 页和第 497 页。

⑧ 特勒尔奇(E.Troeltsch):《历史主义及其问题》,载《特勒尔奇全集》第三卷,图宾根,1922 年。

⑨ 柯恩(H.Cohen):《康德的伦理学论证》(修订版),第 373—454 页,柏林,1910 年。

⑩ 康德的原话无法证实,阿多诺这里可能想到了康德在《人类学》中的一句话,但他对欢乐女神作用的理解是与康德相反的,参见《康德文集》第七卷,第622 页。

⑪ 艾宾豪斯(J.Ebbinhaus):《无上命令的意义和误解》,载《艾宾豪斯论文集》,第 80—96 页,达姆施塔特,1968 年。

第十一讲

（1963 年 7 月 4 日）

女士们，先生们：

我已经多次试图向你们清楚指出，道德行为的原则在康德那里其实不外乎就是理性自身而已，这就是说，这是一种摆脱了所有仍然追逐局部目的之限制的理性，它不会依照任何其他东西，而只会依照自身的最一般的内容而行动。不言而喻，这个原则具有悠久的传统和与之相关的丰富内涵，我们至少应当对这个传统稍加讨论。传统在这里当然不是以一种完全直接显示的方法而表现出来的，在我看来，传统中的最重要部分似乎就是在苏格拉底之后的全部留传下来的东西。正如你们知道的那样，我们并没有关于苏格拉底的文本，而且他的学说在一些具体方面是有激烈争论的，据估计，他的学说是与柏拉图的原理联系在一起的，而且总是以这种形式而得到表达，即正确的知识同时规定正确的行动，这句话后来被柏拉图发展为一门学说：美德或正确的行动是有教益的。① 人们后来习惯地把这门理论称作道德哲学的理性主义之论证，康德保持了这门理论，并且在这个地方——我或许想说，仅仅是在这里——他可以被理解为是一位在一种严格意义上的理性主义思想家。总体来看，这个论题现在已经是声名狼藉，因为它好像与关于纯粹心绪和不说自明的感情的学说相抵牾，与那种特别在我们德国非常容易蔓延的看法相抵牾。这个看法以为，正确的行动其实就是通过直接的冲动而给出的,并且是与理性相分离的一种行动,是一种在那个非常糟糕的"心绪状态"(Herzensbildung)的观念中有着自己最后卑劣的残余物的直观,过去,如果有人在某些事情上过分坚持理性,他的亲戚们充其量会指责这个人的心绪状态,而今天这个观念或许只会在征婚告示上出现。除此之外,我确实在这个观念方面不可能理解和探索出其他东西。当然,如果人们更多的是从经验的社会研究方面,而不是从哲学方面,依照一个有代表性的剖面,搞清楚这个心绪状态究竟应当是什么,这或许是一个很好的课题。这里至关重要的是,你们要搞清楚,康德在这个关键问题上是与整个德国的传统观点,或许是可以回溯到虔敬教派那里的传统观点相对立的,这个传统观点认为,正确的行为举止是纯粹心灵的事情,是纯粹直接性的事情,尽管康德的直接继承者,并且与康德出身相同的费希特说,道德始终是不言而喻的事情,从而在一定程度上又回到传统立场上。

女士们,先生们:

你们已经知道,费希特不仅把自己看作康德的继承者,而且还把自己视为最严格的康德主义者,他因此相信,他对康德的理解比康德本人对自己的理解还要深刻,正如他所认为的一般人类智性那样,它在其他情况中决不会有自相矛盾的要求,所以,费希特在许多方面在事实上是回到康德自身那里的,这就是说,他是完全前后一致的康德。[②] 或许值得我们去认真地思考一下,这两个表面上看起来如此对立矛盾的原理——一个原理认为,理性是善的保证,并且是唯一的保证,另一个原理则认为,道德是不言而喻的事情——是否在事实上确实是互相抵触的。现在,在我试图通过这个狭隘的通道陪同你们走向康德的道德哲学以后,我敢于进行这个思想试验,即我向你们解释,如果我们真正仔细地观察康德,这两个原则根本不像它们外表看起来那样,是无条件地相互排斥的。这是因为,一方面,康德的道德原则就是理性,就是绝对的和不受限制的合乎理性的行动,而这种行动在这里忽视了各个具体情况中的特殊目的的分离性,并且局限在与理性相合乎的合法性的最一般的结构之中。但是,在另一方面,由于理性被表象为普遍的东西,即被表象为在所有人身上都是作为一种同一的东西而给定的能力,所以,人们也可以说,我们肯定听到过的理性及其合法性——按照康德的观点,它本身应当是直接给定的——也可以再次被理解为一种直接的东西。这样,为了能够正确地行动,真正需要的并不是对理性的反思,而是需要直接合乎理性的行为举止和理性的结果。如果你们愿意,还可以从一个方面说,康德也能够把道德解释为那种不言而喻的事情。我想假设的是,康德或许会以其全力反对费希特的认识论的思想,但恰恰是在这个地方不会责难费希特。不过,我从历史中并不知道,康德是否提出过这样的责难。

当然,关于美德和知识的同一性的表象也是成问题的——我认为,即使人们没有以此来统一心绪状态的意图,人们也必须把这个问题说出来,这个表象中构成正确行动的决定性东西却消失了,这就是从正确的意识到正确的行动之间的过渡因素。人们有很多理由反对这种道德与理性的同一化,比如,人们可以说出的一个理由是,我已经具有正确的意识,但是却根本没有按照这种正确的意识去采取行动的方式。在社会中,具体个人的利益和目的与整体的利益和目的之间的对抗产生得越多,人们可以假想的这种直接的同一性就越少。因此,人们可以说,下面这种情况决不是偶然的:在市民时代的初期,当第一次在戏剧中塑造市民的对立个性的时候,莎士比亚的《哈姆雷特》就刻画了这样一个人物形象,正确的意识与行动在他的身上表象为不可妥协的对立,具体地说,波洛纽斯(Polonius)在路上向他的儿子传授最聪明的方法——尽管这是聪明的方法,但按照康德的看法,这是明智意义上的聪明,而不是无上命令意义上的聪明,但他的儿子的行为举止依然像一个愚人一样。人们通常都说,意识与行动的这种分歧和分裂构成《哈姆雷特》的中心主题,而这个主题在波洛纽斯这个形象上表现得就仿佛是在一面凹面镜子里一样,而哈姆雷特本人却是这样一个形象,他处在对他所承担的事情——按照法则和他所处时代的道德法则来讲,这些事情对他来说就是绝对无上的戒命——的意识和采取行动的可能性之间,他在知识与美德之间的冲突中崩溃。③我以此想说的是,理性与实践这个著名问题在今天重新具有极其重要的现实性,因为只要人们具有或者自以为具有正确的理论意识,那人们无论在何时何地都会发现自己受到妨碍,其原因就在于,这个问题本身有其承担一切后果的历史哲学的内容。这就意味着,在一个世界中,个人首先是作为一个自为的存在者,个人刻意地、反命题地把自己与其所处的客观的社会现实区分开来,这就如同文艺复兴时期的那些伟大的艺术见证向我们所传递的那样,意识与行动的分离正是在这个时刻产生的,并且还因此产生了所有忍受知识的问题,而这样的问题一定是后来的全欧洲非理性主义的最重要的根源之一。也就是说,人类不得不忍受自己的知识,这方面的原因就在于,人类具有这种经验,从这样的知识中并不会产生一条直接通往实践的道路,这方面还需要一个第三者,它就是那个非理性的、依靠纯粹理性不能归纳的附加物。关于这个附加物,我在这个讲课中已经在不同的地方向你们讲过。正如所说的那样,这个问题首先开始于近代,也就是伴随着个体意识与个体意识也参与其间的社会现状之间的对照而开始的。但是,在另一方面值得注意的是,我想思考的这个问题,它确实会让你们中的绝大多数人感到非常的不安,因为你们在无数事情中的确不知道"我现在究竟应当做什么",而且你们也不可能知道这一点;而这个问题却有漫长的前期史,它就来源于我们的社会和我们的社会的结构;或许只有在一个和解的社会中,这个问题才可能消失。但是,我在这方面所理解的和解并不是在它们各自具有必然的对抗利益的本质之间的一种和平妥协,你们或多或少地知道这点。除此之外,依然应当坚持的是,在康德关于正确行动的合理性的表象中——尽管这里存在着盲目的瑕疵,但合理性这个因素却是绝对不会被排除的——具有很多真实的东西;正像我上次试图向你们所展开的那样,只有这种澄明,只有这种非盲目性,只有这种自省,才能使主体超越简单的自然关联。

现在,我还想讲一个事情。④在正确行动的意识与正确行动自身之间的不同一因素,也在康德哲学那里得到了表达,并且是在我们也已提

到的其他关联中的一个原理那里得到了表达,现在我想让你们进一步
弄清楚这点。这里已经表明,康德对自由王国和自然王国的区分让人
想起某些特别正确的东西。⑤更进一步讲,这种不同一的因素是在下面
这种情况中得到表达的,即在康德的实践哲学中,也就是在康德关于道
德哲学的论著中,道德法则虽然被理解为一种十分严格的合法性,但它
却是这样一种合法性,它仅仅规定什么是应当的,而根本不讨论什么在
现在是事实上的东西,这样,这门理论本身就在合法性与实践之间留下
一个缺口,现在,我试图把这个缺口当作这门理论的一个必然因素向你
们讲述一下。这点就在康德实践哲学的表述中,它把无上命令和一般
道德合法性描述为一种强制。这就是说,这样的法则具备了第三者的
特性,即必然性的形式⑥,因为它们是以这种方式——按照康德的观点
来看——出现在我们面前的:作为理性行动者的我们,除了遵守这些法
则以外,决不可能采取其他行动,于是,这个法则的特性就得到严格的
保持。但是,康德又反复说,由于这不是自然法则,不是关于存在者的
法则,而是关于应当存在的定理,所以,由此就决不可能产生我们是否
确实遵守这些法则的问题,或者我们有没有这样做的问题。正是在这
方面不是预先作出决定,而是让我们在作出是否遵守这些法则的决断
时取决于一个第三者,即取决于不可能归纳到自然的合法性的东西上,
如果你们愿意,我们可以说,这就是事实本相,用纯粹现象学的话来说,
用描述语言来说,这就是康德的自由概念的基础。我相信,你们可以在
这个观点下正确地理解康德的自由学说的作用和自由与合法性这两个
因素之间的境况。如果我们在这里说,这些因素就如同说理性的要求
特性,即命令的特性一样,那你们必须清楚地知道,与古典的理性概
念——我提醒你们回想一下与柏拉图相关的理性概念——相比较,已
经有某些至关重要的东西发生了变化。也就是说,理性已经不像在柏
拉图的辩证法的狭隘意义上表现的那样,只是简单的、正确的形成概念
的能力和按照事情本性划分概念的能力,而是像人们应当表达的那样,
理性本身在康德这里是一种创造能力,是一种能动性。当自我出自理
性而理应接受这些法则,并且不是被动的,而是在此同时也应当从自我

出发去进行创造活动,那么,就此而言,有关合法性的自律的全部思想就是以能动性这个因素为条件的。此外,关于道德法则的学说在这里也是一种中性概念,因为这就如同我已经向你们所说的那样,道德法则在一方面就是一个给定性,但这个给定性并不是像关于"知觉""感觉"或者"印象"的学说在低级意义上所理解的那个给定性概念,而是指这个意义上的"给定",即它是由自我本身必然创造的自我和自我本身创造的东西。这样的东西与柏拉图那里的知识是完全对立的,柏拉图的知识无非就是对一个客观的、预先规定的东西的意识而已,即它是一个理念。理念是一种自在的存在,理念然后比较被动地被理性所把握,这种情况在康德这里根本就没有以这种方式出现过,依照康德的看法,在理念被给定的同时,它们始终是一个自我的创造物,仿佛它就是积极理性(die positive Vernunft)的产物一样。这里面确实包含着康德的理性概念对实践的亲和力。因此,这种情况并不是像下面这样简单,即我根据一个纯粹的过程,根据一个在先前的规定中或多或少地得到反映的推理过程,就应当达到对正确行动的认识,而是这种认识本身必须——这就等于说,自我必须——真正地创造这样的原则,而认识还可以回溯到这些原则这里。如果意志的概念——我们很快就会讨论这个概念——在康德那里占据这样一个中心地位,那你们必须从一开始就搞清楚,意志从其本身而言不是一个其他力量,不是一个附加的第三者,而是它本身——用形而上学的话讲——就是与理性相同一的,就此而言,理性本身是一种力量、一种行动和一个真正的创造者,《纯粹理性批判》中有关原始统觉作为一种原始创造的理论就包含了这层意思。⑦人们因此可以说,康德哲学的核心观点在事实上是后来的费希特学说把实践存在者与理论存在者直接等同起来的观点的先声——人们不得不这样说。由此看来,理性在康德那里是与古典哲学中的理性的含义有所不同的。这就是说,康德的理性意味着一种正确建立世界的可能性,这是在康德实践哲学中保留的卢梭的遗产,据我所知,或许除去左倾的苏格拉底的某些思辨以外,理性在古典时期从未以这种极端的方式出现过,这是因为理性在古典时期从一开始就过分陷于对客观的先前给定状态的清理整顿之中,而纯粹地从理性出发去设定和创造现实的全部性状的思想,则是古典主义根本不知晓的,古典主义在一种世俗化的自然宗教的意义上,把对现实的塑造过分地理解为是由先前给定的结构之性状所预先确定的东西。⑧甚至中期斯多噶学派,主要是帕奈提乌(Panaitios)提出的有关世界国家的构想⑨,也可以与我曾经向你们讲述过的康德的《论永久和平》在结构上作一个泾渭分明的划分。我相信,但我仍然必须再说一次,在所有这些事情上都存在着这种情况:基督教或者全部基督—犹太教的表象方式和与之而来的概念及其所能涵盖的一切,哪怕是按照单纯的合理形态来看,在字面上似乎或多或少都是从古典时期流传下来的思想,它们、甚至它们最深刻的内在关系都已经发生了很大变化,以至于像思维能力(λόγος 或者 ειδσς λογιοτιλσυ)这样的概念,以及可以从中得出的一切结论,后来在基督教世界中都具有一种完全不同的特性,它们所作的说明完全不同于当时当地的说明,尤其是像在康德这里的情况,基督教流传下来的表象已经明确地被排除在道德哲学以外。因此,仔细探讨一下,近代哲学传统在与古典主义——古典哲学对全部基督教发生了至关重要的作用——结合的各个地方又是如何因为这个动机而彻底改变古典主义的,就是一个十分重要的课题。比如,古典时期把至善(summum bonum)表象为一种所谓被动的、对象化的、与我们相对立的东西,而在康德这里,这一表象则转变为对善、对道德的绝对的收心内视,而这样的收心内视从其自身方面来说,确实是把全部基督教的信仰学说设立为收心内视的中介。我们之所以必须指出这些事情,就是为了让你们不要以为关于道德哲学的思辨只是以某种方式发生在空洞无物的空间里,而是要让你们看到,哪怕是最微妙的概念差异都受到某种宗教的和形而上学内涵的浸染,而这些内涵在数千年的过程中又浸透在这些概念之中。⑩

不过,现在还必须说的是,没有人会像康德这样把道德与理性相一致的学说看得如此严肃——我说得似乎有些让人感到可怕。但是,有关道德自明性的学说的否定、狭隘和独断恰恰就出现在这个关键地方。我相信,每一个在这些事情上多多少少有意识地对自己进行监督的人都会有这样的经历:道德绝对不是自明的,而是在现代错综复杂的生活中——从这个意义上讲,康德所生活的那个时代的境况没有任何不同于我们时代的地方——存在着无数的、没有这种自明性的情形,而人们反复落入其中的倒是这样的情形:人们在这种情况下需要高度紧张地反思,但并不是为了听从无上命令(上帝知道,我在这里并不想夸大其辞),而只是绞尽脑汁地想做一个过得去的正经人,而康德在这个地方却忽略了这个因素。由于这个因素受到了忽略,所以,它后来看起来总是这样一种情况,好像人们或多或少地对当时生效的道德规范承担了义务。这就是说,就像我们收集到的情况那样,康德虽然在理论上自然而然地容许在文化方面认可的规范与产生于无上命令的规范之间存在差异和区别的问题,但是,这个问题对他来说是完全没有结论的。我不知道,我是否向你们指出过,这也是这方面的一个根据。正如卢卡奇(G.Lukács)在他还可以对这些事情进行独立思考的时候所说的那样,全部康德伦理学是一种私人伦理学(Private Ethik),这就是说,它是这样一门伦理学,在具体的个人所承担的规范与客观的规范——无论这样的规范是产生于现成的社会,还是产生于社会变化的要求——之间有可能产生的冲突问题在这门伦理学里是根本不存在的。⑪从根本上说,这个世界——这门特别精致的伦理学就是为这个世界而设计的——与赫贝尔(J.P.Hebel)和格特赫尔夫(J.Gotthelf)*所歌颂的农业社会的世界并无很大的不同,在农业社会中,由于每一个人处在一个传统的、自身设置坚固的、没有问题的世界中,所以,每一个人在一定程度上确实在任何时候都知道,他应当做什么。如果你们在这里举出康德为了解释他的道德原则而举出的例子,那这始终是有关一个诚实商人的例子:这个商人虽然能够利用自己的优势去获利,但他在这方面却能坚决地摒弃市民社会之前的、传统意义上的那些坏的手段,如欺骗、榨取等。按照市民阶层的模式,即严格地按照交换法则去经商,人们在交

---

  * 赫贝尔和格特赫尔夫都是18世纪的德国作家,他们的作品主要反映当时的农村生活,洋溢着劳动人民的智慧和乐观精神,具有启蒙思想的色彩。——译者

换中把自己的东西卖给别人,并且要求别人把东西卖给自己,在这种交换中既不是为了自己利益去诓骗别人,也不让人诓骗自己——这肯定是康德伦理学中的理性的一个具体的方面,即康德伦理学所包含的严格按照理性而行动的要求之一。由于这样的原则在事实上是一种计算同等交换的原则,它与合乎理性之行为的原始图像非常接近,正如人们所说的那样,计算就是合乎理性之行动的模式,所以,康德的注意力就非常自然地被引导到这里:他把这种在本质上还是农业社会的商人美德与真正的道德行为等量齐观,或者还可以补充说,官员的履行职责、准时、不受贿赂等美德也算作真正的道德行为,所有这些美德在康德哲学所形成的时代里当然具有特殊的重要性,因为康德哲学高踞于重商主义的财政官僚的国家与一个业已充分发展的市民社会之间的制高点上,康德要使市民社会的规范对这个依然是由非理性组织起来的社会发生效用。但是,正如前面所述,康德在这个地方不是前后一致的,因为他在这里教导说,人们为了成为善人,可以不需要哲学。无论是苏格拉底还是柏拉图——在他们那里,这种在理论与现实的实际构成之间的极端断裂从未出现过——都没有作出这样一种命题,如果我们正确设想的话,或许可以说,倒是苏格拉底曾经在雅典广场上向其学生率直地说,只有你们学习了哲学,你们才可能行善。他或许在这个地方非常严肃、非常沉重地设想了有关理性的思想,而这样的思想在康德这里却已经转变为这样的想法:人们应当待在乡下,老老实实地去养活自己。[12]

尽管如此,我在这里仍然想向你们说清楚,康德学说所教导的,人们由于道德法则的直接给定性而不需要哲学,依然是真理的一个因素。我向你们所说的希腊哲学的同一性,是以一个在自身中相对同一的社会为前提的。在这个社会里,在自由和平等的人们中间是根本不会出现这种意识差异的,希腊哲学因此一般不会想到其他的人群,它通过提出人必须学会哲学,然后才会行善的要求,使得善成为教育特权的一件事,而这种事情在我们的时代和 200 年前的康德时代是毫无疑问的。我想说,这里隐藏着一个资产阶级革命的和一个非常卢梭式的因素:善的直接性是与传统中划分的等级世界相对立的,善不应当依赖于作为特权的教育和被席勒称作"严格划分时尚"的东西。⑬另一方面,这里反映了在康德那里非常罕见的对理性的限制,而这种限制是全部唯理论的典型特征,因为在这里占据支配地位的是一种很少见的矛盾心态,即理性的激情越炽烈,也就是说,所有从理性本身出发去展开最具体的事情的尝试越多,理性自身就会变得越狭隘,受到的诋毁就越多,所以,人们应当对这种矛盾心态加以彻底的讨论。正是由于给定东西本身最终也应当是理性的一种产品,所以,人们在这里就很容易提出应当按照给定东西去行动的要求,其原因就在于,这些给定东西本身也是理性的。我还必须说的是,人们可以在晚年黑格尔那里发现反对这种推理,反对这样的世界改革者,反对如此单纯的反思,反对所有这种范畴的煽动性言论,可以说,在晚年黑格尔的全部著作中都充满了这种诽谤,他甚至还鞭笞了在康德那里业已作为范例的专门术语,比如,"卖弄理性"(Vernünfteln)在康德那里只是一个简单的骂人字眼⑭,这也受到了他的攻击,这方面的主要原因在于,康德并不认为经受这些矛盾——理性在其独立应用过程中所陷入其中的矛盾——是必然的,而是把它们看作误用理性而经受的一种差错,而理性本身却被排除在这种差错之外,因为理性理应具有纯粹合法性的特征。

康德伦理学的基本问题是自律,而与自律相对立的是他律。我认为,我在这里向你们长时间地解释这两个概念是没有必要的。自律是自我对自己的立法,但是,我们不应当把自律这个法则理解为我们大家都以某种方式所经历的这样一个东西:当我们在摆脱了那个普遍生效的、从历史上流传下来的法律表象的束缚的同时,我们还想能够正确地行动,因为我们都想给自己设定一个所谓我们愿意按照其行为办事的独特的密码(Kode)——我想,每一个人都经历过这样的阶段。这种情况并不是自律的含义,而是在康德的自律概念中所隐含的一个承载着最重要意义的普遍理念的开端,这就是说,自我对自己立法的法则并不是简单地涉及自我个人的需要、爱好或者自我特有的个性的偶然性,而是这种法则必定是普遍的,这个思想其后又在康德那里获得具体的内容;自我对自己立法的法则同时还必须是这样的法则,自我可以把这个法则表象为一个普遍立法的基础,即一个不伤害其他个人的自由和自律的立法之基础。与自律相对立的概念是他律,它是这样一些东西的总概念,康德拒绝把这些东西当作伦理学的合法来源,这就是说,他律是一个由其他人为自我设定的,而自我又只能接受的法则,这样的法则是没有我自己理性的一个法则。而自由则意味着自我给自己立法,这是我在这里必须再一次向你们特别强调的东西。如果自我不能给自己立法,如果自我不能按照自身的理性法则去行动,那么,自我就使自己依赖于他律和在自我之彼岸进行统治的合法性,自我因此就是不自由的。他律这个概念在康德那里不只是政治意义上的非自由,即按照盲目向自我规定的规范去行动,它还涉及一切限制理性的事情,涉及特定的欲求和特定的要求,比如,通过从外在带给自我的因素而对市民阶层的自由进行束缚等。女士们,先生们,康德正是在这个地方与古典传统完全一致。还是在亚里士多德的伦理学中就已经出现这种现象:自由这个概念是从受到庇护的自由的双重意义上而得到理解的,在这方面,早期古希腊思想家亚里士多德当然想到了受到他自己学生亚历山大的僭主政治所庇护的自由,同时他还想到了通过依赖于自己情绪而得到庇护的自由。⑮古希腊哲学中的犬儒学派与古典时代中的早期斯多噶学派都教导说,人们应当从这种庇护中解脱出来。人们几乎可以说,自由概念的这种双重转向——作为转向外部的自由概念和转向内在的自由概念——是支配、统治全部哲学史的事情,而一切思想家,包括那些相互间有着最激烈矛盾的思想家,在这点上都是一致的。如果你们查一下《启蒙的辩证法》中有关朱丽叶的按语,你们就会发现,我们恰恰是搜集了证明作者这个动机的材料,即所有这些材料无非就是证实作者这个思想:自由就存在于被压制的情绪之中。与此同时,在这个地方始终隐含着一种潜在的,后果极其严重的辩证法:这就是在自由的名义下,即在用意识监督情绪的名义下,本能的满足和任何一种幸福最终都归于一种禁忌,并且还被驱逐在思想之外。上帝知道,康德对这种意图也不陌生,比如,他把同情、怜悯、直接的伤感等都排除在他的伦理学之外——这是他的伦理学模式,在斯宾诺莎那里也有同样的模式,因为所有这类的感情冲动都是简单本性的感情冲动,它们与本能的方式相差无几,因而与纯粹的理性、与理性原则就应当是不相容的。由于这种自由概念建立在绝对依赖于一切存在者、一切本性的基础之上,所以,自由概念的这种太大的张力同时就面临着转变为非自由的危险,其原因就在于人们被迫接受一种放弃,而且首先是人们通常不会得到所想要的东西,然后人们根据这个命令就必须放弃所想要的东西。关于这点我想在下一次予以讨论。

注释

① 参见阿多诺在 1956 年 12 月 18 日所作的关于柏拉图的演讲。

② 费希特在"知识学第二导言"中论述了他与康德哲学的关系,载《费希特全集》第一辑,第一卷,第 468—471 页。

③ 参见《阿多诺全集》第六卷,第 227 页。

④ 阿多诺在这里最初是这样说的:"为了看到康德的这个命题的真正价值,并且去思考康德的理性概念……"但他中断了这里的讲话,又重新开始。

⑤ 参见《康德文集》第四卷,第 682 页,B840/A812。康德在那里遵循了莱布尼茨对"神赐王国"和"自然王国"的区分。

⑥ 编者对这句话进行了修订。

⑦ 康德在《纯粹理性批判》的第一版和第二版中多次谈到统觉的问题。康德在第一版中说:"因此,在我们身上有一种综合杂多的能动的能力,我们称之为想象力,而想象力直接对知觉实施的活动,我称之为领会。"(载《康德文集》第三卷,第 176 页,A120)康德在第二版中把"统觉的综合原始统一性"称为"意识",他说:"它们只是这样一种知性规则,其全部能力都在于思维,这就是说,在于使另外在直观中被给予它的杂多的综合获得统觉的统一行动,知性自己不认识任何东西,而只是对认识的材料、对必须通过客体给予它的直观加以联结和整理。"(载《康德文集》第 144 页及后页,B145)

⑧ 阿多诺在 1956 年 12 月 19 日的演讲中追述了苏格拉底在古典哲学中所持的特殊观点。

⑨ 参见宇贝维格(F.Überwegs)《哲学简史》第一部"古典哲学",第 476 页及后页,柏林,1926 年。

⑩ 参见阿多诺的《哲学术语》第一卷,第 58—60 页,法兰克福,1973 年。

⑪ 卢卡奇:《历史与阶级意识》,第 229 页及后页,柏林,1923 年,新版,达姆斯塔特。

⑫ 阿多诺在 1956 年 12 月 18 日的讲课中专门讨论了苏格拉底,并且强调说:

"一个没有意识的善是不可能存在的。"

⑬ 席勒《欢乐颂》第六节。阿多诺在讲课中把"严格的"说成"大胆的"。

⑭《康德文集》第三卷,第 339 页,B397/A339。

⑮ 亚里士多德:《尼科马可伦理学》第三卷,1109b—1112a。阿多诺在 1957 年的讲课中对此有专门的论述。

第十二讲^①

（1963 年 9 月）

现在谈谈康德伦理学的核心概念——自律和他律。在自律这个概念中，自由和法则得到直接的省略，并且被合二为一。自律（αντοs），就是自我本身作为主体，自由地把规定给予自我。这样的规定同时还应当是法则（νσμοs）。他律则是来自他人的法则，这方面就像在古代一样，考虑的不仅仅是其他人。

价值这个概念在康德那里是没有地盘的。因此，当价值从康德的意义上来说是他律的，并且因此而不承担义务的时候，对康德伦理学作出最有名批判的舍勒则认为应当承认价值^②，这就不是一个偶然现象。对价值这个文化现象的理解，应当从一个社会的迷失方向及其结构去予以反思，在这样一个社会中，传统的规范不再存在，但个人却不能对自身加以规定，而只能去追寻人们还能坚持的东西。这种文化现象在本质上产生于对某种倾向的渴望，就是说，对规范的证明不是由理性，而是由生拉硬扯的这种渴望来进行的。这种情况在价值中也得到了表现。这样的价值曾经是某一次任意设定的，但在其他情况下却反映了人们的弱点：人们不能真正地对自己加以规定和遵守自己的法则，而是只会依据"出现某种事情，我们跟着干"的想法去行动。这样做的结果就使得这些价值具有"纯正性"和"坚实性"。

现在回到自律概念上来。有人可能会说，在康德那里最终看到的一点点自由,在作为为自身立法的自由之规定中也被抽走了。但是,更严肃的看法应当是:抽象地宣称法则是对自由的否定,是与事情的本相不符合的。因为一个绝对的、没有法则的状态同时也是绝对的不自由的,因为,每一个人在这种状态中都会遭受所有人对所有人的压制。这或许就是霍布斯(Hobbes)的国家哲学中的"所有人对所有人的战争"(bellum omnium contra omnes)。霍布斯的哲学纯粹地设定,绝对没有法则和自由与不自由完全是一回事。同样的东西对内在也发生效果。假如人们不检验现实和不监督自我就去追逐自己的需求,那么,人们就会受到自身的限制,因而就是不自由的。贪婪的人是一种极端的情况,这样的人是不可能放弃与自我保持相矛盾的需求的。绝对的自由,即在自身中没有规定的自由,就等于对自由的否定,这个思想并不是清教徒式的老师们的发明,它具有一种真理的因素。人们很难接受康德把自由与法则交叉在一起的思想,但这个思想并不是简单的理念。另一方面,在法则的理念中始终包含着针对自由的潜能。作为无所不包的法则不允许有任何例外情况,它在自身中具有某种大全的东西,在强制不具有理性因素的地方,它对人们只是实行强制。当自由受到限制的时候,自由在重要关头就可能全部消失。法律范围,包括那些处在应当保护和保证自由的理念之下的法律范围,在自身中也具有消除自由的倾向。自由与法则的关系不是可以进行很好平衡的关系,它们不是理性的平衡,而是两方面都是动态的元素。法则所抓住的东西就是人的欲求能量,这样的能量能够勉强地被加以控制,但却不会得到完全的升华。而另一方面,一种受到像超我(Ueber-Ich)那样被分离出来的能量所支持的心理决断在自身中具有自我孤独、截断自由的倾向,也就是说,它不需要平衡。由于法则具有一种能发挥出比自由更大作用的倾向,所以,对它要加以注意,高度警惕在一旦裁决、不容撤回的名义下出现的法则、法律规范的神话现象,就是至关重要的事情。人们不能满足于某种所谓的秩序,因为一旦有这样一种秩序的存在,它通常就会使自由消失。在法则与自由之间支配着的并不是一种静态的比例。

　　康德给出了一种天才的形式,以便保证自由与法则之间的关系是先验的建构。每一个个人从法则那里得到的自由与他受到法则限制的自由是同等的,这就如同一个人的自由同时也限制另一个人的自由一样。③虽然这是形式上的东西,但它却提出了一个人们可以遵循的规范。社会的功能关联与道德哲学的原则是联系在一起的。绝对地为自己而存在的个人只是功能。人们为了能够生存,就会通过社会化的过程而结合在一起。自由对个体来说并不是孑然孤立地给出的,而是要考虑到人们生活在其中的社会整体。只有在功能关联这里才能获得道德法则的具体化,而不是在罗宾逊(Robinson)的模式那里。

《实践理性批判》与《道德形而上学的基础》之间的区别不是可以轻易把握的。《道德形而上学的基础》是以所谓自然的意识为出发点的。④与之相对的,则是《实践理性批判》发挥的效用更重要一些。但是,应当谨防这样的评价,因为比较简单的论著往往隐含着说理充分的论证。黑格尔的《精神现象学》就是这方面最明显的例证。《实践理性批判》是与《纯粹理性批判》相比较而撰写的,它试图分析实践理性的能力,在这方面展开实践理性的一些矛盾、二律背反,然后解决这些矛盾,并且提出一种方法论。《道德形而上学的基础》与之相反,它是一种原初的尝试:从自然的意识上升为道德哲学的范畴,从一个所谓的前批判出发点奔向道德哲学的观点。从这两部著作的内容来看,它们在很多方面是一致的。

康德从自然的意识出发,这就是说,他从人们曾经给予我们的道德的直观出发,这样做所遭受的不满就要比人们最初可以想象的要少一些,因为康德把道德法则规定为一种给定的东西,也就是在自然的意识中现成的东西,道德法则因此必定会从自然的意识中显露出来。无论道德法则是不是一种给定性,这里面肯定隐含了某些真的东西。人们不可能发明一种伦理学,人们不可能与一个时代的伦常相对立,为自己设立一种密码。这必然会导致这样一种情况:人们一方面让自己免于遵守对许多人通常生效的规范,但另一方面却又同时怀有这种倾向,对其他人预先设定了人们相信自己可以免除在外的东西。一方面,普遍的因素就蕴涵在这样的规范中,因此,不顾及普遍性始终是一些自负和徒劳的东西。另一方面，一个通常所说的负责任的人不能简单地满足于在周围环境中生效的规范。更确切地说，这里发挥效用的是让这些规范与自己的意识进行对比，并对这两者加以估量——这正是自然意识中的道德基础富有成果的地方。但是，这并不等于有些人所相信的那样，可以去发明规范。把自己简单地排除在现实存在以外，而不对这种存在的重要方面加以反复思考，在大多数情况下都只是对现实存在的倒退。愚昧无知并不是自由的中介物。只有在自身中对规范进行反思以后，人们才可以摆脱这些规范的束缚。康德在这里就是这样做的，伴随他的是不断增加的抽象，进而达到无上命令。可以预先设定，人们通常都是按照基本原则去办事的。对康德来说，人们不按照原则去生活是几乎不可想象的。前瞻未来，关心未来，属于市民存在的一部分，这样的存在需要这些基本原则。现在，按照基本原则而行动的自明性已经不复存在。有谁还相信这样的东西？实在性在今天具有这样的优势，它要求变易性、灵活性和适应性，因此，按照基本原则而行动就成为不可能的事情。康德的基本原则是以一个固定的、持久的自我为前提的，而这样的自我在今天是不再存在的。谁在今天还按照基本原则去行动，谁就是一个不可言状的迂腐的人。与此相像的是古代的情况，在古希腊开始时代，也存在着一种个性的危机。亚里士多德与柏拉图的关系，相当于一个盎格鲁—撒克逊人与康德的关系，这个盎格鲁—撒克逊人考虑到这点：在康德这里绝对不受限制的东西——法则概念，在亚里士多德那里却受到所谓"适应性"的限制。⑤现在，这个东西已经逐渐淡薄了。亚里士多德的适应性是说，人们不仅要按照法则办事，而且还要顾及这个人和特殊的情况而行动。而在康德这里，这可能就是他律。康德在一个地方把前后一致性当作唯一受到哲学尊重的东西，适应性却与此相反，始终是前后不一致的。按照规定、法则和准则去行动的要求是理性优先性在实践领域的转化，理性在这方面是普遍原则的总概念。关于值得注意的基本原则的前提条件，就讲这么多——康德在这里通常是批判他律的。

有人没有按照原则行动，但却并没有引起很大的蔑视；这个人摆脱了周围状况,但他只是没有根据固有的原则来估量周围状况——这样的可能性并没有被康德所考虑。"由于我剥夺了这个意志的一切推动力,而这些推动力有可能来自遵守某一个法则的意志,所以,这时剩下的无非就是行动的普遍合法性而已,这种合法性理性为遵守原则的意志而服务,这就意味着,我永远不应当采取其他的行动,也就是说,**即使我可能有意愿,但我的准则应当成为一个普遍的法则**。"⑥意志的概念在这里完全是从形式上被把握的。我的渴求能力——我的行动就产生于这个能力——应当以来自理性的目的为目标;意志被限制在一个以目的为目标、受到目的所左右的渴求能力之上。这个定义很重要,因为这个意志概念与一般的语言应用相距很远,并且还与事实上的意志现象很不一致。"我应当这样行动,让我的意志的准则能够成为一个普遍立法的基础。"⑦现在,我解释一下准则这个概念。每一个公民都按照原则而行动。准则是从"高大"(magnus)的最高级推演而来的,最高、最大就是最高级的规则,比如"你要始终保持忠诚和正直"就是这样的规则。如果这样一种最高级的规则仅仅是一个生活智慧的法则,它最终还是服务于自我自身的进步,那么,这样的规则就只是经验的。另一方面,这样的原则对自我行动来讲是一种规范的结构,因而是其可以遵循的形式。因此,在无上命令中所隐含的问题就是:自我为自己制定的规范如何具有绝对的和最高的约束力的性质? 所以说,只有当这个规范与一个真正普遍的和必然的规则相一致的时候,这个命令才是无上的。但是,在现实中生效的法则并不是这样的命令,它们所反映的是权力关系,这样的法则就与我自己的法则一样,也是经验的。因此,这里需要一个第三者——理性的裁决,从而使自我通过理性的裁决对自己的生活规则加以彻底的过滤。无上命令之为"无上",就是它被当作绝对生效的东西,其对立面则是有条件而生效的东西。不过,这里涉及的不是自然法则,否则,就不会有自由。虽然无上命令只是一种要求,但自我作为理性存在者却不应当回避这样的命令。康德通过这样的抽象就从个体过渡到普遍性意义上的主体上,这样的普遍性是作为《纯粹理性批判》中的先验主体和《未来形而上学导论》中的一般意识而出现的。⑧纯粹实践理性的最高原则是完全给定的,所以,它就不是以与统觉的先验统一性完全相同的方式而被推演出来——这里姑且不论,推演它在何种程度上确实是一种统一性的诸因素的展开,或者确切地说,它就不是这样因素的展开。⑨

注释

① 这一讲没有录音记录的标记。遗稿出自锑拉克(H.Tillack)的笔记,还是在阿多诺在世的时候,这一讲就编入这个演讲稿的序列之中。这一讲的主要部分是扼要地重复上次讲课的内容,这是与阿多诺的手稿大纲相符合的,而这个手稿则是以 1957 年 1 月 22 日的讲课提纲为基础的。

② 参见舍勒:《伦理学中的形式主义与质料的价值伦理学》,第 176—178 页。

③ 参见《康德文集》第七卷,第 71 页及后页。

④ 阿多诺在这里重复 1957 年 1 月 22 日讲课的内容,他说:"在《道德形而上学的基础》里人们清楚地看到,康德最初一度使用这样的方式——这个方式后来被黑格尔当作一种模式,即从自然的意识出发,从现在给予我的道德直观的事实出发,然后通过抽象,通过对这种直观的一种批判分析,达到无上命令,达到道德法则的纯粹表达。"(阿多诺讲课稿第 1421 页)

⑤ 亚里士多德:《尼科马可伦理学》第五卷,第 1137a—1138a。

⑥《康德文集》第七卷,第 28 页。

⑦ 参见第七讲第 10 条注释。

⑧ 参见《康德文集》第五卷中《未来形而上学导论》的有关论述,原文是:"因为我们认识的自然不外乎是现象的总概念,即我们身上的表象,所以,我们能够获得自然联系的法则的地方,不外乎是我们自己这里的自然联系的诸原理,即一个意识中的必然联合的诸条件,这些联合构成经验的可能性。"载第 187 页及后页。

⑨ 在 1957 年 1 月 22 日的讲课中,阿多诺对这个问题予以了详细的阐述,他说:"康德后来在《实践理性批判》里的一个关键地方不得不看到,以一种类似于自我意识的统一性范畴的方式,即从综合统一中去推演纯粹理性的诸原理,去推演道德法则是不可能的。人们不能像推演纯粹理性的各种不同原理那样去推演无上命令,而按照康德的看法,这些原理可以从诸范畴和自我意识的统一性的最终裁决去论证数学似的自然科学。人们最终在一定程度上又回到道德法则的事实那里。"(阿多诺讲课稿第 1421 页及后页)

第十三讲

（1963 年 7 月 11 日）

女士们，先生们：

我总想再花些时间谈谈无上命令的不可推论性。在这里出现了一个东西，显然在现代哲学的更为隐蔽的那些鼓动里，也就是在现象学的那些鼓动里，这个东西不是最后一个鼓动，而这种鼓动在现象学运动、在哲学中真正盛行起来之前，就已经被齐美尔以如下句子作了表述：一切可证明之物，也是可反驳的，只有不可证明之物才是不可反驳的。①在此，我偶然发现了厌倦论证的现象。这一厌倦也有其辩证法结构。在这一结构中存在着关于不可调解的事物的堆积起来的经验，存在着那些所谓哲学内的学术争论，还存在着通过哲学思考的方式摆脱这种争论的需要，它脱离这种争论就像是脱离某种总是趋向于反驳和议论的东西一样。哲学努力转变为学说，也就是说，哲学努力摆脱"是这么回事，但是"这样的相对性，这个努力作为理念肯定具有某种合法的成分，但同时也有两种危险。一方面，它确实把哲学降低到对所谓事实接受的层面上，也就是说确实排除真正的思想并把哲学变为实证主义的事实研究——实证主义曾经企图把这种实证主义研究变为一种哲学；另一方面，它任意发出诫命，命令人们做什么。这两种情况在康德的这个命令中都显示出来：即使在所有情况中都有一种真理的因素，即如果真理没有摇摆不定的论证的倾向，如果在真理中不存在某种超越这种简单的无限性的东西,如果真理满足于命令或单纯的现成性,那么,真理将无法凌驾于无限性之上,正如无限性也无法凌驾于真理之上一样。

我们曾讨论过《道德形而上学的基础》中所表述的无上命令的这个第一种理解,我现在还想进一步研究一下这个问题。我在这个过程中再一次遵从我的习惯做法,即我们应该更加仔细地阅读原文。原文是这样说的:"我的行事方法只能如此,**即我也可以希望,我的准则应当成为一种普遍的法则**。"② 有意思的是,这里有一个起限定作用的"也"字,人们几乎可以这样来理解这个字,即康德只关心这个准则不与一种普遍法则相矛盾,但他自己却并不要求,并不积极地要求任何一种单个行为都直接来源于普遍的法则。这里也许存在着某种对行为的受限制方式的让步,这种受限制方式恰恰存在于此,即根本不能指望这一准则可以带来这样一种纯粹清晰的、最普遍的规律性。而康德关心的是不让无上命令在空中飘动。他要让无上命令对实际主体有效(即使这些主体他理解得很少),这样,这些考虑就总还是可以起作用的。但是,事实上可能有更多东西存在于他在此拥有的意愿概念和意志概念之中。我想对你们再说一遍的是,康德的意志概念有一种很特殊的含义,而这个含义人们大都忘掉了,因为人们把道德能力(或者随便人们怎么称谓它)是当作意志来谈论的。在《实践理性批判》里有一处——在分析篇的第二个主要部分"关于纯粹实践理性的一个对象的概念"——这样写道:"理性本身有能力看透手段与其意图的联系,这样,人们就也"——现在出现了定义——"通过目的能力来定义意志,而这些目的在任何时候都是按照原则产生的欲求能力的规定依据"等等。③ 因此,在欲求能力的规定根据具有目的的条件下,意志就是欲求能力。这个表述很惹人注意,因为它表现的是无数个敏感的自我修正,我最想说的是,这些自我修正构成了康德的体系。人们可以这样来表达这个问题,即康德哲学从其本质动机来看是客观地指向辩证法的,但它又是在传统逻辑的意义和规则中被阐释的,这一哲学考虑的是,通过一种持久的修正和自我修正的过程来完成只有通过概念的辩证法——即通过把矛盾纳入概念本身当中——才能完成的东西。如果说我能够给你们提供阅读康

147

德的方法,那就是你们要对连续的、所谓正式的总体意图与无数的修改(康德试图用这些修改使他所遇到的辩证关系生效)加以区分,并且予以正确的理解,这样,你们就可能从整体上理解康德,特别是理解《纯粹理性批判》和《判断力批判》,这样你们也不会误解我,他在这里并没有接受某一种辩证法的概念。我在这里所指的无非是,按照旧的柏拉图式对人的能力的划分,欲求能力恰恰是指向感性的东西,它因此就是那种在原则上被委托给他律的东西。如果意志现在被定义为欲求的能力,而这种能力又是被目的所决定的,而目的可以被理解为理性的目的,那么,在这里又存在着一些东西,如:这种在原则上被认为具有感性的能力由于又一次被非常形式地理解,它在那个按照理性目的来排列的时刻就恰恰从属于理性目的,尽管它仍然是被介绍给理性本身的。这就是为什么这一介绍如同一切中介范畴那样在康德这里是如此之重要的原因,因为这种欲求、意图在原初是属于感性能力一类的东西——道德行为通常是与这种能力有区别的,它在自身中具有一种被理性所确定的可能性,而我们也正是由此才能去设想,道德法则、无上命令和作为经验存在物的我们的行为怎样相互协调一致;这也是为什么在康德那里会出现这种真正的中间规定,这种对意志的中间规定作为对欲求能力的中间规定,同时又受理性的制约。此外,它是一种理论,这个理论根本就不像初看起来那样与心理学和心理学的观点非常遥远。这个意志的中介范畴在康德这里并不像在亚里士多德那里的意志一样,是内在与外在之间的中介,相反,意志是内部的中介,也就是说,道德可以不顾及任何经验之物能得以实现的力量就是(如果你们允许我与康德的许可相联系,然后再允许我对心理学的语言作出让步)理性以意志的形态占领欲望(这是自我,心理学则会在这个时候把它说成是本我)。因此,意志就是可支配的力量的因素,是可支配的欲求力量的因素,这一因素在某种程度上是分岔的,并隶属于有意识的意志,在意志的概念中实际上也总是隐藏着这类事物。④在康德给出类似于意志定义那样的言语定义(我已经给你们读过这个定义)这里,并不是最终证明康德伟大的地方,如果你们能仔细研读康德的这类言语定义是很有益的,它们并不具备随意与偶然的特点,而今天的那些工具性定义很轻易地就染上这个特点,它们总是同时(人们可以这么说)具有现象学的特征,就是说,它们完全是在旧的柏拉图的要求的意义上尽可能地测量被定义了的现象本身的本质。道德真正表现出来的特征是,对某些意图的任何考虑都远离这个意志。就是说,康德关心的唯一问题是,我是在这个道德法则本身的意义上行动,而有关效果的疑问——如果我应该这样表述的话——一般并不起本质作用。《道德形而上学的基础》中有一处这样说道:"一种源于义务的行为所具有的道德价值并不存在于由此而应当实现的意图之中,而是存在于这个行为据此而被决定的准则中,这个行为不取决于行为对象的真实性,而仅仅取决于行为(不顾及欲求能力的一切对象)据以发生的意愿原则。"⑤ 这一点与我刚跟你们讲的内容一致,就是说,意志就是这样的欲求能力,它在从属于理性优先性时,也从属于道德法则本身的优先性。

因为我们在这里谈论的是意志,我至少想补充一点,即意志本身在康德看来——如果你们愿意的话——是一个基本原理。这就是说,他虽然持续地拒斥心理学——这是人们可以用整个《纯粹理性批判》来证明的一个基本结构:他为了表达某些东西,为了替他的法则、基本原理和要求需要占据一个根基,但他又不能完全脱离心理学。我至少想点出这一点,在他的独特哲学中,在他的独特哲学的极端的意义上渗透进了某种根本不应该渗透进来的东西,即关于心灵这类确定能力的表象,而这些能力的最终目的是对心灵进行本体论解释,并且说心灵是由某些自身的实体性构成的;这如同柏拉图的欲求或逻辑理论——全部这种直观都追溯到柏拉图那里——是受柏拉图本体论、理念论的束缚支配一样。也就是说,在柏拉图看来,人的心灵所处于其中的能力是这样一些客观的、在理念的意义上自我存在着的实体,《斐多篇》里的一个地方明确写道:"心灵的非肉体性本身已使其是某种与理念相近的东西。"⑥康德不可能讲出这一点,因为在他自己对所谓的理性心灵学说进行批判时,某些心灵能力、力量、财富的客体化或物化都应当被排除在外,好像它们是一种自在存在物,而不是与来自经验的内容有联系的功能东西,而心灵的范畴却与它相联系。不过,康德却在使用意志这样一种概念,有趣的是,他不能没有这类概念,他根本就不可能彻底放弃它们,但他从根本上却以如此的方式讲话,好像作为一种自在的心灵已经分解成知性、欲求能力、意志,以及诸如此类的东西。在此需要说明的是,在意志这一概念中当然有无限之多的东西交织在一起,人们不能假设它是一种实体,好像它是独立存在的东西。情况就是如此,由于意志是一种心理学范畴,我在这里必须再一次重提心理学,人们总是可以获得这个经验:相对于心灵活动的真实性,相对于人的实际的行为方式,恰恰是把意志概念假设为实体,比如,说某人意志坚强或意志软弱,是说非常任意与软弱的东西。这并不是普鲁斯特(M. Proust)小说的最后一个噱头——人们可以从这本小说里学到一种不可言述的区分所有事物的能力,哲学家们就以这种能力为榜样,在这部小说里有一个角色,他同时也是一个深刻的讽刺:父亲不停地斥责这个人,说他意志薄弱,缺乏意志,但整部作品在不着一字的情况下却是一个极为坚强的意志的明证;坚强的意志在某些情况下恰恰是在按照父亲所倾向的约定中表现出来,但它同时也可以显现为意志的薄弱,这表明:意志就在于,意志追寻一种完全不同的目的,追寻完全不同于在传统理解中赋予意志的自我保护的目的。无论如何我想重复的是,康德在他的意志理论中十分正确地看到,意志这个概念并不是某种固执己见的、简单的东西,相反,在它身上,本能力量、本能冲动以及对这一冲动的合理控制是相互交织在一起的。就意志这个概念作出这种中介而言——我认为,人们坚持这点也是很重要的,康德就认为意志是善。如果说在《道德形而上学的基础》开头的第一句名言写着,除了纯粹的意志,根本就没有任何善——“在这个世界的任何地方,甚至在世界之外,除去唯一的善良意志以外,人们不可能设想出任何不受限制的、被认为是善的东西。”⑦——那么,这当中潜藏着的却是:如果人们正确理解了康德的泛音(Obertoene),那么,只要意志是纯粹被理性所控制的欲求能力,意志本身就是善;而恶其实就是没有意志的东西;无意志之物、混乱之物,就是受归拢和命令的机构所驱使的东西。人们就此可以说,在康德的道德哲学里,通过把本能力量集中在自我身上(自我指挥着这些本能力量)而实现的对自然进行统治的市民阶层的原则,在某种程度上是在哲学本身当中,在哲学的高度上得到反思与表现,并且在这一至高原则上得到总结。人们几乎可以说,简单的意志这种东西在康德看来是不可设想的,因为作为完全必然地与理性相符的欲求本身的意志其实就是善;理性与善是互相重叠的。请你们看一看《启蒙的辩证法》中的"关于朱丽叶的题外话",你们会发现,这一思想在那里得到更多的详尽论述。⑧人们也可以这样来表述:如果意志实际上是欲求能力与理性之间的中介范畴,那么,理性本身就具有与意志的亲和性,理性本身具有与意志的亲缘性,如果人们仔细观察康德哲学和康德的认识论,就会发现,这点实际上是有明证的。这样,人们就会认为,认识论的中心概念和对理性的真正规定事实上在康德自己看来是一种与意志极其相似的东西,即关于原始统觉的思想,也就是有关纯粹创造力的思想。思维、理性在他那里——这是康德哲学的重要革新之一——其实并不以已经被客体化了的逻辑和客观的逻辑规律为依据,相反,它们从一开始就被设想为行动和创造,而逻辑规律原本应当产生于这样的行动和创造。人们因此可以说,实践理性优先于理论理性的学说——我曾在解释《纯粹理性批判》的那一章时第一次向你们阐述过这种优先性——只要理性本身只是意志而已,这种优先性就在更广的范围生效,只不过现在确实是纯粹意志,也就是说,一种行动方式,一种原始行动方式,完全摆脱了所有对规定这一行动的客体的依赖。这样,你们就可以看到:在康德哲学中,尤其是在康德的实践哲学、在康德的道德哲学中,全部与之相关的哲学,特别是费希特哲学,是如何发展的。费希特的那个著名的、名声不佳的要求,即他可以比康德本人更好地理解康德,这个初看起来并且联系康德本人的态度看起来非常狂妄的要求,是根本就不曾有过的。如果人们在社会意义上表达我曾试图向你们描述的事实情况,人们就可以说,康德其实在这里——而这也是对所谓抽象或形式的康德伦理学的一种内容化——把市民社会的工作道德,也就是财富生产过程的标准(整个市民社会就处于这个生产过程中)似乎变成了特有的最高哲学规范,社会劳动必然性的这一社会关系在他那里作为至高和义务的规范而成为抽象原则。人们几乎必须说,在他那里,至恶无非就是懒惰,而懒惰是与市民社会的这一稀罕之物完全不能相符的。

请允许我就康德的义务概念再说几句话,我的叙述方式与《道德形而上学的基础》引入这一概念及其基本形式的方式相同。那里是这样说的:"义务是出于对法则的尊重而产生的一个行为的必然性。"⑨我提醒你们用显微镜重新来阅读并注意这点,在这个句子中出现必然性与合法性这两个等价的东西,即必然性与法则;可以说,这里有两种必然性被提出来。一种是,法则必然在客观上是有效的——而这种客观有效性(如同我已经在康德哲学的意义上向你们反复解释的那样)与普遍性和必然性是一致的,但却又是在以下的意义上才能成立,即法则迫使我这样而不是别样的行动,它似乎不放过我,而我自己在某种意义上从主观上应当从属于这种合法性和必然性。通往这种必然性的中介范畴在康德那里就存在于这样的要求特性之中,即存在于"你必须这样而不能别样地行动"的命令之中,这就是敬重(Achtung)。敬重在康德那里是一个非常了不起的范畴,他费了很大力气来阐述敬重这个概念,并且是以一种极富精神性的,同时也适合于现象学的方式来做的。就像业已朗读过的这个段落之后的脚注所说的那样,敬重是一种感情,并且将作为流行的能力学说和心理学能力学说的意义上的一种感情与理性优先性相对立,从理性的优先性中摆脱出来,但它本身在本质上恰恰是与理性相联系的感情。我想在相关的地方为你们朗读这一段话:"如果只有敬重在此同时是一种感情,那么,它不是通过影响而**被接受**的感情,而是通过一个理性概念**自我生效**的感情,因此,这种感情与所有给自己带来爱好或恐惧的感觉……是完全不同的。"⑩康德在此试图在与被研究的现象紧密相连的情况下,提出这种感情的特殊之处,如果你们让我讲出悖论的说法,那么,这种感情就是一种理性的感情,这就是说,它是这样一种感情,只有当我面对理性、理智时,它才被唤醒——它好像情绪活动中的反射或理性原则本身的活动一样。就此而言,敬重这个概念在康德那里就又成为自我的自由与合法性之间的中介,后者不仅是法则本身及其特有的理性的合法性,而且还是法则命令自我而具有命令特征的合法性,这一命令特征借助敬重而在我身上得以实现。

你们现在可能要问,并且肯定就像面对一幅字画着迷时那样很有道理地问:"没错,你对我们讲了几个小时,说《实践理性批判》和康德道德哲学的中心概念是自由,那么,此刻自由究竟到哪里去了呢?"你们向我提出的这个问题和这个异议是很对的。你们已经注意,首先,命令本身有必然性的特征;其次,命令作为诫命形态对于我是必然的;最后,我应当在敬重命令的形态下再一次反思这种可能性。现在,在这种自由状况内只剩下唯一的可能性,这其实就是我逃避这种敬重,逃避这种合法性,逃避这种诫命,而这点是很奇特的。换句话说,如果你们很认真地对待这种规定的话,那么,康德哲学里的自由空间其实只局限于否定性(Negativitaet)。如果我的行为举止确实是自由的,如果我可以不顾及道德法则及其普遍性本身应当与自由原则相一致,那么,我就真的自由了。如果我想一想实际情况,想一想我该怎样具体地行为办事,那么这种自由就所剩无几了,似乎我只有当一头猪的可能性了。

此外,还有一些其他情况,由于这一系列客观理性、命令特征,以及我应当向所有这类事物表示敬重,我已经变得很受限制,我自己那点儿干错事儿和像猪一样生活的可怜的自由也降低到极点,自由其实根本就不存在了。女士们,先生们,我相信,这一点是极有意义的,人们必须在批判康德的伦理学时考虑到这点,我们不想回避康德伦理学;就是说,这个哲学虽然一开始是自由的,并且从自由这个概念中推出了一种极大的激情,但是,在自由的实行过程中实际上是完全消失了,而这门哲学则是以一种纯粹形式的方式,并且在这里不会明显和直接地表现出任何上级部门或等级制度的表象,实际上彻底放弃了自由这一因素。在必然性或合法性和自由这两种因素中(它们在哲学中平分秋色),必然性的因素实际上吞掉了自由因素,这就像在经济过程中任何一个单独的经济主体具有非理性行事的自由那样。也就是说,企业主可以扔钱,工人可以上班睡觉而无需离职,他有这个自由,但是那样的话,企业主就要破产,而工人就要被赶走——他真该拿自由试一把!现实,我们生活的社会现实的强制性相对于自由而通行无阻,自由则被赶到了边远地带;"被赶到了土耳其,那里国家之间战乱频繁"⑪,这正是在实践理性建构之中所蕴含的压制因素,从借助于实践理性所特有的合法性形式特征而言,压制性因素远胜过自由因素。这点恰恰在从康德伦理学里得出的平庸结论中表现出来,在这个结论中剩下的只有命令,这就是大吹大擂地说:"你应该,你必须,你必须,你必须!"你们在《布登勃洛克一家》里的中学校长乌利克这个人物身上可以发现这一无与伦比的精妙言语,乌利克经常谈论无上命令,而他在事实上也总是不停地用无上命令来刁难和折磨他的学生。如果我们把康德的这些极其平淡的表述与那些丑恶言词——这些平淡的表述在德国帝国主义时代业已变成丑恶言词——进行比较,那么,康德哲学在弹冠相庆的唯心论中所遭受的讽刺并不像我们所看到的那样无缘无故。

我相信,我们必须承认,康德那里的情况就是如此。敬重的源泉是法则的有效性,其根据就是法则本身。康德当然看到了他律问题,这个问题是伴随着敬重而产生的,因此,他试图研究作为一门理性感情现象学的敬重现象学——与此完全相似的是,意志也是理性的欲求能力。我这样来总结一下,在康德那里,在实践哲学的实行当中出现一种尽可能缩减自由因素的倾向。自由因素在开始时是很受重视的,它的情况有点儿与自然神论中的可爱上帝相似,上帝也处于起点并创造了一切,因此受到极大尊敬,但人们今天也会说,这个上帝被赶到了天上。这就是说,由于自由就是法则本身的起源,因此,自由在法则本身的实行中实际上就不会被考虑。自由确实被潜在地消除了。这表明,如果康德倾向于在无限中做成某事,如自然与道德的统一,自然世界与精神世界的统一,那么,他在这方面从根本上讲就有了这样的表象,即自然的法则理念也是伦理的模式,世界自身、物自体其实就是法则,这点后来在康德关于理智特征的学说中再次出现了。但是,这个法则概念在《纯粹理性批判》中只应当与现象相联系,物自体则应当被其排除在外,而它现在以这种方式获得了整体性,由此,自然的强迫特征——这种法则特征就是从自然中得来的——就在康德的伦理学中真正拥有了最后发言权。这就是说,由于康德的伦理学宣布自己为绝对的自然控制,它的真正的中心原则是压制自然并在自然同一性的意义上监督自然的统一性,因此,康德伦理学本身就是从属于自然的。这意味着,人类以外的自然所服从的盲目的合法性的强制就以这种方式在康德伦理学中得到继续。人们有权讲,我们生活的社会,我们生活其中的虚假的自由世界,其实只是自然史的继续,因为我们自己在这当中就以一种极其类似的方式依赖于盲目发展的必然性,通常情况下,这些必然性是人类之外的自然所具备的,而我们在此之后也感染了这些必然性。

女士们,先生们,我相信,我已经向你们阐明了我想向你们阐述的康德伦理学中的最重要内容。我下面将首先谈谈观念伦理学与物质伦理学、责任伦理学的关系问题,这个问题与康德关于伦理学不具有任何意图的论述直接相关。我只想让你们(我也许在下一节课里更进一步地阐述这一点)注意以下这点,即具有严格形式的康德伦理学也想摆脱整个人类的福利,至少在康德道德哲学的某些重要地方,建立一个幸福社会的构想是被排除在外的,而在《实践理性批判》的结尾处,人类这个概念又出现了。人们也可以这样表述康德伦理学的原则,在康德伦理学中只讨论一种客观理性,它与一种主观的、以实现人类目标和人类目的为己任的理性完全无关,而且这种理性的客观性最终延伸到理性为之而存在的终极目的那里。但是,我因此却碰到一个非常复杂、在自身中具有二律背反的问题,在我不再谈论康德的道德哲学之前,我将不得不就这些问题多少补充些内容,然后再去谈论我目前想向你们说的观念伦理学、责任伦理学、物质伦理学的错综复杂的关系。

注释

① 参见齐美尔(G. Simmel):《哲学的主要问题》,第 29 页,柏林,1989 年(1910 年第一版)。
② 参见第七讲第 10 条注释。
③ 参见《康德文集》第七卷,第 175 页及下页。引文的重述偏离了康德的原话,阿多诺在这里把逐字引述的句子开头部分从语法角度与解释这一开头的

括号中的内容联在一起,而没有探讨实际的句子结尾。

④ 参见 1963 年 5 月 7 日的第一讲和第 14 条注释。

⑤ 参见《康德文集》第七卷,第 26 页。

⑥ 参见柏拉图《斐多篇》,St 76d—77a。

⑦ 参见《康德文集》第七卷,第 18 页。

⑧ 参见《阿多诺全集》第三卷,第 100—140 页,特别是第 135 页。

⑨ 参见《康德文集》第七卷,第 26 页。

⑩ 同上书,第 27 页及下页(注释第 2 条)。

⑪ 关于这个问题,请参见 1963 年 5 月 30 日的第六讲以及第 17 条注释。

第十四讲

(1963 年 7 月 16 日)

我想①就我们一直在探讨的康德的道德哲学问题补充几点意见，并由此出发逐渐过渡到道德哲学的几个典型的、所谓的主要问题，我们最初并没有研究这些问题，但它们与我们主要研究的康德的疑难联系密切。我想请你们回忆一下，我们根据理性原则把道德法则规定为受自然控制的纯粹原则，并且是受到内部本性和外部自然控制的原则，我确信，康德在这里也接受了一种古老的传统，这一传统始于亚里士多德与斯多噶派。当人们研究哲学史时，就会发现，在欲望是某种需要控制与压抑的东西这一点上，最不相同的、彼此严重对立的流派的哲学家们是完全一致的，这是最令人吃惊的事实之一。不管是笛卡尔还是培根，不管是康德还是尼采，一切在正式哲学史上被当作死敌而记录下来的人们在这个问题上都令人吃惊地意见相同。这件事很奇怪，大部分哲学争论在哲学史上被划分成不同流派，但如果人们去看原著本身，这些争论一般都会减少，我想说的是，哲学家们的所谓基本立场与出发点对他们得出的结论来说，相对而言，都是同样有效的；他们布道时，也就是他们建立某些规则时，他们总是在讲同样的话。这不仅使不同的基本立场有点儿令人怀疑，而且特别使人怀疑哲学家的这一特征（人们完全可以这么说），即他们一般都直呼自己为文明发展进程中的更强大趋向的代言人。我向你们说过，放弃欲望的观念——最新的心理分析也对此作了论述——与文明倾向是一致的，人们也可以说，它与最广泛意义上的市民阶层的，即以劳动为标准的城市文明相一致。如果我在这里可以对心理学作瞬间研究——心理学与所谓道德哲学问题的分离总是很困难的，因为人被期望行为善良正派，而人恰恰又是心理存在物，他们的行为实际上依赖于其心理状态——那么，这就很奇怪了，即弗洛伊德一开始批判所谓的抑制，也就是批判放弃欲望，但他后来又成为放弃欲望的学说的代言人。这里的原因在于（我在这里当然不可能详细讨论这个原因），他得到这样的经验，即如果没有一定程度的放弃欲望，也就是说，如果是纯粹、直接的满足欲望——这里弗洛伊德想到的主要是性欲——就根本无法想象文明，想象人类有秩序的共同生活。他这里作出的区别是指作为抑制的欲望放弃——这就是说，一种行为不考虑放弃欲望，而是让欲望处于下意识之中，并产生某些麻烦的和成问题的替代满足——与有意识的放弃欲望（也就是说，人的欲望行为受制于人的理性优先性）之间的区别。这点与康德伦理学中的所有观点都很类似，以至于你们在这里也可以观察到，在一个至关重要的事物中，即在对欲望的理性控制中，完全反心理学的康德伦理学与弗洛伊德的极端心理学或者（如果你们愿意的话）心理学至上主义的理论达到相互一致。[②]

　　然而，哪里可以首先找到这种放弃欲望的理性呢？如果我们赋予理性概念那种康德本人在《判断力批判》的一个非常重要部分，即"目的论的判断力"中给出的意义，他在那里说，生物的结构看起来是服务于自我保存的目的的[③]，那么，我们就会得出以下结论，即人的这一理性行为是理性的，因为它服务于斯宾诺莎所认为的那种每一个存在者都具有的真正基本原则："自我保存"（sese conservare）。[④] 理性在斯宾诺莎那里与在康德那里是一样的，都是一种自我保存的理性，康德虽然提出了严肃论，但这一动机是如此的强烈，以至于康德以后在论述道德学说时，在《道德形而上学的基础》中（他在那里提出了我们所拥有的一个义务体系）提出了在这些义务当中对于我们自己的职责，也就是那种自我保存的法则[⑤]；此外，康德在这本书中还在一个地方明确地讲道，我们有权利甚至有义务,去追求我们自己的幸福。⑥而按照所有道德哲学的意义,应该在某种程度上放弃对幸福的追求。但是,这个放弃是有保留条件的,这一条件是指康德或叔本华对个体的个别行为与作为整体的特性所作的区分。换句话说,要求每个人都放弃欲望之所以是理性的,是因为(如果你们同意我使用俗气的谈话方式)它对个体有利,因为从量上来讲,个体在此时此地暂时放弃某些幸福或快乐,但他借助于他的理性的生命有机体,以后会加倍地获得幸福或快乐。这其实是一种幸福的储蓄经济,这种经济在任何一种意义上——当然这在康德这里并不明确——都是以这些道德学说为基础的。但是,当康德把整个人类的幸福作为终极目的来研究时,就会出现这样一些东西。女士们,先生们,在这个问题上,你们遇到道德哲学的最深刻的错误根源,我想说,这是道德哲学的社会意义上的错误根源。你们可以在这里认识到,社会科学与所谓的纯粹哲学之间的通常的分离是很站不住脚的,因为社会范畴很深地延伸至道德哲学范畴中。其实这里说的是一种事实情况,完全直率地说,这样的考虑还没有消失,即我们的文明和放弃欲望的教育所预言给我们的补偿并未出现。弗洛伊德本人在自我对本我的统治原则中(如果你们想这样说的话)把放弃欲望的全部哲学教义据为己有,他本人也碰到这个事实,他的理论、哲学或元心理学(就像人们习惯称呼的那样)著作并未阐述这个事实,但是,那些所谓心理分析的技术性著作却谈到了这个问题,在这种情况下我很想让你们对这类技术性著作引起足够的注意,因为正是在这些所谓的技术性著作中存在着许多在那些伟大的理论篇章里沉默不语的重要东西。⑦弗洛伊德在其中发现,放弃欲望的难处——这个难处始终让放弃欲望成为问题并使之无效——和心理分析本身的难处就在于,个体应该放弃的快乐的量(如果我可以以这么粗俗的理性主义的口吻说的话)决不是像它以之为根据的理性原则那样,会在今后的某个地方偿还给你们,而是所有这些警告只是为了所说的整体的自我保存,但是个体——极少数人除外,而且就是在这些人这里,这也是很靠不住的——实际上并不能从它所放弃的东西上获利。叔本华在《作为意志与表象的世界》第四卷里说,"对生活算账"是不好的,你们在这里几乎可以从字面上搞清楚这个极其深刻的市民阶层的算账比喻的含义,因为暂时放弃欲望与后来补偿的这样一种等价物是不存在的⑧,换句话讲,社会结构是非理性的,由它所许诺与预言的等价物并未出现,因此,实际上在一种十分深刻和极端的意义上,个人和所有个人的利益与整体、总体的利益是彼此分离的。

这种情况使人注意到那种把放弃欲望加以绝对化,使之变为康德的无上命令的东西。你们也许由此出发可以最恰当地去理解那种把在某个人身上的命令与任何可能的命令执行、命令与所谓的严肃论和形式主义进行引人注意的分离行为。也就是说,如果对我们自己和对我们生活在其中的世界的外部自然进行理性控制的这个整体文明的要求得不到它的理性补偿,但却又在保护文明的利益下提出这个要求,那么,这种要求由于在明智的意义上不能证明自己是一种利他的、理性的东西,那它就必定被提升为一种绝对物,一种自为存在物。实际上这种提升方式正是在康德的无上命令中发生的。康德的无上命令探讨的就是这个问题,这点你们可以非常容易地由以下情况中看出,这个命令的纯洁性仅仅存在于这个地方,即道德上的善的行为与任何可能的、哪怕是非常遥远的奖赏相分离,而作为放弃欲望与监控本性的全部考虑之基础的那种算账似乎永远不可能兑现,因为即使那种算账可以兑现,非理性因素也被迫以理性本身的方式而出现。人们可以说,这里存在着一个拜物教的范式,在我看来,这其实是批判康德道德哲学的最重要的因素,我想说的是,无上命令的学说崇拜这种放弃,也就是说,它使放弃与补偿无关,与最后日期(terminus ad quem)无关,它把这种放弃变成一种自为存在,一种自为的善。这在事实上就像那种含糊的、幼稚的所谓道德意识,它用放弃某些东西的行动本身就是善的说法来欺骗人们,从而更具有欺骗性;而人们在这方面看不清楚,这种放弃的善究竟应当在什么地方,尤其是在人们倾向于把放弃看作善,而不放弃并不导致任何恶、坏或破坏的时候。哲学并且正是那些被诽谤的哲学流派从一开始就意识到这个因素。这个因素在真正的、极端的享乐主义中得到了表述,如亚里斯提普(Aristipp)的理论强烈要求直接与立即满足欲望,要求获得此时此地的幸福。适度的享乐主义其实是不存在的，而是像在伊壁鸠鲁派那里发生的一样，人们虽然在原则上承认幸福和快乐，但是为了认识的乐趣或者这类因素却拖延和纯化直接的快乐，这时——我几乎是说——道德哲学就已经进入正式哲学这条巨大而混浊的主流，而那些被诽谤的流派，尽管软弱，而且在文明社会里更加无能，但却总是与这条主流相对抗。我跟你们讲过的这种拜物教方式在康德那里是这样表现的，即他在原则上总是——相关的表述在《道德形而上学的基础》中可以找到——使作为纯粹理性行为的道德行为不仅与个体的幸福无关，而且还与整个人类的福祉无关。在这个意义上讲，人类的福祉根本就没有被关照，而理性却独立于任何可能的内容，但在另一方面康德却认为人类是理性的终极目的，你们可以通过这个矛盾看到这个问题是多么复杂。对这个矛盾予以嘲讽和挑剔当然比察觉这个矛盾的意义要容易，因为康德在另一方面是完全正确的。在他的纯粹理性原则意义上讲，这一原则被固定在很遥远的人类整体状况上，最终是被固定在一种财产上，一种经验物上；它将使道德法则依赖于某个单纯的存在物，比如与暂时的行为相关的某种道德学说。另一方面，如果不考虑任何实现理性的想法，那么，在我尝试向你们阐述的严格意义上的理性概念就是拜物教的。这就是说，理性本身由于其固有考虑的谬误而被证明是一种非理性的东西，这种在客观上是二律背反的、在自身中充满矛盾的状况——康德的伟大在于，他并没有压制这些矛盾，而是把这些矛盾表达出来——表现在，康德一方面讲，人们应当仅仅为了道德法则本身的缘故而遵守道德法则，但另一方面，人类则被看作道德法则的目的，康德在这方面努力寻求一种中介。如果这里人类表现为理性的终极目的，那你们在此根本不能把康德的人类概念与作为人的整体的，在时间、空间中存在的经验事实的人类相混淆，康德指的人类无非是他多次在著作中用具有理性才能的存在物这个概念所改写的那个人类。

　　把道德行为的终极目的与服务于这一目的，并且自己本身同时也应是绝对物的理性等量齐观，有关正确生活的内容目标和终极目的与康德给出的形式的理性规定相一致的理念就会显现出来。我必须向你们解释这种可能性,把它看作解决我们所研究的难题的最令人信服(首先是对健康的人的知性)的回答。人们可以这么说,个人的自我保存的能力上升为总体,也就是那个被康德稍加贬低的作为个人理智的自我保存的理性,如果它的实现与整个人类相联系,那么,它就与道德法则的客观理性相一致,它就是这个道德法则。如果你们愿意,你们也可以在无上命令的表述中发现这个动机,这就是业已说过的这句话,即我必须能够希望,我的行为准则——也就是在我的主观理智视角下的总结——应当能够成为普遍立法的基础,这就是说,这种准则应被扩展,它不仅与我个人的目的和利益、与所有个人的目的和利益相联系,它还应当在自身中同样包含所有人的利益,那种主观与客观理性的中介其实就应当存在于道德法则的这种包容所有个人利益的包含和客观性之中,如果你们想这么说的话。我刚刚向你们提到的康德的基本原理是,任何一个人的自由在与他人的自由相交的地方都应当受到限制⑨,这个基本原理恰恰就在这里。这就是经验领域、经验的人类及其目的与道德法则的纯粹形式、纯粹先验的原则相统一的理念,众所周知,在康德那里,这种道德法则的形式是非常纯粹的,以至于他认为没有必要把一种纯粹的理性概念应用于实践理性,因为除了**纯粹**实践理性之外根本就没有任何其他理性。康德明确谴责在个人那里寻找这种统一,因为根据他的目的论之规定的学说,人的个体特性是极恶的,但他却在人类整体那里寻求这种统一。我们在这个关联中必须思考康德的历史哲学,它载于小册子《世界公民视野中的普遍历史的理念》,这门历史哲学明确地把主观理性与客观有效的理性之间的那种中介设定为自己的目标。康德在这本书中以这种方式教导说,个人利益之间的对抗最终都是为了创造这样一种整体状况,像自由与理性这样的东西可以在这种状况中得到实现。但是,这种可能性是一种假设的可能性,不能直接成为我的行为的一个准则,我相信,这是很重要的并且已经被康德正确地认识到了。换句话说,我不能直接从关于建立一种公正的整体社会、公正的整体状况的表象当中推导出此时此地以及任何时刻的我自己的行为。用康德的话来讲,这里的首要原因是那个公正的整体状况并不是

162

给定的,人们只是在谈论它而已,如果我不想在此让一个无限物得到完成并受到人们的崇拜,那我就不能把这个公正的整体状况当作一种给定的东西来运用。这就导致了这样一个结果:人们会说,有利于人民的事情就是善,或者说,一个政党指示和命令人们做的事情就是善的,因为这个政党或民族是所谓世界精神的工具,但它们以这种透明和直接的方式永远也不可能成为这样的工具。善,即在此时此地(hic et nunc),正确的行为并非直接等同于人类整体意义上的善。康德拒绝把这两个规定混为一谈——根据我对你们的讲述,这样做不仅是令人信服的,而且是很诱人的,是因为有一种很深刻的、正确的直觉在引导着他(这种直觉在他的全部哲学中都产生作用),这是一种敬重(Distinktion)的直觉,而不是那种制造错误的同一性的直觉,比如,用一个暴力王国把在我们生活的世界中确实分离的事物统一起来。也许我在这个关联中可以向你们指出,现代诗人布莱希特(由于他的政治主张,你们也许不太相信他)对这个问题具有极其敏锐的理解,他或许比任何人都更尖锐地看到了那种人为的或主观的道德与客观事物之间的对立。他在这里把客观利益拟人化,并且认为它超越人的自由,特别是在剧本《措施》中更是如此,这种方式是令人害怕的,我们需要在这里研究这个方式。我只想请你们注意,他把这个问题看成了今天道德哲学的核心和现实的问题。尤其是两部看似相互对立的作品探讨了这个问题,我想在这个视角下推荐你们阅读这两部作品。一部是《屠宰场的圣约翰娜》,这部戏剧表现了圣约翰娜在康德的意义上确实是绝对地具有纯粹意志的人,她实践着一种纯粹的观念伦理学,并且也确实是像无上命令所要求的那样去做的,但她客观上恰恰因此而成为最坏、最危险的利益的帮凶,她所做的事情都转向了她希望的反面,最后,她的牺牲也恰恰对她在主观上所反抗的统治和剥削的利益有利。另一部作品《四川好人》正好从反面探讨了这个难题,这部戏剧讨论的是一个跟约翰娜一样的好人,他想直接实现善,但是,他所处的社会问题重重,他只能干坏事,才能实现他的所愿,否则他无法达到目的,这就像布莱希特在一首诗中写的那样,他只能戴上"恶人的面具"[⑩]。我们其实已经在讨论一个我们在今天也许无法再研究,而只能在以后加以更深入探讨的问题,这就是所谓观念伦理学与责任伦理学的差异问题,这是被认为康德道德哲学和与之相关讨论的最重要的问题。

但是,需要指出的是,在这个问题上,即在道德中的主观与客观因素相一致的问题上,存在着一个布莱希特也没有解决的最困难的危险因素,我在这里想把它称为耶稣会教义(Jesuitismus)的问题,我丝毫没有考虑历史上的教团,而只是因为这个问题可以在一个曾经与耶稣会传道士的概念联系在一起(不管是出于什么理由)的原则中得到概括,这就是"目的证明手段正确"这个原则的问题。这一学说(如果你们想这么说的话)以某种方式承认此时此地的善与客观要求的、整体的善之间的分歧,但却又相信,为了能克服这一分歧,整体、终极目的与特殊、个别相比较应当享有优先性。我们在当代(这个思想最初在许多地方都显得令人信服)可能对下面这个问题做最糟糕的检验,即在终极目的或整体优先的名义下干坏事在事实上意味着什么;这在事实上导致这个结果:善的概念本身已经失去任何可理解的内容,它的目标只能是当时拥有更大权力者的抽象统治而已,而这种统治则躲藏在那种客观上更加高级事物(这个事物据说在自身中保留着主观的利益与合法性)的理念后面。从道德哲学来讲,人们也许可以从一开始就把这样的东西纳入这个公式之中:人们在面对所有这些定理时——还有我刚刚向你们提到的布莱希特的《措施》中的东西,这个剧本几乎使这种可怕的东西变成了意识形态——必须提出反对意见;在所要求的普遍性与牺牲或此时此地发生的事件之间的关系必须是显而易见的;不允许停留在"事情就是这样"的抽象保证中,而是这种关系必须在以下意义上是显而易见的,即此时此地的个人利益与那种整体利益在这种关系中是同样生效的——而这样的合题几乎是不可能的。无论如何不能独断地设置目的,不能把它设定为一种固定的、对象化的东西放到人的面前,因为这样的目的通常必定是与人类理性概念相对抗的,而自我保存和个人的保存被涵盖在后者之中。在这个意义上讲——我相信,人们的确可以这么说,康德的道德哲学虽然一再引用形式主义(这种形式主义与某种确定的道德密码没有任何关系),但它与总体的道德形态——这个形态似乎把"目的证明手段正确"这个轻率的原则转换成嗜血的严厉,与道德的彻底的改变是不一样的。如果你们愿意这样说,这里的原因就在于这样的客体中,就在于社会与个体在任何具体情况下都是相互分离的,就像在那些模式中所发生的道德哲学一样,它直接地、坚定地站在社会一方,这样它必然就会对个体不公正,而个体虽然可以在一个公正的社会中是自由的,但他直到今天所接触的社会却仍然总是一个与他相对立的、相对抗的、他律的东西。一门道德哲学和一种道德实践如果不顾及整体与个体、普遍与特殊的利益之间的至高、合理的对抗,那人们无论如何会说,它必定会退回到野蛮与他治那里。道德哲学必须表达这种二律背反,康德的道德哲学就很了不起地这样做过,而不能寻求从二律背反自身方面去化解它。

最后,似乎还应该就把理性看作人类的终极目的的思想说几句话。如果你们在这里是从理性出发的(à la lettre),就像理性概念在历史上形成的那样,而且你们不是在其自身中反思这个概念,那么,这种理性就是纯粹的自然统治的理性,它就此而言还是压制的原则,是本质上独立的东西。然而,非常令人怀疑的是,人们是否可以把这一压制的、独立的、以人类自我保存为目的原则直接设定为一种客观的、道德的理性之原则。叔本华在他那个时代把他的道德哲学中包含着对动物的态度、对动物的同情视为他的道德哲学的一个特殊功绩,而人们常常把这种同情看作这个靠利息生活的人的一种怪僻。我相信,恰恰在这些怪僻的地方可以发现许多东西。也就是说,叔本华也许怀疑,作为人类的最高客观原则的全部理性的建立是否可能延续那种自然的盲目统治,这种统治最清楚、最显然地表现在对动物的剥削和折磨的传统中。可以说,他以此指出了从主观的、自我保存的理性向至高的道德原则过渡之中的伤疤,这个至高的道德原则没有给动物和对动物的态度留出任何余地。叔本华的这种怪僻恰恰是一种很了不起的洞察的标志。如果人们把理性的机制化那样的东西想象为人类的最高原则的机制化,那人们就更可能作出这样的表象:在人类这里的统治原则必须是这样的,它必须是这样设置的,它必须受到这样的监控、组织、停顿和解体,好像它把自己设定为一个遥遥无期的东西(ad calendas graecas)*,最后以道德的名义把社会建立为一个无比巨大的剥削自然的股份公司。在我看来,这其实是反对那种把自我保存的主观智慧与至高的、普遍的道德原则相提并论之企图的最深刻的东西,这也许是促使康德对这两个东西作出区分的动机之一。如果理性与之相反的是纯粹客观的,独立于主体的利益、主体的自我保存(就像康德的道德原则中的情况一样),那么,这仍然是一个成问题的事情;那样的话,按照黑格尔的说法,人在建立道德世界的过程中缺席了,这样的世界又一次转变为单纯的他律。

注释

① 由于录音磁带记录的开始部分缺失,有两句话是推测出来的。阿多诺一开始就与上次讲课结合起来。为这次讲课构思的新提示词就是以放弃欲念的思想开始的(阿多诺讲课课稿 8814 页及后页)。

② 参见阿多诺的笔记《在快乐原则的此岸》,载《最低限度的道德》(《阿多诺全集》第四卷,第 65—67 页)。

③ 参见《康德文集》第十卷,第 480—488 页(§64f.)。

④ 参见斯宾诺莎:《伦理学》,第 4 部分,第 20 条原理,载《戏剧》。《斯宾诺莎著作集》(拉丁文和德文版)第二卷,达姆施塔特,1980 年,第 414 页,原文为:"suum esse conservare"(自我保存)。

⑤ 参见《康德文集》第八卷,第 553 页及下页。

⑥ 参见《康德文集》第七卷,第 25 页。

⑦ 弗洛伊德根据强制神经官能症和日常生活的心理病理学"重新描述了对文化的不适",阿多诺在这里则特别反对对这种文化不适的理论进行悲观主义的解释。与此相对应的是,弗洛伊德的治疗技术著作则发展了一种辩证法的问题意识,即"扬弃欲望是分析工作的无限课题"。参见《回忆、重复与钻研》和《有限与无限的分析》,载《论文集》,《补充卷》,第 205—215 页和第 351—392 页。

⑧ 关于叔本华的没有出现的算账的图像,请参见苏黎世版的《叔本华全集》,第二卷第二部分,第 46 章:"论生活的虚无与痛苦",第 671 页和 678 页,以及霍克海默的《叔本华与社会》:"哲学必须算账,但由于算账结果是消极的,圣者最终就是有理的。谁相信这个世界,谁就被欺骗了。叔本华对改革与

---

* 这是来源于古罗马的一句谚语,因为在古希腊中没有每月的初一(calendas),所以,罗马人说"初一"做某事,实际上就是遥遥无期的事情。——译者注

革命的不信任并没有使现存的东西得到赞扬。"(《阿多诺全集》第七卷：
《1949—1973 年的报告和记录》，第 48 页，法兰克福，1985 年)

⑨ 参见 1963 年 7 月 9 日的第十二篇讲课稿，第 182 页。

⑩ 在布莱希特的戏剧中，"好人"沈特(Shen Te)乔装打扮，以便克服"既当好人
又生活"的窘境，同时他又是"坏人"水塔(Shui Ta)（参见 20 卷的《布莱希特
全集》，第四卷《戏剧》，第 1603 页，法兰克福，1967 年)。

《坏人的面具》一诗的原文是：

在我的墙上挂着一件日本工艺品
一个坏人的面具，涂上了桂竹香。
我心存有悟地看看
那夸张的静脉，颇有喻意的是，
当坏人真累。

参见《布莱希特全集》第三卷《诗歌》，第 850 页；该主题参见《四川好人》，第
1570 页。

第十五讲

（1963 年 7 月 18 日）

女士们，先生们：

我们上一讲讨论的问题是，康德的道德哲学和一般意义上的道德哲学是否应以人类、人类的持续存在和人类的幸福为指导，因为在作为人类概念的理性概念当中就包含这些因素，这个问题指向一般道德哲学的基本问题，我现在想离开康德的文本向你们解释这个问题，因为它是那些与康德文本联系起来——这个问题在康德那里在某种程度上已经得到了解决——就根本无法加以具体说明的问题之一；而另一方面我有这种感觉，如果我不想就这个问题作些解释，那你们对整个问题的最重要方面仍然是一知半解。这就是所谓观念伦理学的问题，正如康德所表述的那样，它并不是简单地与所谓物质伦理学发生关系（在你们看来，物质伦理学从神话和先验而言是过时的），而是与伦理学的具体化发生关系；有人或许是为了反对康德的至善的教条而把伦理学的具体化称为责任伦理学。因为从这样一种确定内容的意义上来思考人类，这在本质上就是一个责任的问题，也就是对经验存在、自我保存、对履行我们所隶属（tand bien que）的人类任务负起责任。这种伦理学原则恰恰遭到康德的深刻谴责，它在康德的道德哲学中没有位置。你们知道，康德是从古典伦理学中接收了自由这个概念的，但他却把这个概念极端化了。没有自由，没有引入自由的理念，道德哲学这类东西就毫无意义,我相信,你们清楚地知道这点,因为在完整的、无空隙的决定论的状态下,善与恶的标准也同样是没有任何意义的,因而根本没有必要对此提问。当然,康德集中地修改了自由概念。我提醒你们的是,这个概念在亚里士多德那里不仅被定义为是对外在强迫的摆脱,而且还是对情绪的摆脱,也就是摆脱了欲望冲动,而道德行为在斯多噶派那里则等同于对情绪的控制。我曾偶尔提到,这个动机是全部的所谓道德哲学(除了极少数极端享乐主义者以外)的特征。在康德那里,这个动机达到了极致,因为自由这个概念最后被看作某种不再受限制的原因。康德的道德哲学在本质上将自己称为一种观念伦理学,因为自由被规定为一种完全形式的东西,如果你们愿意,还可以说,它被规定为认识论,所以,不仅所有的具体依赖性被取消,而且任何与事实(可能对伦理学本身产生影响的事实)的关系也被取消。如果行为应当是自由的,这样的行为就不应当以任何已经形成的其他原因为依据,那么,立即清楚明了的东西是,一种行为作为原因可能具备某些特定给出的关系的不充分性或者只具备对特定条件的具体规定,而我为了获得某物必须使我的行为以这些关系为依据,这样的行为将会作为一种他律的、重新把因果性因素带入自由当中的行为而被排除。这样一来,康德哲学就变成一种极端的观念伦理学,而康德正是在这点上看到了他自己的道德哲学的功绩的独特之处,他将道德、道德的所在(有人也这样说)完全迁移到主体的内在性之中。当我在这里使用内在性一词时,你们不应该去想象心理学意义上的内在性,你们是通过关于外在诫命的收心内视的议论、通过超我或这类原则的收心内视的议论而熟悉这个词的,因为这里谈论的是作为被理性所规定的、普遍的自我,所以,这个内在性的所在——人们必须这样说,如果你们允许我说出这个有问题的图景的话——其实是一个原点。也就是说,这个内在性其实无非就是理性本身的抽象联系点,但却被消极地确定为是与所有始终形成于外的东西有严格的区别。人们可以说,在理性还没有出让自己,还独立于任何外在于它的因素的时候,道德哲学应当在纯粹的理性自我存在方面得到论证。在这种哲学意义上,这样的外在于它的因素首先是诸人的幸福。

但是,我已经向你们指出了这点,这种行为在最为严格的意义上肯定与
人的幸福无关①,这就像后来的、极为激进的内在性思想家克尔凯郭尔
一样,他说,同情行为——这里就是他与康德的不同之处,康德认为同
情是一种简单的宣传②——必须是只因为同情而发生,而不是因为同
情对象的状态的改变而发生,极端的内在性的立场在这里显然是与下
面这个理念相联系的,即人们不应触及实在的状况,不应把外在的实在
状况包含到自己的行为中。③这个动机在某些方面也曾经出现在柏拉
图的客观视角里,即它通过理念的绝对性而显现,而理念只对纯粹逻辑
的行为、纯粹逻辑的能力而敞开。但是,康德仍然会指责这点是他律,
他实际上也批评了整个古典伦理学的他律性,公正在柏拉图看来是最
高的财富,它在柏拉图那里并不是产生于纯粹的理性,而是作为一种自
在存在物被我们所直观,公正作为这样一种自在存在物在此同时也作
为与我们相对立的东西而接受了一种不透明性、非理性的因素,或者像
康德想说的那样,接受了他律的因素。康德的观念伦理学与柏拉图的
理念伦理学的根本区别在于,康德不能容忍作为道德行为的规定根据
这样一种主体性自身的普遍原则,这样的原则除了考虑最普遍的东西
(它也必定是一种客观的东西)以外,不考虑任何客观东西,不考虑可以
使行为成为可能的对象性东西;就此而言,康德伦理学实际上是与费希
特哲学相一致的。

这点在康德那里有着双重的极端;这就是说,康德不仅反对最广义
的感官欲望的他律,而且同样反对神学;并且我相信,你们也必须始终
认清康德的双重立场,他一方面反对经验主义——并且也反对他所遇
到的所有感性的因素;而另一方面,他又反对以神学形态出现的他律,
从这个意义上讲,他是真正的形而上学主义者。人们不能把道德法则
看作由上帝给定的东西,道德法则无非是被纳入纯粹概念之中的主体
性自身。如果上帝在这个道德中发挥作用,那么,他只是作为这种产生
于纯粹理性的道德法则的保证人,是一种——人们可以按照《纯粹理性
批判》里的一种类似表述这样说——道德法则借以固定下来的东西。④
这无非表明,按照康德的说法,没有上帝、没有对不朽的希望,世界将是

地狱。但是,康德设想,世界不可能是这样的。对世界的这种否定性规定与康德对经验的谴责有着极为深刻的关联,这就是说,康德对经验动机的谴责与他的这个看法相符合,即他认为,从原则上来讲,恶统治这个世界,世界是恶的王国,这种看法本身就是神学的,如果你们想这样说的话。⑤ 如果人们可以说,康德的严肃论在面对现存的关系时更不妥协,从而比那些表面上更人性、更引人注意的,由黑格尔提出的道德哲学的规定更具批判性,那么,这里恰恰是这种极端主义的场所。但是,人们因此确实遇到了所谓观念伦理学与物质伦理学和责任伦理学相对立的关键问题,我们现在想就责任伦理学作些讨论。观念伦理学可以回溯到纯粹的意志那里,就是说,它把道德主体的内在性看作唯一的裁决机构。相反,物质伦理学和责任伦理学则是以被主体看作自在存在物(尽管在某些情况下它也是精神的东西)的东西为出发点,而这种存在物是与主体相对立的;就是说,这样一种伦理学以具有恰当意向(in-tendio recta)的自在存在物为出发点,这就像旧的认识论具有恰当意向那样,并不对建构主体进行反思。恰当意向的对象取向使得道德上的至善被客体化了,人们甚至可以说,它被物化了,而物的东西相对于纯粹行为(actus purus)总是他律的东西,是对我们的善,就它具有为了我们的意向而言,它重又遭到对享乐主义的批判。

女士们,先生们,你们中的某些人首先会认为这是哲学家在自寻烦恼;在他们并没有什么需要绞尽脑汁的重要事情去做的时候,他们就该打烊关门,因为这一切看上去都不过是一场学术之争。如果我们可以说,那我们就必须足够地展开至善这个概念本身,这就像在柏拉图的正义理论中的情况一样,这样才能自发地出现某种脱离于经验的、暂时的和柔弱的动机的东西,而且与在纯粹形式上得以确定的观念的区别因此将消失殆尽。事实上,在提到新康德主义的马堡学派时(在此我特别要向你们提到纳托尔普关于柏拉图的论著),人们总是不断地指出康德伦理学与柏拉图伦理学的一致性⑥,叔本华也在很大程度上跟随康德伦理学,他在根本上赞同把这两种道德构想为合二为一的观点。⑦ 但

171

是,康德哲学的本质特征是,他历来坚持对概念进行准确的划分,而且他并不满足于此,他认为这种至善不管它是被如何确定的,对我来讲却总是一种陌生和外在的东西;这种与我相对立的东西,将使我的道德意愿与主体性原则和纯粹自我的原则的同一性失效。从真正唯心论来讲,在这门道德哲学这里会产生对康德根本不是至关重要的东西,也就是说,他的道德哲学在摒弃最广泛意义上的感性东西中是否与柏拉图的道德哲学相一致,对他是完全无所谓的,他关心的只是——这是真正的唯心主义的——追问原则问题,也就是关心这个理论最终证明自己的问题,这就是这个理论是否应当在理性自身当中证明自己或者是否与作为外在于自己的理性相对抗的问题。我想补充的是,康德根本没有从内容上如此严厉地思考过;他并没有像柏拉图那样确实对感性加以诅咒,说什么"肉体是灵魂的活的坟墓"⑧。康德在对义务作出规定时,同时也接受对自己的幸福所承担的义务,他在内容上更多地表现了某种宽容。只有在我曾经向你们讲过的这个原则方面,康德是丝毫不想退让的。在此需要指出的是,在这个变化中隐藏着这种直观的遗产,即内在性与作为不朽的灵魂一样,希望获得至高无上的东西。主体性原则本身理应是自为的,它通常可称作至善,这种思想本身不仅存在于外在的历史意义上,而且也存在于一种非常深刻的基督教意义上,在这种思想的背后隐含着灵魂的绝对实体性之表象,它同样又和灵魂不朽的表象相联系,与基督拯救灵魂的表象相联系——这种表象后来又被世俗化,被概括为道德法则的自在的存在。而且这当中还隐含着市民阶层的无限追求的伦理,其根源是一种特殊的神恩选择的基督教传统,这个传统在路德教,特别是在加尔文派中起举足轻重的作用,即没人知道他是否获得拯救,因此才需要这种无限的努力,以使那种获救的希望成为可能。希望事实上只在远方出现,希望只是某种非常稀疏的、几乎是某种记忆痕迹的东西,康德在这点上与新教的观点是一致的,正是新教的虔信派代表们对一般新教的这个方面感到反感,他们总是指责康德,说他的哲学根本就不认识希望;克莱斯特对康德著作的那种有名的反应,其原因也在于此。⑨这个因素自然具有巨大的真实性,也就是说,在这种希望的概念中事实上隐含着那种不确定。但是,他对此作出了回答,他的观点与贝多芬是一致的:我们必须把世俗生活看作地狱,而地狱不可能是一切;在人的本性中以某种方式存在着类似许诺一样的东西,许诺不是一切,但它肯定会给出其他东西。我要说的是,本体论的上帝证明在康德那里最终是以这种方式而存在的,虽然他自己对这种证明进行了严厉的批判。无限的努力与纯粹的观念之间的中介在康德伦理学中是通过以下方式实现的,即这个中介属于康德那里的最高概念的星丛(Konstellation)*,而且首先属于义务概念,而义务概念则以完全抽象的方式与无限努力的概念相一致。义务作为绝对原则根本不知道有什么界限,因为它是作为绝对物而生效的,它不会受制于任何向它提出的规定,它因为自身特有的无限性或无界性,才具有那种永不安宁的因素。我要在此说明的是,康德哲学当然不会简单地重复在社会现实中发生的事情,而是具有这样的倾向,即对现存社会进行批判并向现存社会提出另外一种可能的图像或者提出另外一种可能性的没有图像的图像。这点以一种极具天才的方式与形式主义的原则统一起来;也就是说,康德在目的与手段的关系中寻求对现实的修正,康德在正在上升的高度资本主义社会中——康德恰巧生活于在英国开始的工业革命的年代——认识到完全替代性的倾向,即所有在这个社会关联中失效的东西对其他事物还具有一种功能价值,它对其他事物还作为手段而存在。康德的道德哲学的激情在于,寻找一个与所有趋向于单纯手段的倾向相对抗的目的。这点隐含在我曾向你们讲过的那个批判意图中。由此出发,你们将赋予一个我迄今还没有向你们提起的,但却在康德道德哲学中具有重大意义的反题以一种真正实在的意义,这就是价格与尊严。一切可替换的、为了他物而存在的东西,也就是我们确实可以说的,一切可以交换的东西具有其价格——这正如价格的概念在事实上是根据交换关系而形成的那样,而在严格意义上确实是为了自己而存在、而发

---

* 这里表现了阿多诺星丛理论的雏形。阿多诺从本雅明那里借用了"星丛"这个术语,以此说明各个个体既孤立分散,又互相联系的特点。——译者注

生的东西，比如像康德的道德法则所规定的正确行动——而且仅仅是这类东西，才是在康德那里被称为具有尊严的东西。在康德那里，尊严这个概念与它在19世纪获得的含义完全不同，这个观念在19世纪堕落为这样一种卑鄙的要求，即一个人自己认为自己在世界上很了不起，他就给予自己这种尊严。我想说的是，尊严这个经验概念，你们在今天偶尔会遇到它，无非就是对康德原本给予这个概念的含义的嘲讽和彻底的反叛。

我在这里不对这些社会事物进行探讨，因为这样会使康德哲学相对化；哲学的批判只有当它依据哲学的独特真理才是可能的，而仅仅指出哲学与某一社会状态有着积极或消极的联系，对哲学来说就没有批判力量。但是另一方面，就像我们在康德的道德哲学中所遇到的最为抽象的规定，它们在自身产生于其中的真实的社会状况中获得它们的地位，人们在某种程度上可以以这种方式把某种具体性给予康德的道德哲学中的那些抽象概念，这种具体性虽然在这些概念那里是根本无法感受的，但它隐藏在这些概念的实体之中。这里需要指出两点。一方面，从一种极其强烈的自我意识的非常积极的意义上讲，康德的道德哲学可以说是市民阶层的。主体能够自由地为自己立法和主体的纯粹观念就是世界法则的思想是这样一个原则，它与所有的传统观，与所有等级制的、封建的和专制的制度是相对立的。人们可以说，相对于现存的，仿佛是自然科学的关系的有限积极性来讲，康德的道德哲学的抽象性本身是一种社会的东西；我们在康德那里观察到的向这种抽象性的过渡就是具体的东西，因为不断加强的抽象化、理性化和——如果你们想这么讲——把社会从自然的因素（人的行为就以这些因素为依据）中解放出来的过程就在这个过渡中表现出来。抽象物并不是一切时代共同的原始根据，抽象性本身是一个历史的和社会的范畴，如果你们想这么说的话，马克思曾十分明确地指出过这个看法，而康德哲学或许是马克思的这一原理的最伟大的例证之一，是这方面最好的样品之一。在康德那里，人们可以非常清晰地感受年轻资产阶级想要摆脱一切束缚的激情和自我意识。这种激情在康德那里首先表现在他对作为一种道

174

德哲学之根据的神学所进行的批判,而这种道德哲学遵循的是"把人类从自身罪孽的幼稚中解放出来"的定律。[10] 如果你们在康德的法则概念的压制规定中没有感受到这一动机的共同跃动,那么,你们实际上就没有正确理解康德道德哲学的极其复杂和多样的构成。但是,他的道德哲学从根本上讲在很大程度上受到了卢梭的影响,它尤其在这个意义上是属于市民阶层的。众所周知,康德的道德哲学以一种极为令人注意的、独特的方式改变了卢梭的这个思想,即人类理性不可能在一种不断进步的福祉的意义上改造世界。我认为,认识康德从卢梭的动机中到底得到了什么,比总是指出卢梭的动机要更有意义,而后者你们可以在任何一部哲学史当中看到。康德教导说,人的理性禀赋实际上并不会给人带来那种更高的福祉;如果你们愿意,他从中得到的只是相反的结论,即人们不应当试图把二者协调一致起来,而是至少在涉及个人行为,即私人伦理的情况下,人们应该在另外一种层面上,而不总是在改善社会福利的层面上来寻找理性的规定。你们或许会想起来,我在上一讲里曾经向你们指出,绝对化的理性概念导致了哪些困难,即使是在人们辨别主体利益的范围和客观正确事物的范围的情况下,也就是说,正确的社会在这种情况下也将导致对自然的全面压迫。这或许向你们指出了,可以从什么地方寻找康德的真理因素。此外,恰恰是在这种对压制原则,对理性的仇视自然、压制自然的原则的怀疑因素中,卢梭的动机以一种非常积极的意义隐藏在康德的道德哲学中。康德由此得出如下结论:人类或者至少是个人——在康德那里,人类这个概念有点其他和更加复杂的意思——除了按照法则概念生活以外没有别的目的,而法则概念不过是所有被理性设定的规定的最高统一而已。

我现在想对我今天谈到的观念伦理学,即私人、内在性和市民社会的联系加以补充,如果人们泛泛地使用"市民的"这些概念,那么,一般而言,人们的这种做事方法就过于单调了。首先需要讲明的是,在市民社会内的这种收心内视是有反作用的,是辩证的,不要把它直接理解为一种市民阶层的东西;我已经向你们讲过这种普遍的替代性,而与这种替代性相适应的当然是主体回归自身的倾向,它是作为对我们都被卷入其中的外部世界的超强作用的一种反抗方式；内在性于是成为归营号(Retraite)，个体在反对外部世界的超强作用的反命题意义上而撤退。只有在这个反命题意义上人们可以说，内在性范畴是替代世界的一个功能，当然还属于这个世界的，就是由于神学世界的坍塌而出现的那种内在与外在的极端的断裂，那种任何中介范畴都不可弥合的断裂，这样的断裂其实是内在性范畴得以形成的无言的前提。在所谓封闭的文明中——用黑格尔的术语讲，这些文明都可以叫做本质性的，可以做什么在这样的文明中或多或少都是不成问题、不言而喻的事——内在性概念是没有地盘的；我并不认为我下面所说的话是多余的，如果我向你们解释，在古代这个概念根本就不存在，而我则属于现代，你们当中可能有古典语文学家，他或许会向我指出某一位古典作家的某一作品，人们可以从内在性的意义上对其进行解释，对此，我不想予以否认。我只想从方法论上对此说，所有这些动机在古代肯定已经存在了，只不过它们所处的天空、气候完全不同于基督教的气候，因此，从其纯粹意义内涵上来讲的彼此相同的范畴在这种完全不同的气候之内——如同那种根本不认识主客体问题的东西——获得了完全不同的意义。如果人们阅读休谟、塔西佗、薄伽丘、乔叟，《唐·吉诃德》或者17世纪早期英国小说，那人们到处都可发现一种东西，它与我们在今天称之为市民阶层的东西相同，即具有与有组织的城市市场经济相关的内在联系。另外，不可忘却的是，在康德那个时代，德国资产阶级关系的发展不如其他西方国家。虽然在那时的德国社会所有资产阶级范畴和思想都是在思想领域内获得、表现和具有生命力的，但却决不能说，市民阶层的自我意识与经济现实是一致的，他们已经获得了像市民阶层在英国和法国所获得的那种权力地位。

概念走在了现实发展的前面——这是德国情况非常独特的一点；因此，概念同时又比其他西方国家更极端，在西方国家，比较发达的现实在某种程度上总是能够否认比较发达的思想，但是，这样的概念同时又具有某些更受约束的东西，因为对真实性本身的意识很少会进入概念之中，人们在这个意义上可以说，就像在莫根施特恩(Morgenstern)

的诗里的月亮一样,道德在一种精神的意义上完全是一种"德意志的东西"⑪,这就是说,在更为狭隘的意义上讲,道德或者首先是责任只存在于德意志思维的领域之中。倘若你们阅读康德的同时代人休谟的著作,阅读休谟的道德哲学,你们会发现,情况是完全不同的,你们几乎感觉不到所谈论的是同一话题。无论如何,人们在康德那里不会感受到,个人的道德行为可以对外在的真实起决定作用。个体在面对外在真实时的真正的无能为力的因素,在内在的条件下肯定对康德的纯粹的内在性建构具有本质意义。道德主体的观点从一开始就决不可能成为世界之形成的观点,因为它不管怎样都不会对世界发生影响,尽管也有对世界形成的极为抽象的思考,但道德主体与具体的、历史的力量的关系却根本就未进入这种思考之中,因此,道德就必然变成一种观念的东西,从根本上讲变为这种行动的形式,它沉默而又事先确信,它的行动不可能直接地、立竿见影地对世界进程作出任何改变。在整个德意志唯心主义的道德哲学中,人们都可以感受这种无能为力。这种观念只是一种自为存在的规定,它寻找自身内部的实现,它对于社会的建立是无结果的,但它在某种形式上又不是很受社会本身的威胁。这是批判这样一种社会的激情,在这个社会中一切都是手段,一切都不是目的,但另一方面,这种思想是对下面这点的辩证补充,即道德意识、为自己立法的理性相反地使自身成为自己的目的,并因而成为偶像(我在上一讲里已经讲过这个问题),因为理性实际上是在怀疑,在它自身之外任何目的是否能够在现实中得到实现。被解放的市民的巨大激情与无能为力的感觉在这种道德哲学中交织在一起,而这种双重冲突极其深刻地沉淀在康德的道德哲学之中。女士们,先生们,我相信,我已经为解释导致观念伦理学的问题和同样导致责任伦理学的问题作了一些准备。这个问题就是在这里表现出来的这种无能为力的感觉,它使观念伦理学面临如下指责:这门伦理学在具体情况中(in concreto)没有提供任何内容,换句话说,它没有提供任何决疑论,没有给出具体的个别情况与普遍原则之间的中介,而另一方面(我无须向你们解释这一点),就像不断指出的那样,恰恰是道德决疑论在"目的证明手段正确"的原则

177

下而具有相对性,并因此能够导致消极和坏的东西。康德反对决疑论,或许仅仅提出对准则的普遍性特征进行反思就足够了。也就是说,如果我确实在任何时候都可以对我是否可以将我的行为原则变为世界立法的普遍原则作出判断,那么,这个问题也许就得到解决了。我认为,我在这节课的最后一段时间还向你们说下面这番话,或许还是对的,这番话就是:你们想一想,人们是否可以按照无上命令去行动,你们是否可以想象,人们在任何时候、在任何一种行为当中都清楚地知道,首先,他们的行动是否在遵守这个准则——以上帝的名义去讲,你们可以假设一下,人如果如此行为,他就会更像一个怪物,而不是一个人;其次,他们在所有情况中都清楚地知道,这个准则是否适宜于成为普遍立法的基础。如果我可以使用一种康德论证的图式,那么,从根本上来讲,这点就确实以如下条件为前提:社会整体的无限分化,即一种无限的东西,对我来讲是实定给出的,因此,我才能在我的准则与普遍立法之间建立这种联系。换句话说,无上命令写在纸上,但在严格的、康德之内的意义上却是无效的,因为这方面的沉默前提是,我可以通过我的判断来确证,我的准则是否与这种普遍的立法相适应,而这点恰恰是以无数个人无法驾驭的反思为前提的,无穷无尽的知识和认识就属于这样的反思,它们根本不可能被约定为道德自明性的一种方式。

注释

① "与人的幸福无关"是按照文意补充的,录音记录上有一个注语"无法理解!"表明缺了一部分。

② 参见《对美感和崇高感的观察》,《康德文集》第二卷,第 835 页。

③ 参见克尔凯郭尔:《惧怕的概念》,"同情与受难者相距甚远,人在这里看到的只是自私自利。……只有当同情者在极其认真的意义上知道他的同情是他自己的事情时,同情才有意义……"。《克尔凯郭尔文集》第五卷,第 119 页,耶拿,1923 年,C.施伦普夫翻译。

④ 参见第 16 节:"先验的推演论","这就是统觉的综合统一的制高点,人的所有知性的应用,甚至于整个逻辑,以及依据这个逻辑的先验哲学都必定与这个制高点相联系,这样的能力就是知性本身"(《康德文集》第三卷,第 137 页,B134 及其注释)。

178 ⑤ 阿多诺这里又提到 1957 年 1 月 22 日的讲课。在准备 1963 年的讲课过程中,他就下面"如果上帝参加进来,它也只是作为从纯粹理性中产生的道德法则的保证人,是道德规则的支点"这句话在正文边上写下这样的句子,"这就是说,没有上帝和不朽,世界就会是地狱——康德认为,这是不允许的。对世界的这种规定是在拒绝经验的深刻联系中的否定,统治世界的是恶"。参见《保证我们幸福的职责》(阿多诺讲课稿第 1424 页)。

⑥ 参见 P.纳托尔普(P.Natorp):《柏拉图的理念学说——唯心主义导论》,第 191 页及后页,莱比锡,1903 年。

⑦ 参见《作为意志与表象的世界》第一版的附注"康德哲学的批判",载《叔本华全集》第一卷第二部分,第 638 页。

⑧ 参见柏拉图:《斐多篇》,St.82e,在这里,肉体被看作心灵的牢笼。

⑨ 参见冯·克莱斯特(H.von Kleist)致冯·曾格(W.von Zenge)的信(1801 年 3 月 22 日),载《克莱斯特全集》第六卷,《书信集》(1793—1804),出版者是 H.森普德纳,第 163 页,慕尼黑,1964 年。

⑩ 参见《什么是启蒙》,载《康德文集》第十一卷,第 53 页。

⑪ 参见 C.莫根施特恩:《月球》,载《痛苦之诗全集》,第 74 页,慕尼黑,1992 年。

第十六讲

（1963 年 7 月 23 日）

女士们，先生们：

我上次曾经对你们说过，在思考无上命令方面存在一个问题，它完全可以被简单地表述为，从道德法则的至高普遍性走向特殊情况的道路并非是没有任何问题的，它并不像在康德的道德哲学里表现的那样。值得关注的是，康德本人并没有很清楚地提到这个问题，而在认识领域中这个问题对他是很重要的。在那里，它以判断力的名义出现，从这个词的精确意义上讲，它是在普遍中思考特殊的能力，而康德在此提出两种可能性。第一种是从普遍推进到特殊，即所谓取规定作用的判断力，这一判断力对他肯定不是没问题的，第二种是反思判断力，如果我可以这么说，反思判断力探讨的问题是人们如何能够从无遮掩的，还未被普遍加以概括的经验提升到普遍——而康德的第三部主要著作主要就是研究第二个问题。① 从类比的角度（per analogiam）来看，《实践理性批判》讨论的是第一个问题，也就是讨论起规定作用的道德判断力，但在这本书里却对这个问题只字不提。如果我想表达这样的怀疑，即康德本人避免在此深入讨论联系问题，讨论普遍与特殊的联系问题，因为这个问题对他来说很棘手，他知道，他会在这当中陷入极大的困境，我希望自己不要因此对失敬负有责任。假如我们现在可以把他当作证人的话，他当然不会向我们承认这点，而是很可能要与每个个体的现在的道

德意识直接联系起来,他肯定会把这一意识引入到与道德法则的可推
演性的某种对立之中,这就像你们可能回忆起来一样。女士们,先生
们,事实上恰恰在这里存在一个很严肃、很棘手的问题。这就是说,其
实道德并不是不言自明的,纯粹的道德要求可以由于它的独特的纯粹
性而过渡到恶劣,并且是在下面这个确切意义上,即这个要求在毁灭客
体,或者人们必须更好地说,它在毁灭主体,与此相对的是,这个要求因
此而生效。

　　我们现在已经讲到最后几课了,这可以说归因于我们自己在某种
程度上遵守了无上命令,我们今天没放高温假,也没有因此骗得一种古
老的儿童幸运,因此,我允许自己在这里去谈一个文学的例子。但我要
先声明,我很清楚艺术作品与道德哲学问题的关系这个难题,也就是这
个问题,即道德范畴在何种程度上可以应用于必然具有形象特征的人
身上。但我并不讨论这个问题,而是满足于指出以下这点,即我将向你
们谈论的作品本身无论如何是在我们此刻正在探讨的道德问题的形态
的前提下得到表达的。我要讲的是易卜生的作品《野鸭》。这部作品在
我年轻时还是他的最著名的作品之一,这真是不太令人愉快的演变现
象,这部作品今天——就像易卜生的大多数作品那样——已经不再当
然地被当作名作了;而如果允许我向你们提出一个请求,那这个请求就
是,你们在假期都看看这部作品,与这部作品相联系,也许再看几部他
以前的作品,如《幽灵》或《人民公敌》。我相信,如果你们想获得一些道
德辩证法的知识——这也是我们讲课的最后内容,那么,除了易卜生的
这些作品以外,你们在任何地方也找不到像这样更具体,而且在思想上
更明确的东西了。《野鸭》讨论的问题是,为什么一个人由于他代表道
德法则——或者用康德的话来说,他代表纯粹的道德要求——而自己
变得不道德了,这就是说,一个最有价值的人是如何从整个周围环境中
被清除的,而这个人是唯一没有纠缠在学校关联(该剧展开的就是这个
关联)中的人,如果你们允许我用通俗的谈话方式讲话的话。正是这个
未被纠缠的人却被更深地卷入她的命运当中并走向毁灭,而这个人是
一个 14 岁的少女,一个黄毛丫头。这个故事很简单。一个大企业主有

一个股东——这是故事的开头部分，在易卜生的其他作品里也是这样，真正的中心事件总是在前面发生，而剧本本身——现在发生的事情，在某种意义上只是一个后记。这本身就具有一种极深的美学意义，并且与这种戏剧的形而上学相联系，而我现在不可能讨论这个问题。不管怎么说，在故事开始部分两个大企业家相互联系在一起，一个叫维尔勒，另一个叫埃科达尔，埃科达尔是一个时髦的军官。两个人干了些不正当的金融欺诈勾当——这在易卜生的晚期作品里很重要，故事就此展开。维尔勒毫发无损，还赚了一大笔钱，而他的股东则被抓并被投进监狱。在剧本中老迈的埃科达尔是一个获释的囚徒，一个完全垮掉的人，一个浑浑噩噩的酒鬼，他有个儿子叫赫亚尔玛尔·埃科达尔，这个赫亚尔玛尔是一个具有其特点的摄影师；一切都围绕着他展开，人们必须说，他是个消极的英雄或者是所谓的道德要求所指向的联系点。老维尔勒不仅让这个赫亚尔玛尔掌握摄影这门技术，给他弄了份微薄的生计——这个赫亚尔玛尔自己没有认真干这份差事，而是让受他剥削的老婆去干，而且还让赫亚尔玛尔与被他抛弃的情人吉娜结婚，吉娜已经怀上了老维尔勒的孩子，这个孩子在这个婚姻中又转给有点自吹自擂、善于欺骗的赫亚尔玛尔。从此，在赫亚尔玛尔、吉娜——补充一点，吉娜这个人物并不令人反感——和她的孩子赫德维希之间就建立起一种和谐宁静的生活，一种小市民阶层的田园般的生活，虽然这个生活之上压着极为沉重的过去和贫穷生活的阴影，但却是一种使三个人都感觉不错的存在形式；而赫德维希则由于青春期热恋她的假父亲。老维尔勒有一个儿子，叫格雷格尔斯，而格雷格尔斯在这个戏剧中主张无上命令。他与自己的父亲处在激烈对立之中，不想看到这些情况，虽然并不是因为他对这些关系愤怒不已，而是因为他是赫亚尔玛尔最亲密和唯一的朋友，他不能容忍或者相信自己不能容忍，自己生活在谎言的世界中，这个世界按照其实际前提来看完全与所有参与者对自己和对这个世界的看法相矛盾。我不想向你们叙述全部非常复杂的剧情。不管怎么讲，最终这位格雷格尔斯（人们可以说）出自抽象的道德而与他的生父闹翻了，拒绝做大公司的股东，宁愿过贫穷生活，他完全是为自己本人作出了彻底的决定。埃科达尔一家,年轻的埃科达尔一家:赫亚尔玛尔、吉娜都清楚发生的一切,连小赫德维希也知道了。由此产生的唯一结果就是,赫亚尔玛尔对小女孩装腔作势起来,因为她不是他的孩子,所以他似乎失去了对她的信任,不再相信她的那些喜欢他的话,她受到道德的谴责,为此这个小女孩自杀了。这就是剧情。我必须补充的是,在这个剧情当中,埃科达尔一家其乐融融地存在于他们生活的谎言中——生活的谎言一词就源于这个剧本,今天已经被人差不多忘记了,虽然这种情况本身一如既往地具有现实意义;就像这个剧中一个爱挖苦人的、堕落的医生莱林所说的那样,这个家庭很可能在赫德维希的坟丘上长出草以后,就会像从前一样重又幸福、满意地在中等生活状态的泥潭中过日子。

女士们,先生们,我想忽略整个事件中的一个有问题的地方,即按照 80 年代的看法,吉娜把一个婚前孩子带进婚姻中来的事实——赫亚尔玛尔也许已经猜出了这点——把剧本中的所有重要方面都做了另外的分配,而我们在这里却无法看到这样可怕、令人厌恶的东西。实际上,在全部构思中最重要的东西不外乎就是道德的纯化行动,也就是一个像格雷格尔斯那样自身纯洁的人试图清理各种关系的尝试,或者就像人们在今天很喜欢说的那样,创立清楚的关系,而这样的行动只会导致灾祸。这就如同在易卜生的另一个剧本《幽灵》中这番话一样,"良心有时是令人讨厌的事情"②。如果真要按良心办事,人们在一定情况下就会干出没良心的事来,也就是实际上杀死一个非常优雅、温柔的人。易卜生是一个非常重要的艺术家,他并不站在那个牢骚满腹的莱林一边,他只是表明,观念伦理学与责任伦理学的关系问题是不可解决的。这就意味着,一方面,格雷格尔斯所趋向的关系和人在事实上是骗人的、顺应时势的,并且是根本无法容忍的。另一方面,遵守道德的尝试不仅注定是要失败的,而且这个尝试在其自己本身之中也会变为过失。

在易卜生的这个构思后面还有另外一个因素,它在他的其他剧作中表现得更加强烈:道德就等于某种新教的清教徒式的狭隘,这种狭隘面对的是被解放的市民阶层的广阔的工业与金融资本的生产力,易卜生显然同情这些生产力,这是就其历史进步的意义而言的。另外,在易卜生的青年时代,黑格尔哲学在北方的影响很大,他肯定受其影响,人们恰恰在这些剧本中可以看到黑格尔教育对他的影响。他在《野鸭》里所做的事情是——我在这里引述施伦特尔的一句非常精辟的话,施伦特尔极其智慧和富于理解地说——"野鸭没有解决矛盾,取而代之的是表现矛盾本身的不可解决性"③。格雷格尔斯是个有道德要求的人,他完全是一个复仇的形象,今天人们会说,他明显是一个具有不可解决的恋母情结的人,他非常憎恨他的腐败的、老奸巨猾的、在某种意义上很成熟的父亲。另外,他又是一个非常令人憎恨、僵化和不灵活的人,他觉得自己是"桌子上的第13个人"④,也就是说,完全是那种变坏的人,在《野鸭》写就的同一时期,尼采称这些人具有通过怨恨的道德来毒化世界的本领。但是,易卜生的伟大之处在于并不停留在人物形象的消极面上;格雷格尔斯还被描述得非常具有正义感。虽然在本性的或者性格的范围中有这种怨恨特征,我几乎想说,这是令人厌恶的特征,他还是一个纯洁的人,他向别人提出的要求,同时也是对自己的要求,并且准备接受任何结果。人们可以说,我在这些讲课中向你们提到的矛盾,即道德行为的局限性与道德范畴,道德范畴的客体性、约束性之间的矛盾,在这一非常具体的个体形象上得到了表现。他所代表的理念——如果你们愿意,可以说,这也是康德的理念——就是关于真理的理念,人们还可以说,这是抽象理性的理念;此外,这个理念在易卜生那里已经过渡到同时代的存在主义表象中,因为这个抽象真理的道德严肃论在这里表明的无非就是,人应该与自身相同一。在易卜生那里,真理就意味着:不要生活的谎言,站在和承认自己所是的那一方,与自身相同一。在这种同一性当中,在这种(该怎么说呢)将道德要求缩减为只是人的自身存在的归纳中,人应当如何存在的一切确定内容自然开始消失,按照这种伦理学,一个人只要是自知的、哪怕是显而易见的无赖,他最终也可以是一个正确的人。在这里,把纯粹的理性原则归纳为单纯的同一性就已经在某种程度上把某种旨在相对主义的东西作为对理性理念的一种回答。但这点并不是我们在此、在这种联系中真正探讨的东西,我们必须要探讨的是观念伦理学与责任伦理学的关系。人们在这里完全可以很轻松地说,格雷格尔斯的行为是不负责任的;人们也可以说,这种坚持道德要求的固执、虚荣是受心理支配的;就像康德要说的那样,格雷格尔斯其实更多的是受到作为理性理念的一种意图的驱使,这种理念依据他自己的意识指引着他。从结果来看,易卜生在此完全继承了黑格尔的思想,似乎是以责任伦理学来反对康德、反对纯粹的观念伦理学,而责任伦理学是这样一门伦理学,它所追求的目的就是,人们在每走一步时——人们在每一步都相信,他们应当满足善和正确的要求——都要思考这一步会有什么影响,这一影响是否实现;人们不是从纯粹的观念来行动,而是在此同时把目标、意图,最终也把世界形态当作肯定的东西一并吸纳进来。这就是这部剧中爱嘲弄人的莱林所主张的东西,他非常明智地表达了这点。但是,如果你们愿意,可以说,剧本的公正性和真正辩证的因素在于,责任伦理学和世界——责任伦理学作为辩护术有利于这个世界——在这个剧本中也被描述为某种成问题的、坏的东西,尤其是被描述为与现实世界沆瀣一气的东西,而与它们相对立的格雷格尔斯(他作为抽象道德的代表是不对的)又重新是正确的。简言之,当我向你们讲矛盾的不可解决性被显示出来,这句话就意味着,这里不仅完成了认识,而且还实现了彻底的具体化,即"在错误的生活里不存在正确的生活"⑤,如果你们允许我引述我曾讲过的一句话。我已经讲过,我向你们指出的对失败的格雷格尔斯的批评——他最后说,他永远是"桌子上的第 13 个人"——与黑格尔对康德的道德的批评方式是一致的。因此,责任伦理学是一种重视结果的伦理学,它不满足于纯粹意志,就像黑格尔和易卜生在一方面所做的那样,它甚至把纯粹意志揭露为某种骗局,它就像那些不能相信自身的东西一样。在纯粹返回自身的内在性中(这一内在性在格雷格尔斯这个怪人身上得到了体现,他在遥远的北方极其孤独、封闭地生活和思考着)隐含着某种非常不清楚的真实性,而这种真实性回到了这个人物身上。作为富家子弟,他患有神经质的负疚感,并且因此陷入因果性的世界里，但他又把这种神经质的负疚感错误地当成绝对的善。易卜生已经清楚地看到，我们相信我们的动机是善，而这样的动机本身常常是隐藏起来的利己主义；另外，这也是一个在康德区分经验特征与理智特征中已经出现的问题，康德敏锐地看到，我们自己所相信的那些纯粹的动机，即那些无上命令的动机，其实不过是来自经验，并且最终与我们的欲求能力、与这里所说的满足我们的道德自恋（如果我可以这么说的话）相联系。人们甚至可以讲——这肯定是这个批判的真实所在，在面对那些具有所谓的纯粹意志，并且在任何情况下都援引纯粹意志的人的时候要保持某种当心，因为所谓的纯粹意志几乎总是与告发相联系，与惩罚和迫害别人的需要相联系，一句话，与那些对你们还是历历在目的极权国家的各种各样的清除活动的全部问题相联系。不包括现实性，就颠倒了纯粹意志所鼓吹的结果，在此可以提出的批评顶多可以得到这样的理解（奇怪的是，这点在康德的道德哲学中根本没有发生），如果我已经把道德法则与抽象的理性原则视为同一的，那么，义务就在于竭尽每个个体的所能去广泛地思考。请你们让我这样来表述这个要求：道德行为就是在无上命令意义上的纯粹的、符合理性的行为，这个要求从根本上讲就是下面这样的要求：让理性在人的全部行为中做主，并把理性可以企及的一切东西都纳入理性。但是，这个结论不是从康德的道德哲学的内在矛盾性的原因（我已经向你们充分地解释过这些原因）中得出来的，而是在理性的逻辑思考中，即在道德哲学理性地思考结果的过程中得出来的，康德已经看到了某种类似于断裂的东西，因此，人们在格雷格尔斯·维尔勒这件事上所要解决的全部问题就得以解决——我现在是从哲学上，而不是从心理学上来谈论这点。⑥但反过来，道德哲学由于考虑到结果而在某种意义上使自身依赖于客体；而老维尔勒和那个医生的冷嘲热讽，赫亚尔玛尔·埃科达尔的潦倒与欺骗，在剧本中从根本上来讲都不过是对世界的现存状况的认可而已。这些好嘲讽的人所赞同的一切也不过就是认为，已经生成的东西，已经发生的世界，现在的性状——尽管在这里只是最狭隘意义上的家庭关系——都比抽象的理性有理；在剧本第一幕的结尾，老维尔勒把他的不能驾驭这种真实性的儿子称作可怜的笨蛋,并且在他身上发泄出对这类人的全部鄙视,这些人本来是拥有某种有限的权力,但却自认为自己远远摆脱了那种对任何现象都无能为力的状况。

我曾尝试在这里不是那么一般地向你们解释这个问题,用一种模式、一种艺术构思来阐述它,而哲学则试图以其自己的方式完成这个问题。黑格尔关于理性的客观性之学说——即现实在一种所强调的意义上也是有理性的——就是在有些狭隘和独特的观点下(我们此刻就是以此观点来观察所有这些问题)解决这些问题的尝试。认识这点是很容易的。如果黑格尔所竭力主张的哲学在实际上可以得到成功的证明,即某种理性在现存关系的实定性中,甚至在最具体化的家庭中占据统治地位,而且最终由于只存在一种理性,而这种理性与我虚荣和骗人地用道德要求来反抗世界进程的那种理性是相同的,那么,我就会屈从和适应这个世界进程,但我并不会因此就违背理性本身,违背无上命令,而是会超越道德主体与不恰当的客体世界的二重性,并且通过我尊重客体中的理性,这就像我必须遵循康德的主张、尊重自身中的理性那样,在更高的意义上让理性得到比在《实践理性批判》中更多的权利。

当然,在这里我无法向你们全面展开黑格尔关于现实合理性的理论中的问题。请你们允许我说,这一理论当然有其真理性因素。你们也许可以最容易地用以下方式弄清楚这一点,如果你们追溯所谓的事物的逻辑概念,即一种逻辑在直至最细微的历史必然性的完成过程中居于统治地位,而这种逻辑决不单纯是因果性的逻辑,而是具有这样的形态,即人们总可以在事情发生之后(post festum)——这是最重要的——在任何一种链条性联系(无论这种联系是政治的、历史的或私人的)中感受某种理性,或者如你们所想说的那样,感受自我保存的抽象原则的实现,而辩护术就与这种原则相联系。躺在临终床上的弗兰茨·冯·赛京根——他在一次包围中受了重伤——的名言是"成事皆有因",这句话绝不仅仅涉及因果律的普遍化,它还与"导致这一因果律"的理性相联系。如果人们对《野鸭》剧情当中的所有人物特征进行分析,那就可以完全肯定,从所有这些人都具有的性格特征里产生了这种意义深刻而又不是其他可能的情况,年轻的格雷格尔斯——顺便说一句,他已经根本不再年轻了,他肯定已近 40 岁了——后来激烈地抨击了这种情况。但是,道德原则本身因此在实际上就变成了一种适应原则。我们在德国传统中习惯于——你们思考一下这个问题,也许是非常好的事情——把道德原则几乎不假思索地与无上命令的、抽象内在性的和道德法则的原则视为同一,而在整个西方世界,特别是在盎格鲁—撒克逊世界,我也许应该准确地讲,就是在盎格鲁—撒克逊世界,社会适应的规范几乎当然地与道德的规范(在我们这里就是无上命令)具有同样的效力。我可以这么讲,这两种道德文化的差异清楚地显现出哲学的矛盾和对立,我曾试图从这种对立的真正理论根源出发,向你们解释这种对立。其结果就是所解释的责任伦理学的目的就在于,现在存在的东西对于主体来讲总是正确的,而在黑格尔那里,这种现在的存在就意味着世界进程,他用世界进程来抵御新教的内在性的虚荣心。这种道德理论实际上是黑格尔的一个主要理论,就像我向你们说过的那样,这个理论所得出的结论是极端的,它就同黑格尔的法哲学一样,具有明显的压制性,在政治上极为保守。这样就得出非常矛盾的结论:康德的伦理学以其普遍性原则摆脱了任何与它相对立的世界的确定形态,这门表面上的形式主义的伦理学对社会和实际关系以及有限的道德范畴的批判就比有内容的黑格尔激进了许多,而黑格尔则把自己与他对社会的思考和对确定的社会形态的批判混为一谈。罗兰德·佩尔策(R.Pelzer)在他的非常精彩的博士论文(在我这里形成的)中详细地阐述说,表面上的进步使黑格尔超越了康德,而实际上他对康德的道德哲学的批判恰恰有利于"存在着权力",有利于压制;他针对黑格尔对康德的道德哲学和道德哲学本身(如果人们可以这么讲的话)的批判作出了一种元批判,这种元批判在辩证思想的关联中就是对与社会真实性不一致、不统一的道德规范的一种拯救。这篇论文将在肯普斯基的《哲学文库》出版[⑦];我想让你们所有人都对此加以注意。从其基本观点来看,这篇论文正是在我们在这里必须结束这种关联的观察的地方起步的。但是,它却得出了非常极端的结论。如果人们假设客体确实有理性,那么,就会存在一种理性与自身的矛盾,它比康德在《实践理性批判》中所阐述的实践理性的二律背反的那种比较善意的意义严肃得多。换句话说,客体化的、在世界中形成的理性和批判的理性(批判理性与前者相对立)就像黑格尔想让我们相信的那样,不仅不是一个整体,而且它们从其结论来看彼此根本不能统一。这种客体化的理性与主体思考的理性之间的区别,表现了作为一种原则或作为道德原则的全部理性的可疑性。纯粹地按照理性行动或许是抽象地摆脱了自身的自我保存,并因此而过渡到恶之中,而强者得以施展抱负的世界进程正是恶。由此看来,在错误的生活当中不存在正确的生活,正如你们所看到的那样,形式上的伦理学不允许这样,而责任伦理学或转让到其他事物中的伦理学同样不允许这样。今天的道德哲学真正面临的问题是如何应对这一困境,我会在下一课中就此阐述一些看法。

注释

① 关于对规定的和反思的判断力的关系的说明,请参见《判断力批判》导言第 4 章"论作为一种先验的立法能力的判断力",《康德文集》第九卷,第 251—253 页。

② 阿多诺引述的是施伦特尔(Paul Schlenther)翻译的《幽灵》第二幕,载《易卜生全集》(德文版)第七卷,柏林,由布兰德斯(Georg Brandes)、埃利亚斯(Julius Elias)和 P.施伦特尔审阅并作序,第 51 页。

③ 施伦特尔在给《幽灵》《人民公敌》和《野鸭》这三部作品所写的序言中讲道:"由于阿尔温夫人未及时尊重真理,她变成一个悲剧性英雄;反过来,由于人民公敌尊重真理,他就变成一个悲喜剧英雄;前者的非真实性,后者的真实性都是同样的糟糕;对两个剧本加以比较就制造了矛盾。从学说上看,这个矛盾是第二年,即 1884 年出版的剧本《野鸭》的对象;这个剧本的答案似乎不能解决那个矛盾。"(《易卜生全集》,第 31 页)

④ 关于这一动机请参见剧本的结尾部分,出处同上,第 343 页,剧本引言,第 222 页。

⑤ 参见 1963 年 5 月 7 日的第一讲和第 3 条注释的证明。

⑥ 这里纠正了可能是听课时的一个错误。在手稿中是"表现出来"。

⑦ 参见佩尔策(Roland Pelzer):《黑格尔伦理学原理研究》,载《哲学文库》第十三卷,第 1—2 册(1964 年 12 月),第 3—49 页。

第十七讲

（1963 年 7 月 25 日）

女士们，先生们：

在最后一讲中，我想就道德哲学的表述谈一些看法，这是可行的，因为我在讨论观念伦理学和责任伦理学时所说的这句话使你们感到有些明白可信，这句话是：在错误的生活中不可能存在正确的生活。在我说出这个认识以后的很长时间之后，我可以确信，这个认识已经以类似的方式在尼采那里出现过了，尽管表述很不相同。[①] 我今天对道德哲学的可能性问题首先只谈论一点，即全部道德哲学的总概念就在于这个尝试之中：将这些思考本身——我为此曾经试图向你们至少构造一个模式——提升为意识，也就是把对道德哲学的批判，把对其可能性的批判和把对其二律背反的意识吸纳到意识之中。我相信，谨慎地讲，人们不可能再许诺其他东西了。人们尤其不能许诺的是，这些思考，如在道德哲学范围可能提出的这些思想，将会设计一种正确生活的准则，因为生活本身是非常扭曲的，因此，从根本上来讲，没有人能够在生活中正确地生活并实现他的独特的人的使命；我几乎想这样讲，世界就是这样设置的，即使是像纯洁和正派这样最简单的要求都必然会遭到所有人的反对。我相信，只有意识到这一紧迫情况——而不是掩饰这点——才能创造条件，去正确地回答人们今天能够怎样生活这个问题。或许人们唯一可以讲的是，正确的生活在今天就存在于对某种错误生活的诸形式的反抗形态之中,这些形式已经被进步意识看穿,并遭到批判的解体。除了这种否定的指南以外,确实不能提出其他东西。另外,这种否定的表述很难比我们在本学期所讨论的康德的表述更形式化。我这里指的是对被看穿事物的确切的否定,因而也是指抗拒我们所承担的一切事物、抗拒这个世界从我们这里已经获得的和将在无限广泛程度上从我们这里获得的事物的反抗力量。除了对此进行反思以外,我们并未得到其他东西,而与之相反的东西,则是从一开始就是在意识到自身在客观上的无能为力情况下的尝试;反抗这个世界从我们这里所获得的东西绝不仅仅是与外部世界的一种区分,我们在面对这个世界时可以设定自身是合理的——任何这样的尝试都会使在我们身上起作用的世界进程的原则得到加强并对坏的事物有利,而是这样的反抗必须证明它在我们自身是反对所有那些我们倾向于在其中共同发挥作用的事物的。我几乎想说,即使是我们去做每个人肯定都会做的、表面上看来没有任何麻烦的看电影这件事,也至少是带有如下意识,即我们看电影这件事其实已经表明我们已经认识到的东西,而看电影也许还会使我们——即使程度极低,但肯定会有累积的效果——更深地陷入我们将要变成的和我们为了能够生存、为了能够适应而显然在更广泛的程度上使我们自己变成的那个事物当中。我始终认为,对目前情况最重要的是,我刚刚跟你们讲过的共同发挥作用是任何想继续生存的人都无法回避的事情,只要他不是一个真正的圣人——圣人的存在在今天也是很难的。我们对于共同发挥作用一直都要采取克制的态度,但愿你们不要以为,当我在这里向你们宣布不共同发挥作用的规范时,我会有丝毫的伪善。也许情况是这样的,如果这种共同发挥作用被反思所接受,如果我们知道其结果,那么,我们所做的一切——在意识中所做的事情,它们有助于错误的东西——多少有别于通常的情况。但是,这已经太虚荣了,以至于人们无法讲出这点;为了不是往口中扔面包,也不只是向你们的头上扔石块,我向你们所讲述的比我设想从这个反思中获得的大量内容还要多。如果我可以把反抗应用于我们在此从理论上所探讨的问题,那么,反抗就是对在其局限性中所洞察的抽象严肃论的反抗；这也属于这种反思，我对此想说，反思是今天能够代表一种正确生活的事物的条件，我们不要像格雷格尔斯·维尔勒那样的行为办事。这里隐藏着作为一种被扬弃的因素，即对抽象道德的批判，它完全如同对那犬儒主义的批判，我在反面角色莱林和老维尔勒那里提到了这种犬儒主义。另一方面，如果人们不同时坚持良心和责任，那么，一种正确的生活就是不可想象的，这点也是很清楚的。人们在这个问题上的确是处于二律背反之中。人们必须坚持规范、自我批评、对正确或错误提出疑问，同时必须坚持对裁决部门的失误进行批评，而这个裁决部门相信自己可以进行这样的自我批评。我在这里不喜欢用人性这个词，因为它属于这样的表达，它们一旦说出，就会确定和歪曲所涉及的最重要的事情。当人道主义同盟邀请我参加他们的组织时，我曾对这个组织的创立者说："如果你们的俱乐部叫做非人道同盟，我也许还愿意加入，我不能加入一个自称是人道主义的同盟。"如果我要用这个词，那么，人们不让自己放弃对所信仰事物的一种矢志不移和坚持不懈的因素，就属于在自身内部进行反思的人性内容，另一方面，人们不仅要经历自我批评的因素，还要对那种想在我们身上扎根的僵化和强硬加以批判。属于这个内容的，首先是对自己错误的意识，我因此想说，自省、自我反思的因素在今天其实已经成为过去被叫做道德范畴的事物的真正遗产。这就是说，主观方面的东西现在都有某种界限似的东西，具有正确生活与错误生活的区别，这种界限和区别就最明显地表现在，人们盲目地向外击打——把自己和他所隶属的组织设定为是肯定的，而其他东西则遭到否定，人们应当通过对自身局限性的反思而学习，同时也把权利给予其他人，并且去感受，真正的无理总是处在人们盲目地认为自己有理而别人无理的地方。这种非自身设定——它一直延续到死亡形而上学和自我性的抗拒，在海德格尔关于决断的学说中也能找到这样的东西②——在我看来其实就是今天可以向每一个人提出的核心要求。换句话说，如果人们强烈要求我按照古代习俗指出根本德性，我或许而且只能含蓄地指出一种道德，即谦虚。如果我可以对此作另外的表述，那就是人们必须有良心，但却不能退回到良心中。你们设想一下,你们属于某一个小组,你们当中的每一个人今天很可能都像我一样属于某些小组,当一个人在一个小组中说,"我的良心不允许我做这做那",我就会想,从一开始就应该充分地相信这个人。如果我们感到被迫要说,我们"只能在这里,不可能有别的选择",那么,我们就恰恰应该对我们自己本身极不信任,因为正是在这种态度中隐藏着那种自我设定,那种自以为是的主张,而在这种主张中包含着的只有自我保存的原则,但同时这一原则又装腔作势,似乎它就是道德之物,似乎它与道德之物——我希望,我在那些批判性分析中已经向你们指出了这一点——只是巧合而已。

但是,另一方面,反抗当然也指对他律的具体形态的反抗,在今天就是对无数从外部附加的道德形式的反抗。正是由于今天实定有效的道德缺乏透明的理论依据,又由于它与宗教的联系被割断了,而道德曾经产生于宗教,因而也根本不存在与哲学的透明、合理的联系,这些道德要求曾经在这种联系中生效过,因此,在社会中普遍有效的道德形式就接受恶与压迫的特征,这种特征就出现在概念已经被掏空、其实体已经根本不存在,然而它们仍被坚持并且成为偶像的地方。我相信,今天这方面的明确例证(我在一篇载于《侵犯》③的论文中曾试图具体地阐述这个问题)就存在于性道德的全部领域里,在那里,大部分人心中的宗教表象(宗教表象是通常的性道德的基础,即关于婚姻的神圣性的表象)已经被极大地动摇了;但另一方面,这个表象又能得到合理和明确的支持,以至于康德可能想象的性爱(Eros)在其他情况下还会伤害人的尊严。这点被证明是有局限和偏见的。但是,如果我可以这么讲,恰恰在今天,无需提供其独特根据的性道德却在庆贺寻欢作乐,这种寻欢作乐令人震动,你们可以从克里斯蒂娜·科勒(C.Keeler)与其女友们的谈话中认识这种行为④,也可以从电视二台的监督机构给予这家电视台的最后密码中找到类似的东西,这个密码就刊登在《明镜周刊》的最近一期里。⑤这种密码是灾难性的,因为它确实在最确切的意义上又一次把客观精神编成法典,而人类今天所遇到的这样的规范总则是不透明的,因而是非常强硬和压制性的。如果说道德有什么具体的出发点,那么,这个出发点就是非常坚决和毫不妥协地反抗你们今天可以找到这个精神的一切表现。我在这种联系中想起了由道德强化运动发布的那些口号,我的朋友哈贝马斯最近在《墨丘利》上对这些口号进行了既谨慎又尖锐的批判,我想让你们注意这些口号。⑥我想说,今天已经变成客观精神、文化意识的普遍性的东西,尼采则太轻易地把它们判给实定宗教,而这样的宗教已经在很大程度上失去了对人的权力。换句话说,这种压制、限制的权力已经是沉默不语、毫无根据的,但却过渡为全部社会生活中的现实的精神形式。人们可以说,当现在人们装腔作势——我在这里不仅想到个别人,而是首先想到那些文字,被大众传媒传播的、上了色的东西——和援引善的理念时候,这个善的理念就其不抗拒坏的东西而言,它就始终和特别地掩盖了坏的东西。施特林德贝格(Strindberg)说过这句话:"如果我不憎恨恶,我又如何热爱善呢。"⑦这句话在双重的,而且在很危险的意义上具有其真理性。一方面,对恶的憎恨在今天确实以善的名义成为起毁灭、破坏作用的东西,另一方面,自以为是积极东西的善不只是把恶看作自身的指数,而是自己就成为恶。这种情况在今天其实就是意识形态,凡是在道德形而上学起作用的地方,我在这里特别想到在东部起统治作用的意识形态,那么,所谓的积极、善良、英雄等模范理念就会得以确立,而这方面的语词对气氛也很起作用。像"清洗""恢复""革新""责任"这些概念在纳粹那里并非无缘无故地起到至关重要的作用;今天,虽然意识形态的政治部分遭到拒绝,它不再直接针对少数派,但它却在任何时刻都准备攻击任何偏离的行为并将其击碎。这样的遗产——人们很可能指出这点——主要表现在许多反唯理智论的思潮中,其中一个思潮是最有害的,即思想应该停止,因为人们不停地向它提问,仿佛都不给它时间去思考它必须思考的东西,"那你究竟干什么呢?究竟发生了什么事?我与此有什么关系呢?你的这一思想能使谁感兴趣呢?"最后的问题影射黑格尔的一句话。康德的理性伦理学现在还真正具有现实意义的,无非就是对所有这些因素的批判而已。

      向这种批判的过渡确实是在尼采那里完成的。尼采的无与伦比的

意义(在我看来,这个意义远远超过一切可能的阴暗和反动势力曾经对
他的某些定理的利用)在于,他恰恰在好的事物中对坏的东西进行揭
露,因此,他对坏的东西的表现所进行的批判在社会积极性上相当具
体,尤其是他在批判意识形态上比马克思主义理论细致得多,马克思主
义理论虽然诅咒所有(en bloc)意识形态,但它却从来不曾像尼采的理
论那样对欺骗、对意识形态本身的机制作过如此深入的研究。在此背
后的困难自然是私人伦理学的困难,也就是说,个人行为早就赶不上客
观上的恶或坏的东西了。但是,请你们不要误解,挑尼采的刺儿一点都
不是我的用意,如果我坦率地讲,那么,尼采是所有伟大的哲学家中我
最要感谢的一位,也许对他的感谢实际上超过了对黑格尔的感谢。但
我仍然认为,恰恰在这个关于道德哲学的辩证法的讲课中有责任就尼
采对道德的批判再讲几句辩证的话。我至少要对尼采提出以下反对意
见,他停留在抽象地否定那种市民阶层的道德上,或者说——请你们允
许我这样讲,他停留在抽象地否定业已变成意识形态、变成遮掩坏的行
为的面具的道德上,他本人没有从他所面对的个人道德问题的解决当
中过渡到表述正确生活的理念上,由于他只是草率地处理这一问题,并
且又从自己这里赋予正确生活一种肯定的道德,而这种肯定的道德无
非是他自己曾经谴责的那种道德的纯粹否定的影像。人们不可能通过
洞察压迫性的意识形态的错误(在今天的文明工业时代,我们认为这种
意识形态已经达到荒唐的地步)就必定看出正确的东西。这种肯定的
道德——如果你们想这么说,那么,尼采自己是不会把这样的东西称作
道德的——在尼采那里是不可能的,因为它缺乏客观精神的实体性;换
句话说,因为从社会的高度和社会精神在实际上已经达到的高度中并
未具体地产生尼采用来对抗社会的规范,这样的规范是从外部被当作
与社会相对抗的,这点在尼采的语言中表现了出来。他的语言并非无
缘无故地以一种年轻人的风格——在他的最积极的(至少从学说上来
看)主要著作《查拉图斯特拉如是说》中——模仿圣经语言的方式,有一
种圣经语言的装腔作势,而且他在影射摩西戒律(die Tafel des Moses)
时谈论他打算建立的新的价值、新的戒律;而恰恰在这个由个人出发、

195

从主观的软弱愿望来建立新的规范和新的戒律的企图中,已经包含了软弱无力,我想说的是,这个愿望包含着任意性和偶然性。如果你们允许我这样说,在他面前飘浮的理想——如优雅、真正的自由、高贵的品德、距离等理想,所有这些理想本身都有崇高的规范——在一个不自由的社会里是根本就不能实现的,或者说,它们只能在星期日下午,也就是在私人生活里得到实现。下层社会的人应该有朝一日享有优雅高贵!而尼采对此则以有些突然的正当(justament)姿态不予理睬。但是,即使是统治者在支配陌生的劳动时也会深陷灾祸之中,以至于他们无法再拥有这样的优雅。假如一个大企业主确实非常优雅——不仅像尼采所要求的那样,只是在美的姿态上,那么,他必然会不可挽回地破产。他的行为正是因为企业的原因而不优雅。尼采的敏锐感觉或许会教导他,在优雅概念自身中隐藏着粗野的缺点,因为优雅的人恰恰是在他人面前并为了自身而具有这种不优雅。也就是说,这些规范其实都是封建的规范,它们不可能直接在市民社会得到实现;它们只是单纯的恢复、革新,是一种在利润统治下的完全无能为力的浪漫理想。但是,这些规范对利润统治也是有好处的,因为尼采赞扬的作为主人的人(他的原型是粗野、丑恶的雇佣兵队长塞萨尔·伯尔吉亚)在今天无非就是"有进取心的人"或工业骑士。换句话说,这些与 70 年代以后扩张的威廉王朝相对立的价值恰恰是反对他自己的意志的,但在客观上却成为帝国主义的扩张的意识形态。因此,诸如反对同情之类的口号是对叔本华同情伦理学的一种单纯的抽象否定,而第三帝国和极权国家都以某种方式做了这方面的试验,它们的做法会令尼采比任何人更感到震惊。另一方面,人们在这里也必须说,尼采对同情道德的批判有其正确的地方,因为在同情这个概念中无能为力的消极状况——被同情者就处在这一状况中——得到默许和维护。但是,必须改变这个状况(在这个状况中有引起同情的东西)这点并没有被提到,而是这个状况就像在叔本华那里一样,作为道德的主要根据而被道德所采纳,它被假设为实体,并被承认为一种永恒状况;因此人们有理由说,当人们向一个人表示同情时,这当中总是包含了一种对这个人的不公正,因为此人从同情中同时也体会到同情行为的软弱和虚伪。我相信,如果你们想一想你们自己的简单经历,想一想你们向一个乞丐送去 20 芬尼时,你们的心情如何,那么,你们自己就会从自身那里认识到,我在这里所指的东西是什么,我想坚持尼采批判的内容是什么。这又一次表明,在错误的行为中不存在正确的行为;今天肯定也不存在欣赏尼采厌恶小市民习气的态度。在尼采道德哲学的这些残酷性中——我的确不想替它们做辩护,我相信,你们在听到内容以后,就没有人会误解我——无论如何隐藏着某些真理性内容,即在一个本质上是建立在暴力和剥削之上的社会里,非理性化的、自我承认和自我欣赏的,因而也是"赎罪的权力"⑧(如果你们愿意这样说的话)就总比把自己美化为善的权力更无辜。当这种权力还误以为自己是上帝之剑(gladius dei)的时候,它就是彻头彻尾的恶。我请你们注意霍克海默载于《社会研究杂志》(我相信是在1936 年或 1937 年)的《自私自利与自由运动》这篇文章,你们会发现辩证法在其中被贯彻得淋漓尽致。⑨尼采错误地认为,他所批判的奴隶道德其实曾经是主人道德,是由统治者强加给被压迫者的道德。假如尼采的批判是一以贯之的,它必须是一以贯之的,但实际上它却不是这样,因为他自己就被现存的社会关系所迷惑,因为他在人那里观察的是人之所以为人的根据,但在社会那里却没有观察到社会使人成为现在这样的根据,那么,这个批判就必然会转变为对这些条件的批判,这些条件支配人,并且使人和我们当中的每个人都变成我们现在这样。如果尼采已经为人们找到了一个套话,用以称谓"大众社会"这个讨厌的时髦词所指的东西,即"不要牧人,要羊群!"⑩那么,这实际上并不是他所以为的对最后一个人的谴责,而是一个完全功能的、完全匿名的统治术,这种统治并不少于对羊群的管辖,而且远远比一个可见的头羊对跟在它之后的羊群的领导残酷得多。就是在今天,在没有牧人的畜群中,或者在没有父亲的共同体或社会中,并不缺少这样的随声应和。尼采曾相信,他通过反对这样的价值就会克服所谓相对主义,而他在自己比较中庸的道德哲学中曾经赞同相对主义,这就如同人们在今天如此讨厌地称呼它一样。有必要指出的是,抽象意义上的价值概念(也就是假定的、被其自己的辩证发展而取代的价值)是极成问题的东西,这完全像"克服"这个概念,当人们看见某些激进的理论时,会立即激动不已,而人们应用这些理论一般不能解决任何问题,而只能说,"这是肯定可以克服的",因此,克服这个概念今天仍然起着令人讨厌的作用。我现在就给你们一个道德辩证法的例子,你们看看吧:当你们被要求必须立即克服某种在精神上不舒服的东西的时候,而你们在这时停下来并首先向克服的要求索要通行证时,这时,你们就已经在错误的生活里过着一部分正确的生活。

我还想就相对主义讲几句话。你们也许将注意到,我在讲课中很少论及著名的道德相对主义问题。我之所以没有这么做,是因为我在很大程度上认为道德相对主义是一个被极大滥用的概念,是一个假问题。因为此时此地生效的直观和意识形态的实定性根本就不是相对的。这些直观和意识形态每时每刻都作为一种有约束的、绝对的事物出现在我们面前。对这种错误的绝对事物的批判——或者像黑格尔、青年黑格尔所说的那样,对"生效的道德直观的实定事物"的批判⑪——远比追问那些绝对的、在永恒中确定下来的、仿佛像擎天之柱一样的价值迫切得多,人们应当通过这些价值超越相对性,人们如果确实致力于一个真正有活力的、正当的生存,那就与相对性毫不相关。但另一方面,恰恰是到处都出现的规则和价值的任意性——人们在这时相信必须克服相对主义——从其方面而言是一种任意行为,是一种自由的法则,这是 θέσει,而不是 φύσει,正是这样的任意性,因此才必然会陷入它所指责的相对性之中。就像我在另一篇理论文章(即《元批判》)中试图仔细阐发的那样,人们在这个意义上可以讲,相对主义概念与绝对主义相联系,而辩证思维——如果我真正知道辩证思维到底是什么——或许是完全处于这种选择之外的一种思维,这是尼采的说话方式。⑫与此相反,正如你们在 K.克劳斯的大部头全集中可以发现其代表性论述那样(我想在这个讲课的最后时候提到这个名字),确定的否定原则确实超越了所谓相对性。我们可能不知道,什么是绝对的善,什么是绝对的规范,甚至不知道什么是人、人性和人道主义,但我们却非

常清楚,什么是非人性的。我想说,人们今天更应该在对非人性事物的
具体谴责中,而不是在人的存在的没有约束的、抽象的定位中寻找道德
哲学。简单地讲,正如我说过的那样,道德哲学的所有问题处于私人伦
理学的总附加条款之内,这就是说,它们实际上关系到一个被发展所超
越的、业已个人主义的社会。个人主义的社会内部具有其局限的和独
立的东西,人们可以从道德哲学的,即意志自由的基本问题上看出这
点。因此,道德哲学必然是一门关于私人伦理学的学说,它所能够上升
的最高点就是因果性与自由的二律背反,这个二律背反在康德哲学中
没有得到解决,因此,对它的阐述才是示范性的。但在这里被康德看作
人的自然联系的东西,同时也是人的社会联系。因为在第二自然中,即
在我们所处的广泛依赖性之中,是不存在自由的;因而在这个被统治的
世界中也没有伦理学;所以,伦理学的前提就是对被统治的世界进行批
判。个人的良心机构也因此而萎缩了,它变得枯萎了,就像心理学所观
察到的那样——我的朋友米彻尔利希(Mitscherlich)在书中论述“没有
父亲的社会”时也是如此[13],就像道德原则的内在性的超我外化与自我
相对立时所表现的那样,就像这种外化曾经一度所达到的哲学高度那
样。正如康德所说,自由确实而且在实际上就是一种理念。它必然在
此同时设定整体的自由,不能想象一种孤立的、没有整个社会自由的自
由。伦理学——你们中的许多人都与存在主义的伦理学不期而遇,这
门伦理学的错误在于,出于对被统治的世界的反抗,对自发性和没有被
理解的主体加以绝对化,而在此同时,客体性重又回到了这个尚未被反
思的,并且被客体所替代的自发性之中,这就像萨特最终又从事共产主
义意识形态的工作一样。这就是说,这种自发性或者是在它被认真所
指出的地方消灭,并被淹没在大的倾向之中,或者是它自己陷入统治之
中。简言之,在今天也许还能叫道德的东西已经过渡到有关世界建构
的问题,人们可以说,有关正确生活的问题将是有关正确政治的问题,
如果今天这样一种正确的政治还存在于可以实现的王国之中的话。

    感谢你们认真听讲,祝你们假期愉快。

注释

① 参见 1963 年 5 月 7 日的第一讲和第 4 条注释。

② 参见海德格尔《存在与时间》第二部分第二章，第 267—301 页。关于阿多诺对此的批评，请参见《真正的隐语》，载《阿多诺全集》第六卷，第 519 页及后页。

③ 参见《当今的性禁忌与权利》，载《阿多诺全集》第十卷第二部分，第 533—554 页。

④ 参见 1963 年 6 月 19 日《明镜周刊》（第 25 期，第 52—60 页）刊登的标题目录和第 28 期开始登出的读者来信反馈。

⑤ 参见泰勒曼（Telemann）:《封顶庆典》，载 1963 年 7 月 24 日《明镜周刊》第 30 期，第 66 页。

⑥ 参见哈贝马斯:《学术教育的社会变化》，载《墨丘利》第 5 期（1963 年 5 月），第 413—427 页。

⑦ 施特林德贝格（Stringberg）的原话是:"如果我不憎恨恶，我就不可能去爱善!"［《黑旗——世纪转折的道德描述》，由 E.谢灵（Emil Schering）译成德文，第 254 页，慕尼黑，1920 年］

⑧ 阿多诺按照 W.本雅明的理论阐述了这个术语，参见《论对权力的批判》，载《阿多诺全集》第二卷第一部分，1977 年，第 199 页及后页。

⑨ 参见《社会研究杂志》第 5 期（1936 年），第 161—234 页；现见于《霍克海默全集》第四卷《1936—1941 年文集》，出版者 A.施密特，第 9—88 页，法兰克福，1988 年。

⑩ 尼采:《查拉图斯特拉如是说》，载《尼采全集》第四卷，第 20 页。

⑪ 参见《黑格尔全集》第一卷，《早期文集》，第 239—241 页。

⑫ 参见阿多诺《认识论元批判》第 1 章第 1 节"违背意志的辩证法"（《阿多诺全集》第五卷，第 56 页及后页）。

⑬ 参见 A.米彻尔利希:《走向没有父亲的社会——关于社会哲学的思想》，第 4 章"论失效的道德"，第 115—137 页，慕尼黑，1963 年。

图书在版编目(CIP)数据

道德哲学的问题/(德)阿多诺著;谢地坤,王彤
译.—上海:上海人民出版社,2020
(阿多诺选集)
ISBN 978 - 7 - 208 - 16074 - 3

Ⅰ.①道… Ⅱ.①阿… ②谢… ③王… Ⅲ.①伦理学
-研究 Ⅳ.①B82

中国版本图书馆 CIP 数据核字(2019)第 203219 号

责任编辑 毛衍沁
封面设计 零创意文化

阿多诺选集

道德哲学的问题

[德]阿多诺 著

谢地坤   王彤 译   谢地坤 校

出　　版　上海人民出版社
　　　　　（200001　上海福建中路 193 号）
发　　行　上海人民出版社发行中心
印　　刷　常熟市新骅印刷有限公司
开　　本　635×965　1/16
印　　张　14
插　　页　4
字　　数　189,000
版　　次　2020 年 1 月第 1 版
印　　次　2021 年 1 月第 2 次印刷
ISBN 978 - 7 - 208 - 16074 - 3/B • 1426
定　　价　52.00 元

NachgelasseneSchriften. Herausgegebenvom Theodor W.Adorno Archiv
Abteilung IV: Vorlesungen. Band 10: Probleme der Moralphilosophie(1963)
Herausgegeben von Thomas Schröder

阿多诺选集

《道德哲学的问题》

《否定的辩证法》

《美学理论》(修订译本)

《最低限度的道德》

《黑格尔三论》

《认识论元批判》

《棱镜》

《本真性的行话》

本社将继续分批推出阿多诺其他著作,敬请关注。